산골짜기에서 온 편지1

신앙계

| 머릿글 |

그동안 여러 사람들의 신앙적 질문에 편지로 답해온 글들을 한데 묶어 책으로 펴내게 된 것을 먼저 하나님께 감사드립니다. 이 책의 발간은 신앙계에 연재를 시작하면서부터 마음에 두고 있었는데 이제 때가 된데다가 주님께서 허락도 해 주셔서 드디어 결실을 맺게 되었습니다.

이 책은 학문적인 책이 아닙니다. 외진 산골짜기에서 생활하는 관계로 우리는 정확한 연구를 할 수 있는 시설과 시간을 갖추고 있지 못합니다. 조그만 서재 하나가 있기는 합니다만 그곳을 이용할 만큼 여유가 있는 사람도 없습니다. 우리는 우리의 기본 사역인 성경 읽고 기도하는 일 외에 밭을 갈고 집을 짓고 음식을 장만하는 일만으로도 너무 바쁜 사람들입니다.

나는 우리가 하는 일을 성경 읽기라고 말합니다. 왜냐하면 그것에 '성경 공부', 혹은 '성경 연구'라는 등의 거창한 명칭을 붙여 주기는 어렵기 때문입니다. 그러나 우리는 성경을 해석할 때만은 최대한의 주의를 기울였습니다. 알고자 하는 말씀이 성경 전체의 흐름과 또 관련된 다른 구절의 말씀과 상치되지 않는지를 확인하고자 했습니다.

우리가 이렇게 하는 것은 성경을 해석하는 일이야말로 가장 정확성과 조심성을 기해야 한다고 믿기 때문입니다. 우리가 성경을 공부하기 위해 가장 유용하게 쓰는 것은 분석적으로 만든 성구사전입니다. 우리는 이것을 성경 구절을 서로 비교하고 또 한 단어가 다른 구절에서는 어떻게 사용됐는지를 검토하는 일에 계속적으로 써왔습니다.

또 우리는 번역과정에서 생겨난 것이 아니라 원어 그 자체에서 어떤 경우 한 단어가 다르게 표현되었나를 아는 데 그것을 사용했습니다. 우리가 이 일을 하기 위해서 시간과 싸움을 벌이기는 했어도, 우리는 하나님의 은혜로 어떤 교리의 몇 가지 점들을 분명하게 깨우쳐 준 흥미있는 사실들을 발견하였습니다. 그것은 가장 관심을 끄는 문제 중의 하나였는데 성령의 2가지 다른 사역, 즉 성령의 열매로 나타나는 '충만'과 성령의 은사로 나타나는 '충만'이 그것이었습니다.

성경은 무한한 자극의 원천입니다. 우리의 삶 가운데는 '도달'이라는 것이 있을 수 없습니다. 바울이 말했듯이 "푯대를 향하여 예수 그리스도 안에서 하나님이 위에서 부르신 부름의 상을 위하여 좇아가는 것."밖에 없습니다. 그래서 만약 하나님께서 나를 교회가 성숙하고 건강하게 자라가도록 하는 데 사용해 주신다면 그저 기쁘기만 할 따름입니다. 바로 이 일을 위하여 하나님께서 나를 불러 주신 줄 믿습니다.

나는 "여러 책을 짓는 것은 끝이 없고 많이 공부하는 것은 몸을 피곤하게 하느니라"(전 12:12)는 솔로몬의 입장에 동의합니다. 그러나 나는 충분한 여유를 가진 사람들이 이 책을 읽고서 하나님의 복을 받게 되기를 바랍니다. 요한복음 7장 17절을 읽어보십시오. 만약 당신의 뜻이 하나님의 뜻을 행하려는 것이라면 당신은 이 가르침들이 하나님께로부터 온 것인지 아닌지를 알 수 있을 것입니다.

마지막으로 나는 나의 글을 때로는 문제의 대상이 될 수 있었음에도 불구하고 오랫동안 연재되도록 해 주시고 또 한 권의 책으로 나올 수 있게 해 주신 신앙계 모든 직원들의 수고에 깊이 감사드립니다.

예수원에서 대천덕

목차_contents

- 초막절과 말세에 일어날 일들

11　예수원은 어떤 곳입니까?

21　세 가지 신앙의 유형

33　성경은 무오한 하나님의 말씀인가?

45　코이노니아는 성도들에게 꼭 필요한가?

55　추석절은 성경적인가?

63　초막절과 말세에 일어날 일들

- 십일조는 어떻게 쓰여져야 하는가?

75　성경이 말하는 고난의 의미

83　십일조는 어떻게 쓰여져야 하는가?

93　보다 깊은 축복의 의미

103　우리는 왜 하나님의 뜻을 알지 못하나

113　순종의 자세와 하나님의 뜻

121　기독교인의 삶의 단계

- 선교사가 되기 위한 자격

133　부모를 잘 공경함으로 누리는 복

139　우리는 언제 용서를 받습니까?

147　텔레비전을 통한 복음전도

157　가난한 사람을 위한 복음전도

169　선교사가 되기 위한 자격

179　선교사의 두 가지 유형

- 반 마리의 코끼리

189 너는 목사의 아들이니까

197 하나님이 원하시는 최선의 길

207 반 마리의 코끼리

215 성경에 나타난 성직의 개념

221 성령과 교회

229 노동자와 교회

- 한국의 기도원과 미국의 수도원

239 교회와 국가

253 북한을 위해 어떻게 기도할까?

263 나라를 위한 기도

271 한국의 기도원과 미국의 수도원

279 결혼을 앞둔 청년들에게

283 성경은 식이요법에 대해 어떻게 말하는가?

- 기독교는 회교에게 용서의 빚을 지고 있다

295 성경이 말하는 부동산 투기

301 하나님의 법을 기초로 삼아야 할 세계문명

309 기독교는 회교에게 용서의 빚을 지고 있다

317 언론이 어둡고 부정적인 면을 더 좋아하는 이유

325 우리의 경제법은 성경적인가?

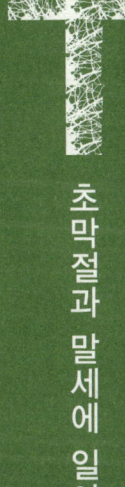

초막절과 말세에 일어날 일들

산꼴짜기에서 온 편지

예수원은 어떤 곳입니까?

신부님, 저는 <신앙계>와 <여성동아> 그리고 또 다른 지방잡지에서 예수원에 대해서 소개한 글을 읽었습니다. 그런데 그 글들은 예수원이 어떤 곳인지를 소개하였다기보다는 대천덕 신부가 누구인가에 대해서 중점적으로 보도했다는 인상을 받았습니다.

신부님, 제 친구들은 예수원이 어떠한 곳인지를 알고 싶어 합니다. 예수원과 다른 기도원과의 차이점은 무엇이며, 예수원이 기도원이 아니라면 가톨릭의 수도원인가요? 그리고 그곳의 회원들이 하고 있는 일들이란 어떤 것인가요? 그곳은 수도하는 사람들만 모이는 곳인가요? 예수원에 대한 구체적인 소개를 원하고 있습니다.

— 권대용 올림

사랑하는 대용 형제에게.

형제가 이번 여름 예수원을 방문해 주신 것은 너무나 고마운 일이었습니다. 그러나 제가 그때 한꺼번에 밀어닥친 다른 방문객들에게 신경을 쓰느라고 형제와 개인적인 시간을 갖지 못한 것이 내내 아쉽기만 하답니다. 이곳의 형제들이 귀띔해 준 바에 의하면 당신이 작년에도 이곳으로 와서 기도뿐 아니라 육체노동에 그처럼 열심을 보여 준 일 때문에 예수원 식구들이 얼마나 큰 위로와 힘을 받았는지 모른다고 했습니다. 예수원에서 독자적으로 만들어서 시행하고 있는 본래의 규칙들은 개정(改正)되거나 재판(再版)이 찍힌 적이 없었습니다. 그리고 우리가 이곳을 방문하는 손님들에게 일반적으로 적용하는 예수원 규칙들만 가지고는 그들이 예수원의 모든 것을 알 수 없는 것이 사실입니다. 그래서 우리 회원들은 지난 봄, 규칙 개정 작업에 들어갔었습니다. 그러나 여름이 되자 손님들이 너무 많이 몰려와 정신 차릴 틈이 없었습니다. 할 수 없이 우리들은 가을이 될 때까지 일단 그 일을 접어둘 수밖에 없었습니다. 이제 가을이 되었기에 우리는 다시 규칙 개정 작업에 들어갔습니다. 이 작업이 끝나면 예수원에 대해서 관심이 있는 사람은 물론 이곳에 머물며 훈련받고 있는 지원자들까지도 예수원의 성격에 대한 확실한 청사진을 마음속에 새길 수 있을 것이라 생각됩니다.

우리는 지금까지 "예수원은 무엇보다 기도하는 집이다."라고 말해왔습니다. 그러나 우리는 이 말 때문에 예수원에 대한 오해가 생기게 되었다는 사실을 알았습니다. 즉 사람들에게 예수원은 '기도원 혹은 산(山)기도 드리는 장소'로 알려졌다는 것입니다. 그래서 사람들은 주위에서 골치 아픈 문제를 가진, 아는 신자들을 보면 "예수원에 가서 기도나 좀 해보지 그래." 하고 권하거나 또 어떤 신자들은 스스로 예수원에 가서 기도하면 문제가 해결되겠지 하고 예수원을 그냥 기도만 하는 곳으로 오해하고 있다는 것입니다. 그러나 예수원은 그러한 일반적인 기도원과는 성격이 다릅니다. 예수원은 기도로 문제를 해결받은 사람들 즉 기도의 능력을 체험한 사람들이 그들의 남은 여생을 이 세계와 국가와 교회를 위해 기도로 헌신하기 위해 모이는 장소입니다. 다시 말하면 예수원은 기도의 용사들이 떼를 지어 모여 기도의 힘을 일으켜 이 나라와 교회를 위해 집중적으로 기도하는 중보기도의 광장이라고 볼 수 있습니다. 자신의 개인적인 문제를 위해 기도하는 장소는 다른 곳에도 얼마든지 있습니다. 그러나 우리는 남을 위해 기도하기 위해 이곳에 있습니다.

그렇다고 해서 예수원에서는 개인을 위한 기도를 전혀 무시한다고 생각하면 그것도 또한 오해입니다. 우리는 실제로 개인을 위한 기도도 많이 하고 있습니다. 다만 우리는 개인 기도에 얽매이거나 힘을 빼앗겨 그보다 더 중요한 세계와 국가와 교회를 위해 기도하는 일에 방해를 받지 말자는 것뿐입니다. 우리는 개인 문제를 위해 기도할 수 있는 기도원이 있다는 것이 얼마나 감사한지 모르겠습니다. 나는 그러한 곳에서 하나님의 능력이 기도를 통하여 나타나 많은 병고침의 역사가 일어나고 있다는 사실도 알고 있습니다. 그러나 우리 예수원의 고유한 사역은 사람들을 중보기도의 용사로 키우는 데 있습니다. 다시 말하면 남을 위한 중보기도의 삶에 자신을 기꺼이 드릴 수 있는 사람들을 훈련시켜 찬양과 예배의 생활도 아울러 할 수 있도록 해 준다는 것입니다. 여기서 우리가 말하는 예배란 설교와 가르침만이 아니고 하나님을 찬양하는 것을 말합니다.

그러므로 이제 형제는 예수원이 한국의 일반 기도원들과는 성격을 좀 달리한다는 것을 알았을 것입니다. 우리가 17년 전 예수원을 시작하였을 때 성공회의 한 신부님은 "기도원이라고 이름을 붙이면 우리의 취지와는 좀 동떨어진 인상을 줄지 모르겠습니다."라고 내게 걱정을 표시한 적이 있습니다. 아니나 다를까 우리는 곧 기도원이라는 이름이 우리의 취지에 적합하지 않다는 것을 알았습니다. 우리는 차라리 수도원이라는 이름이 더 적합하다고 생각해서 수도원이라고 이름을 곧바로 바꾸어 불렀습니다. 그러나 또 나중에 한국의 수도원은 독신자(獨身者)들만이 거할 수 있다는 사실을 알고는 그것 또한 예수원이 지향하는 목표와 달랐기 때문에 이름을 바꾸지 않을 수 없었습니다. 나는 내가 성공회 신학원 원장으로 재직할 당시 신학교의 학생들에게 수도자로서 그들의 삶을 바쳐보지 않겠느냐고 무려 7년 동안 설득해 본 적이 있습니다. 그러나 어느 누구도 기도의 삶을 그렇게 중요하다고 여기지를 않았습니다. 그래서 나는 내가 먼저 본을 보여야겠다고 생각해서 아내와 함께 기혼자(旣婚者)들을 위한 수도원을 시작하게 된 것입니다. 지금 예수원에는 정회원, 수련생, 어린이 포함 48명의 식구가 있습니다. 그중 3명은 수녀(修女)입니다. 결혼하지 않은 미혼의 남녀들은 언젠가 결혼을 원하고 있습니다. 그런데 예수원의 규칙은 누군가가 이곳의 수련자나 지원자와 결혼을 하게 되면 그의 배우자와 같은 신분을 가지게 되어 그와 함께 다시 훈련에 동참해야 된다는 것입니다.

　기독교 공동체로서의 수도원은 본래 가난(poverty), 순결(chastity), 순종(obedience)에 자신들의 삶을 바친 사람들이 모인 곳입니다. 수도원의 세 가지 성격 중 우리 예수원은 결혼을 허락하므로 '가난' '순종'을 위해 헌신한다고 볼 수 있겠습니다. 그래서 우리들은 우리의 재산과 자유마저 기꺼이 포기하였습니다. 이제 우리는 이곳의 규칙과 원장의 지시 아래 우리들의 물건들을 서로 공용(共用)하고 있습니다. 그리고 원장은 공동의회의 지시를 받고 있습니다. 우리가 이같이 어떤 규율과 감독 아래 생활한다고 해서 부자유함을 느끼는 것은 아닙니다.

　우리가 이곳에서 매일 아침 하나님께 봉독해 올리는 성공회 공도문(公禱文)에는 "이러한 우리의 봉사는 완전한 자유를 누리는 일입니다."라는 구절이 있습니다. 이 말대로 우리의 삶이 비록 공동생활의 규율과 자유를 포기한 삶 속에서 이루어지는 것이긴 하지만 우리는 개인주의 사회의 자유 시민들보다도 훨씬 더 자유함을 맛보며 살아가고 있습니다. 그렇다고 우리가 의미 있는 자유를 맛보기 위해 규율생활을 하는 것은 아닙니다. 마찬가지로 우리는 경제적 안정을 보장받기 위해서 가난을 추구하는 것도 아닙니다. 우리가 규율생활을 하고 물건을 공용하는 이유는 보다 효과적인 기도의 용사가 되기 위해서입니다. 말하자면 우리의 생활을 군대생활에 비유할 수 있을 것 같습니다. 군대는 영토 보전의 전쟁을 수행하기 위해 물건도 공용으로 소유하며 엄한 규율도 지닙니다.

그런데 우리는 사탄과의 싸움을 수행하기 위해 바로 이와 같은 삶을 살고 있는 것입니다. 만약 전장에서의 사상자의 수가 무슨 암시가 된다면 우리는 반드시 최전방에서 우리의 전투 업무를 수행해야 하지 않겠습니까? 그리스도를 위해 삶을 바치겠다고 말한 사람들이 나중에 그 삶이 너무 힘들다고 하면서도 그 숫자가 늘어가는 것을 보면 놀라지 않을 수 없습니다. 하나님께서 부르셔서 그러한 삶을 살고 있는 사람들에게는 그 삶이 즐거움과 사랑과 교제의 그것이며 매일매일 응답받는 기도생활의 연속임을 알게 되는 것입니다.

만약 우리 인생의 가장 주된 목적이 하나님께서 우리에게 두신 당신의 뜻을 이루시도록 우리 자신들을 그분의 뜻에 내맡기는 것이라고 한다면 우리가 그분의 뜻을 이루기 위해 가장 우선적으로 할 수 있는 일이 무엇이겠습니까? 이 세계가 복음화 되고 우리의 교회가 순결해지도록 우리가 중보기도를 해야 되는 것이 아닐까요? 그렇다면 우리는 더 무거운 전도의 짐을 지기 전에 우리의 안일한 생활을 바꾸어야 하지 않겠습니까? 이런 까닭에 우리는 한국 복음화, 특히 시골 지역 복음화를 위해 기도하고 있습니다. 또한 아시아 지역 인구의 90퍼센트를 차지하는 시골 사람들을 위해서도 기도하고 있습니다. 그런데 우리는 이렇게 기도하는 도중에 우리의 바로 이웃이 복음화의 낙후지역인 것을 알고는 곧 근처의 마을을 찾아다니며 복음을 전하고 있습니다. 그리고 하나님께서는 우리의 마음속에 아시아 복음화의 사명을 심어 주심으로 우리는 이 일을 위해서도 간절히 기도하고 있습니다. 우리는 가만히 앉아서 기도생활에만 전념하는 것이 아니라 직접 복음을 들고 나가 전하기도 하는데 앞으로는 예수원에서 예루살렘과 유대와 사마리아와 땅 끝까지 이르러 복음이 전파되기를 기도하고 있습니다.

하나님께서는 지금까지 참으로 기가 막힌 방법으로 저희들의 쓸 것을 공급해 주셨습니다. 어떤 때는 그날 쓸 것은 그날에, 어떤 때는 일주일 단위로 필요한 것을 많지도 적지도 않은 양만큼 적당히 공급해 주셨습니다. 부족한 우리의 사정을 사람들에게는 알리지 않고 주님께만 고했는데도 주님께서는 깜짝 놀랄 만큼 정확하게 때를 따라 공급해 주셨습니다(빌 4:6, 19). 우리는 우리의 쓸 것과 일용할 양식을 위해 하나님께 간구하는 것 외에 사도 바울의 본을 받고자 노력하고 있습니다.

사도 바울은 "너희 아는 바에 이 손으로 나와 내 동행들의 쓰는 것을 당하여 범사에 너희에게 모본을 보였노니 곧 이같이 수고하여 약한 사람들을 돕고 또 주 예수의 친히 말씀하신 바 주는 것이 받는 것보다 복이 있다 하심을 기억해야 할지니라"(행 20:34~35)라고 간증했습니다. 우리는 사도 바울의 이 같은 베풀어 주고 자립하는 정신을 본받고자 되도록 많은 작물을 우리가 사는 땅에 재배하고 있으며 또 여러 가지 자급자족하는 생활계획을 갖고 있습니다. 그것들은 양을 키우고 실로 옷을 짜며 염소젖을 짜서 치즈를 만들고 관목 숲을 쳐서 목초지로 만들고 식용 가축을 키우며 나무를 깎아 공예품을 만드는 등등의 일입니다. 우리는 또 때가 되면 조직적이면서도 자연방법적인 영농기술을 배울 작정입니다. 그리하여 우리가 사는 인근 시골사람들에게 어떻게 하면 하나님의 자연법칙에 위배되지 않고 농사를 지을 수 있고 그 결과 더 기름지고 맛있는 곡식을 재배할 수 있는지를 가르쳐 주고자 합니다.

우리들 중 농사짓는 일에 전문가라고 할 만한 사람은 거의 없습니다. 그래서 몇 년 동안 목회에 열중하던 전도사가 정화조의 오물을 청소한다거나 오물을 비료로 만들어 밭에다 뿌리는 따위의 일은 분명 직업 적성검사나 마찬가지일 것입니다. 또 거름에서 풍겨 나오는 구수한 냄새는 도시 사람들에게는 별 의미가 없는 것이 분명합니다만 여기 있는 우리들도 메탄침지기를 만들어서 비료의 성분은 그대로 남게 하되 악취만 제거시킬 수 있는 기기(機器)를 만들려고 합니다. 이것을 만들게 되면 부산물로써 연료까지 얻을 수 있어서 우리들로서는 일석이조의 효과를 얻을 수 있게 됩니다. 이와 같이 우리들에게는 여러 가지 할 일이 너무 많이 있습니다. 그래서 여러 방향으로 관심과 기술을 가진 사람들이 지원하여 이곳을 찾아 주기를 바라고 있습니다. 비록 어떤 사람이 특별한 기술이 없다고 하더라도 관심만 있으면 그 기술을 개발할 수가 있으므로 뜻이 있는 사람이면 누구나 지원해도 좋겠습니다.

형제에게 이미 말한 바 있거니와 지금 이곳에는 이와 같은 노동과 기도생활에 헌신하고 있는 사람들이 40명이 넘게 있습니다. 우리는 예배실 정면 한쪽 벽에 "기도는 노동이요, 노동은 기도다."라는 성 베네딕트의 명언(名言)을 붙여 놓고 있고 다른 한쪽에는 "이는 힘으로 되지 아니하며 능으로 되지 아니하고 오직 나의 신으로 되느니라."는 스가랴서 4장 6절 말씀을 붙여 두고 있습니다. 이것을 보고 어떤 형제는 "기도는 노동이요, 노동은 기도다."라는 말이 성경의 어느 부분에 나오는 말이냐고 물은 적이 있었습니다. 그런데 사실상 그 형제는 히브리어의 '아바드'(또는 오베드)라는 말은 '노동'이라는 뜻도 되고 '기도'

라는 뜻도 된다는 사실을 모르고 있었던 것입니다. 즉 그것은 육체노동과 예배, 그리고 땅과 사람을 위해 수고하는 일과 하나님을 섬기는 일 모두를 포함한다는 뜻인 것입니다. 그래서 현재 이곳에 있는 40명의 사람들이 예수원의 영구회원은 아니지만 누구나 처음부터 이런 기도와 노동생활에 전적으로 헌신할 수 있는 기회를 갖고 있습니다. 우리는 이곳에 거처할 방이 남아 있는 한 계속 지원자나 수련자를 받아들이고 있습니다. 이 지원자나 수련자들이란 영구적으로 머무를 마음의 작정이 없는 사람들을 말합니다. 그러나 정회원과 수련자들이 계속 늘어나면 잠시 몇 달 동안 머무르며 훈련을 받은 뒤 다시 나가려는 사람들은 더 이상 받아들이기 어려울 것입니다. 왜냐하면 우리는 하나님께서 과연 이 같은 노동과 기도생활에 그들을 불러 주셨는가를 확인하고 시험해 보려는 사람들을 위해 우리의 좁은 공간을 최대한으로 아껴야 하기 때문입니다.

우리 예수원에서 가장 중요하다고 보는 사업은 뭐니 뭐니 해도 정회원 지원자 수련자 모두가 기도에 전력하여 기도의 불을 일으키는 일과 그 기도의 불이 이곳에서부터 한국과 한국 교회와 전 세계에 퍼져나가게 하는 일입니다. 기도는 발전소의 전기와 흡사합니다. 우리가 가정에서 사용하는 전기는 가정 안에 있는 것이 아니고 본래 발전소에 있었던 것입니다. 이와 마찬가지로 기도를 통하여 주어지는 능력은 우리 안에 있는 것이 아니라 그것은 항상 하나님의 수중에 머물러 있는 것입니다. 그러나 하나님께서 그 힘을 어디에다 얼마만큼 사용하게 하시느냐 하는 것은 바로 우리의 기도에 달려 있습니다. 그리하여 되도록 많은 사람들이 기도하여 보다 큰 기도의 통로를 만들어 그것을 우리가 원하는 동일한 목적, 즉 예를 들면 한국의 통일과 교회의 일치, 세계 평화를 위해 사용하도록 한다는 것입니다. 이 일에 있어서만큼 한 사람의 역할이 더 중요한 일은 없을 것입니다.

　가끔 사람들은 예수원을 방문하여 이 사람 혹 저 사람으로부터 안수를 받거나 신앙상담을 하거나 혹은 개인적으로 회원들과 함께 기도를 합니다. 그런데 이 사람들이 밖으로 나가서는 "나는 이 사람 혹은 저 사람으로부터 기도를 받고 은혜를 받았다." "나를 위해 기도해 준 그 사람은 기도의 힘이 센 사람이야." 등의 이야기를 합니다. 그런데 이 사람들이 미처 깨닫지 못하는 것은 기도를 해 준 그 사람은 하나님께서 사용하신 수도관의 수도꼭지 정도에 불과하다는 사실입니다. 수도관 끝에는 하나님께서 계십니다. 예수원과 예수원에 있는 사람들이 은혜를 받도록 해 주는 것이 아닙니다. 어떤 특정사람이 손을 얹고 기도를 하면 자동적으로 은혜를 입는다는 생각은 다소 샤머니즘적입니다. 은혜와 복은 하나님께서 당신의 절대 주권적 자유의지로 허락해 주시는 것입니다.

　그러므로 하나님의 능력과 은혜를 입을 수 있도록 하는 것은 기도를 통한 하나님 그분 자신의 힘이지 어떤 사람이나 혹은 다른 매개체가 될 수 없는 것입니다. 그러므로 예수원에 있는 저나 다른 회원들 그리고 예수원 자체가 은혜를 입도록 해 주는 주체가 될 수 없는 것입니다. 어떤 사람들은 예수원에 대천덕 신부가 있는지 없는지를 확인하고 그들의 방문 계획을 세운다고 합니다. 저라야 어떤 도움을 받을 수 있을 것이라고 생각하는 모양입니다. 이런 사람들은 바위 밑에서 물이 솟아난다고 해서 바위가 물을 만들어 낸다고 생각하는 사람입니다.

　그러나 예수원에만 오면 어떤 도움(은혜)을 받고 간다는 사람의 말은 어느 정도 일리가 있다고 생각합니다. 왜냐하면 이곳에 있는 40명의 회원들이 열심히 그들을 위해 기도해 주기 때문입니다.

　신학적으로 예수원을 좀더 정확하게 불러 줄 수 있는 말이 있다면 그것은 "그리스도의 몸의 한 지체이다."라는 말일 것입니다. 그렇습니다. 예수원은 다른 어떤 것이기보다는 예수 그리스도의 몸의 일부입니다. 그러므로 예수원의 주인은 이름 그대로 예수님이 원장이시고 주인이십니다.

며칠 전 꽤 이름이 알려진 목사님 한 분이 자신의 승용차를 타고 예수원을 방문한 적이 있었습니다. 마침 산에서 내려오던 저를 도중에서 만난 그분은 "아, 그 유명한 토레이 신부님." 하고 저를 맞았습니다. 저는 그에게 감사의 말을 전하면서 다시 말했습니다. "저보다 훨씬 유명한 분이 예수원에 계신데 그분은 예수님이시죠."

사랑하는 대용 형제, 그러므로 예수원은 예수님이 계신 곳이지 대천덕 신부가 있는 곳이 아니라고 말씀해 주십시오. 형제의 편지에도 그랬듯이 사람들이 예수원을 이야기할 때 예수님 이야기를 하지 않고 저의 이야기만 하는 것 같습니다. 지난번 여성동아의 기자가 예수원을 취재해 가서도 저와 제 가족들 이야기만 썼던 것 같습니다. 오늘날 신문잡지들은 한 특정인을 부각시켜 그를 스타로 만들려는 풍조가 있는 것 같습니다. 그러나 형제는 부디 사람들에게 예수님만을 바라보도록 인도하십시오. 예수님만이 우리가 바라볼 대상이기 때문입니다.

세 가지 신앙의 유형

　신부님, 저는 개신교인(改新敎人)들이 성경에 대해서 취하는 세 가지 입장을 좀더 확실히 알고 싶습니다. 개신교회에 다니는 저희 친구들과 대화해 보면 그들은 가톨릭 교회에 다니는 저희 구교도(舊敎徒)들이 성경을 믿는 것이 아니라 가톨릭 교회의 교리를 믿는다고 비난하는 것을 들었습니다. 하지만 저는 개신교회에 나가는 저의 친구 한 명과 어떤 성경 구절에 대한 해석 문제를 놓고 논쟁을 벌인 적이 있는데 그의 주장도 결국 들어 봤더니 그가 소속해 있는 교파의 해석 방법을 그대로 따르고 있었고, 또 그는 자기가 속한 교회의 권위를 강하게 인정하려고 했습니다.
　그리고 또 다른 저의 친구 한 사람은 저와 같은 구교도들이나 혹은 다른 보수주의 교회의 신자들에게는 얼토당토않게 들리는 해석을 그것만이 옳다고 주장하며 다른 해석은 내릴 수 없다고 고집하는 것을 보았습니다.
　신부님, 저는 예수님을 주라고 시인하는 그리스도인들이라면 누구나가 공동으로 딛고 서야 할 이 성경이 해석상의 문제 때문에 도리어 그리스도인들을 갈라 놓게 만드는 것이 심히 안타깝습니다. 저는 이런 사실 때문에 기독교 안에는 교회를 믿는 종교, 이성을 믿는 종교, 성경을 믿는 종교, 이 세 가지가 따로 존재하는 것 같은 착각마저 듭니다. 그렇다면 길이요, 진리요, 생명이신 예수님은 어디에 계시다는 말씀입니까? 저는 요사이 이것 때문에 저의 신앙이 심히 혼란스럽습니다.

- 김요섭 올림

사랑하는 요섭 형제에게.

약 20년 전 당신이 소속한 로마 가톨릭 교회의 신학자였던 렌하르트(Lenhard) 씨는 〈아브라함과 모세, 두 성서적 신앙〉이란 책 속에서 형제가 제기한 질문에 유사한 답변을 했던 적이 있습니다. 여기서 그는 말하기를 "개신교인들은 아브라함의 신앙을, 가톨릭 교인들은 모세의 신앙을 소유하고 있는데 이들 모두가 성서적인 믿음이다. 그러므로 서로가 이 사실을 인정하기만 한다면 분쟁 없이 대화를 할 수 있을 것이다."라고 말했던 적이 있습니다. 그러나 제가 보기에 렌하르트 교수는 여기서 개신교의 또 다른 하나의 성서적 신앙 유형을 간과하였는데 그것은 바로 에스라식 신앙입니다.

그런데 제가 먼저 형제에게 충고해 주고 싶은 것은 형제가 만약 성경이 그리스도인들과 교회를 한데 묶어 줄 수 있는 어떤 힘이 될 것이라 기대했다면 그것은 오산이며, 그럴수록 형제는 더 큰 실망만을 얻게 될 것이라는 사실입니다. 성경은 하나님의 말씀일 뿐이지 하나님 자신이 아니십니다. 그리스도인들 사이에 일치를 가져다 주는 것은 예수님과 성령님을 통하여 하나님께서 직접 이루시는 사역임을 알아야 할 것입니다. 그러므로 그분 홀로서만이 아브라함과 모세와 에스라식 믿음을 갖고 있는 사람들로 하여금 서로를 인식하게 해 주고 서로에게 배우며 또 가르칠 수 있도록 하신다는 말씀입니다.

우리는 모두 성령님을 믿습니다. 그러나 우리는 성령님의 사역 중 각각 다른 면을 강조합니다. 아브라함식 그리스도인들은 성령님은 믿되 각 개인의 인도자로서의 성령님을 강조합니다. 모세식 그리스도인들은 교회를 한데 묶어 주는 즉 성령의 교통하심을 강조합니다. 그리고 에스라식 그리스도인들은 성경의 저자들을 그의 기운으로 품어서 성경을 쓰게 하신 즉 영감을 불어 넣으시는 성령님을 강조합니다.

이 세 가지 성령님의 사역들은 사람들이 하나님과 관계를 맺는 방법이기도 하며 또 하나님께서 각각 다른 상황과 시간 속에 있는 각종의 사람들 속에서 자신을 나타내시는 방법이시기도 한 것입니다.

그러면 먼저 '아브라함식 신앙'부터 그 배경을 설명해 보도록 하겠습니다. 만약 형제가 창세기에서 아브라함에 관한 이야기를 읽어 보면 그는 교회도, 성경도 없는 시대에 살았던 인물임을 알 수 있을 것입니다. 하지만 구태여 아브라함이 성경을 가지고 있었다고 한다면 그것은 창세기 1장에서부터 11장 27절까지의 기록이라 할 수 있습니다(저는 창세기 11장 27절과 그 전에 나오는 단어로서 '후예'라는 뜻을 지닌 'generation', 'foledoth'는 그 사람 자신의 '전기'나 '기록'이라는 헨리 모리스 박사의 의견에 동감합니다. 그리고 스트롱 박사는 그것을 '역사'(history)라고 했는데 아브라함의 아버지인 데라가 그의 선조들의 역사를 기록한 후 그 자신의 전기까지 덧붙여 기록했다고 보고 있습니다. 그러므로 아브라함은 그의 조상들의 역사에 관한 일대기를 물려받았다고 볼 수 있습니다).

그런데 바로 여기서 볼 수 있듯이 하나님께서는 한 개인으로서의 아브라함을 만나셨고 또 그를 부르셨습니다. 그래서 아브라함의 신앙은 당시의 그 어떤 누구와도 관련을 맺지 않고 있음을 보게 됩니다. 그리고 아브라함도 단독적인 인격자로서의 하나님을 만났고 그 후로 계속해서 일대일 관계성 속에서 하나님과 교제했습니다.

또한 그의 후손들인 이삭, 야곱, 요셉도 똑같은 방법으로 하나님과 교제했습니다. 아브라함이 굳이 믿음의 교제를 하나님이 아닌 다른 사람들과 나누었다면 그것은 그의 가족들 또 지극히 높으신 하나님의 제사장 살렘 왕 멜기세덱이라고 하겠습니다. 아브라함은 멜기세덱에게 십일조를 바쳤습니다. 아마 구약에서 최초의 교회형태로 가장 가까운 것을 찾는다면 바로 아브라함과 멜기세덱과의 교제를 일컬을 수 있을 것입니다. 그렇긴 했어도 아브라함은 제사를 드릴 때에 제사장을 통하지 않고 그 자신이 스스로 드렸으며 십일조를 바칠 다른 대상도 없었습니다. 또한 그는 그의 가족을 떠나서 집 밖에서 그와 함께 기도할 다른 사람이 없었습니다. 이런 만큼 아브라함의 신앙은 개인적(individualistic) 신앙이라고 보는 것이 옳다고 하겠습니다.

예수님께서도 "네가 거듭나야 하리라."라고 말씀하셨는데 이때 예수님께서는 우리가 한 사람의 개인, 개체(individual)로서 사적(private)이고 인격적(personal) 만남을 하나님과 가져야 한다는 사실을 강조하신 것입니다. 우리는 집단 속에서 하나님을 만나지 못하며 도매금으로 넘기듯한 구원을 얻지 않습니다. 철두철미 개인적인 거듭남을 통하여 하나님께 나아가고 구원을 얻습니다. 바로 여기에 신앙의 개인주의적 요소가 나타날 수 있는 것입니다.

그 후로 모세 시대를 맞게 되는데 여기서 우리는 아브라함의 시대와는 판이하게 다른 시대적 상황이 펼쳐지게 되는 것을 볼 수 있습니다. 모세가 태어났을 때는 이미 인구가 6백만 정도가 되는 때였고 또 사람들을 대신하여 특별한 방법으로 희생을 드리는 제사장 그룹인 레위 족속이 있었습니다.

즉 하나님께서 모세의 형 아론을 일컬어 '레위인 아론'이라고 부르고 계신다는 사실입니다. 그러나 분명히 아론은 특별한 임무를 띠고 그 일을 하고 있었습니다. 또 하나님께서는 축복의 약속을 주실 때도 비록 모세라는 한 사람의 지도자를 통해서 주셨지만 실상 그것은 이스라엘 민족 전체를 위한 약속들이었습니다.

다시 말하면 하나님께서는 이스라엘 백성들을 민족 단위로 축복하시겠다고 약속하셨고, 율법도 백성 전체를 위해서, 희생을 드리는 제사 역시 전 국민을 위한 것이었으며, 제사를 위한 성전 또한 이스라엘 백성 모두를 위한 장소였습니다. 폐일언하고 정치, 종교, 경제에 관계된 모든 제도들이 모두 이스라엘 국민 전체의 이익을 위한 것들이었습니다. 여기에다가 하나님께서 아브라함과 모세에게 요구하신 신앙은 곧 '순종'이었습니다. 그중 하나님께서 모세를 통하여 백성들에게 요구하신 것은 '제도'에 대한 순종이었습니다. 그래서 모세가 백성들을 가르칠 때의 순종은 오늘날 우리가 교회라고 부르는 '제도' 그 자체에 대한 순종임을 쉽게 알 수 있습니다.

실제로 사도행전 7장 38절에서 모세가 광야에서 장막을 치고 하나님을 섬기던 그 당시의 예배제도를 일컬어 '광야 교회'라고 부르고 있는 것으로 보아서 교회도 하나의 제도였음이 분명하다고 하겠습니다. 모세 시대에 벌을 받게 되는 경우를 보면 모두 하나님께서 모세에게 주신 그 제도에 불순종하고 홀로 남게 될 경우에 비롯되었습니다.

집단이 이루어 만든 제도에 불순종할 때 이스라엘의 회중으로부터 끊어지는 심판을 당하게 되었던 것입니다. 그러므로 이 시대에는 사람들이 공동체(fellowship)에 대항하여 순종치 아니하는 그것이 곧 범죄요, 그 결과 그들은 공회(communion)와 교회(church)로부터 끊어지는 비극적 운명을 맞아야 했던 것입니다.

이와 같이 모세 시대에 볼 수 있는 믿음의 유형은 많은 사람들이 집단적으로 공동생활을 하는 경우에 필요한 것이었습니다. 그들은 동일한 신앙 속에서 무리를 이루어 살아야 했으므로 서로를 인정해야 했고 합법적으로 임명받은 교회의 지도자들과 교회법에 따라야 했습니다. 그러므로 그들은 성도들을 한데로 묶는 능력으로서의 성령을 인정해야 했고 그에 따라서 자기를 내세우는 개인주의를 범죄의 기본 형태로 간주했습니다.

갈라디아서 5장을 보면 바울이 육체의 일과 성령의 열매를 구분하고 있는 것을 보게 되는데, 여기서 우리는 누구든지 성령의 인도를 받기만 하면 이웃과 교회를 사랑하고 또 다른 사람들을 하나님께로 인도하는 공동생활도 능히 해낼 수 있다는 사실을 알게 될 것입니다.

사도 요한은 요한일서 1장에서 복음을 전하는 목적이 다른 사람을 "우리와 사귐(교제)이 있게 하려 함이니 우리의 사귐은 아버지와 그 아들 예수 그리스도와 함께 하는 것"(요일 1:3)이라고 했고, 또 이어서 1장 후반부에서 "만일 우리가 우리 죄를 자백하면…죄 사함을 받는다"(요일 1:9)라고 말하고 있는데 이것은 장 전체의 내용으로 봐서 죄 사함과 긴밀한 교제는 그만큼 밀접한 관계를 가지고 있다는 사실을 말해 주는 것입니다.

이것이 우리가 사도신경을 고백할 때 "거룩한 공회와 성도가 서로 교통하는 것과 죄를 사하여 주시는 것과…."라는 순서로 암송하게 되는 이유인 것입니다.

성령의 열매가 전적으로 성령의 내주하는 역사로 이루어지는 것임에 반하여 육체의 일은 우리 스스로가 독자적으로 행하여 얻는 행위의 결과입니다. 우리가 육체의 일에 대해서 언급한 갈라디아서의 죄의 목록들을 보면 그것들의 대부분이 육체적인 것이 아니고 정신적인 죄들임을 알 수 있을 것입니다. 그리고 그것들이 갖는 공통적인 성질들은 모두 '개인주의의 발로'라는 것입니다. 우리가 아브라함이 살았던 시대와 또 그의 삶의 양상을 생각해 보면 그는 어쩔 수 없이 개인주의적인 신앙을 가질 수밖에 없었습니다. 그러나 모세와 이스라엘, 그리고 그들이 처해 있는 입장을 놓고 보면 개인주의란 것은 한낱 파괴적 요소가 될 수밖에 없었습니다. 우리가 구약성경을 읽어 보면 개인주의적인 자기 주장을 하다가 하나님으로부터 공개적인 심판을 당한 수많은 사건들을 보는데 이것은 하나님께서 질서가 지켜지기 위해서는 반드시 개인주의가 무너져야 한다는 사실을 알게 하도록 원하셨기 때문입니다.

이 '질서'야말로 모세 신앙의 열쇠가 될 만큼 중요한 요소였습니다. 그런데 이 질서란 말은 오늘날 '안전'이란 말로 바꾸어 표현되고 있는데 특별히 국민 주권적인 정부와 관련되어 사용될 때 더욱 그러합니다.

왜냐하면 자기의 주장을 내세우는 개인주의란 자칫 잘못하면 공중 질서를 파괴하기 때문에 정부가 국가의 안전을 유지하기 위해서 과도한 개인주의는 제재를 가할 수밖에 없는 것입니다.

주전 9백 년 이스라엘이 강력한 중앙정부와 예루살렘 성전을 갖고 있을 때까지는 모세식의 믿음이 바로 이스라엘 백성들의 신앙이었습니다. 그러나 이스라엘의 지도자와 모든 백성들이 바알, 아스다롯과 같은 우상을 섬기기 시작한 후로 그 타락이 절정에 이르게 되자 하나님께서는 이방의 적들을 일으켜 그들을 멸망시키고 70년 동안 이방인의 포로가 되게 하셨습니다.

바벨론 포로생활 동안 이스라엘 백성들은 아무런 제도도 가질 수 없었습니다. 더 이상 그들의 정부는 존재할 수 없었고 이방 정부의 통치를 받아야 했습니다. 성전도 완전히 파괴되어 제사 드릴 장소도 없었고 제사장들 역시 할 일을 잃고 말았습니다.

그러나 그렇게 완전히 멸망한 가운데에서도 이스라엘 백성들이 붙들 수 있는 것이 하나 있었는데 그것이 바로 율법서, 예언서, 역사서를 합친 당시의 구약성경이었습니다. 바벨론에 있는 이스라엘 백성들에게 또 다른 하나의 신앙유형이 제사장들에 의해서 소개된 것은 바로 그 이후의 일이었습니다. 그리고 그 신앙은 에스라 시대에 와서 절정을 이루게 되는데 소위 에스라식 신앙이 바로 그것입니다.

이 에스라식 신앙은 당시의 제사장들이 제사를 드릴 수 없는 대신에 백성들에게 성경을 읽고 거기에 복종하는 것을 가장 중요한 일로 가르쳤고, 또 이 같은 가르침이 에스라 시대에 가장 강조되었기 때문에 붙여진 이름입니다.

그러므로 에스라식 신앙은 성령께서 모세, 선지자, 시편기자들을 감동시켜 쓰게 한 성경을 끊임없이 읽어서 하나님의 뜻을 알고 또 순종하게 되도록 해 주는 신앙을 말하는 것입니다. 온전한 성경이란 모세의 율법만으로도 부족합니다. 그것은 율법서를 더욱 상세하게 해석해 주고 이스라엘 백성들의 잘못을 적나라하게 지적해 주는 예언서도 필요로 합니다. 또한 그것은 사람들을 예배와 기도로 인도하는 시편도 필요로 하는 것입니다. 성경은 아브라함의 신앙에 대해서 이야기하며 그를 하나의 표본으로 세워 주고 있습니다. 모세 역시 성경이 내세우는 믿음의 표상입니다.

그러나 그뿐 아니고 성경은 에스라를 통하여 하나님 말씀 그 자체에 대한 신앙에 대해서도 언급하고 있습니다. 즉 아브라함에게 개인적으로 주어진 똑같은 하나님의 말씀이 모세를 통하여 모든 백성들에게 들려졌었고 그것이 오늘날 우리 개인뿐 아니라 모든 국가들도 들어야만 하는 하나님 말씀에 대한 신앙을 말하는 것입니다.

바벨론에 있던 이스라엘 백성들의 많은 숫자가 에스라와 함께 본국으로 돌아오긴 했어도 대부분의 사람들은 바벨론, 알렉산드리아, 안디옥 등지로 흩어져 결국에는 로마에까지 가서 살게 되었습니다. 이들에게 있어서 중요했던 것은 회당이나 제도가 아니라 회중들 속에서 매일 같이 읽는 성경이었습니다. 그리고 이와 같은 에스라식 신앙은 예루살렘을 떠나 이방 땅에 살고 있던 유대인들 사이에 가장 지배적인 신앙

유형으로 굳어져 가게 되었습니다.

나사렛에 계시던 예수님께서도 매주 모임에 나가셔서 성경 읽기를 하셨습니다. 비록 예수님께서는 가난한 노동자에 불과했지만 당신은 꾸준히 성경을 읽으셨으며 그 결과로 그의 할 일과 가르침을 주실 때도 줄곧 성경을 인용하셨습니다.

뿐만 아니라 예수님께서는 아브라함과 같이 지극히 인격적이고 개인적인 관계를 하나님과 유지하셨습니다. 또 예수님께서는 모세의 율법도 대단히 존중히 여기셔서 당신은 율법을 폐하러 온 것이 아니라 성취하기 위해서 오셨다고 말씀하셨습니다.

교회가 예루살렘과 사마리아와 땅 끝까지 퍼져감에 따라 그리스도인들도 점점 흩어져 일정한 대도시에 몰려 살게 되었습니다. 이 각각의 도시들은 아람어, 헬라어, 라틴어를 따로 사용하는 도시였고 한때는 모두 로마제국의 수도이기도 했습니다.

그런데 이 세 도시는 각각 다른 문화를 가졌었습니다. 그래서 그 속에서 생겨난 교회들 역시 각각 다른 문화적 배경을 지니고 성장한 사람들에 의해서 형성되어졌으므로 교회마다 제각기 독특한 색채를 띠기 시작했습니다. 그리고 각각의 교회들은 그들이 자리하고 있는 지역의 문화와 정신에 맞는 신앙을 가지게 되었습니다. 이중 안디옥은 에스라식 신앙을 가진 유대주의 본거지로 성경 연구의 중심지가 되었던 곳입니다.

그래서 안디옥 교회는 성경을 최종적 권위로서 대단히 강조하였던 교회였습니다. 이 에스라식 신앙 즉 안디옥 교회의 신앙이 소위 '복음주의'(evangelical)라는 신앙노선으로 오늘까지 전통을 이어오고 있는 것이며 오늘날 한국 개신교의 주종을 이루는 신앙도 바로 이 에스라식 신앙의 유산인 것입니다.

또한 강한 유대주의 색채를 띠던 알렉산드리아는 처음으로 헬라어로 번역된 성경을 가졌던 도시로서 철학을 비롯한 여러 가지 학문의 중심지였습니다. 그래서 철학의 본산지였던 아테네마저 본거지의 명예를 이 도시로 넘겨 주고 말았습니다.

그곳은 로마제국의 대학들이 몰려 있던 곳이기도 하며 세계에서 가장 큰 도서관이 있던 곳이기도 했습니다. 헬라인들의 심성은 개인주의적이었습니다. 그들은 이성과 과학과 철학을 높이 평가했습니다. 이러한 문화적 배경 속에 살고 있던 알렉산드리아의 그리스도인들은 아브라함의 개인주의적인 신앙을 그들의 체질에 가장 적합한 형태라고 깨닫게 되었습니다. 그래서 알렉산드리아는 개인주의적 신앙의 수원지가 되었던 곳입니다. 그런데 이와 같은 신앙은 두 가지 형태를 취하고 있는데 하나는 경험을 강조하며 '카리스마적'(charisma)이라 불리기 쉬운 것이었고, 또 다른 하나는 이성을 강조하여 '자유주의'(liberal)라고 불려질 수 있는 신앙이었습니다.

이 두 가지 유형의 신앙인들은 각 개인은 그들 각자의 신앙에 대해서 하나님께 직접 책임을 진다는 사실을 믿고 있습니다. 이 중 자유주의 전통은 독일과 일본에 많이 남아 있고, 카리스마적 경향은 미국에서 강하게 자리 잡고 있습니다.

로마에 있는 그리스도인들은 라틴어를 사용하는 사람들로서 대부분이 정부의 공공기관이나 기술직에 종사했던 사람이었습니다. 그래서 그들은 기술자나 관리들이고 간에 '안전제일' 혹은 '질서유지'를 가장 중요한 슬로건으로 내세웠습니다. 왜냐하면 질서 없이는 기술도 정부도 존재할 수 없다는 사실을 잘 알고 있었기 때문입니다.

이런 상황 속에 있는 로마의 그리스도인들이 그들의 신앙으로 가장 알맞다고 느낀 것은 질서가 강조되는 모세식 신앙이었고 이것이 나중 하나의 전통으로 되어 가톨릭 신앙으로 알려지게 된 것입니다. 만약 형제가 안디옥 교회의 신자 한 사람에게 "당신의 신앙은 어떤 것이요?" 하고 묻는다면 "나는 성서를 믿는 신앙이오."라고 할 것이고, 또 알렉산드리아의 신자에게 묻는다면 그는 그의 영적 체험을 이야기할 것인가 아니면 논리적 설명을 해 줄 것인가를 얼른 결정치 못해 망설이는 모습을 볼 것이고, 그리고 로마의 그리스도인들에게 묻는다면 그는 "우리 교회의 신앙을 믿소."라고 할 것인데, 당신이 다시 "그러면 그 교회의 신앙은 대체 무엇이오?"라고 묻는다면 그는 "내게 묻지 말고 신부님이나 주교한테 가서 물어보시오."라고 할 것입니다.

지금까지 이야기한 세 가지의 신앙적 태도는 모두 성경에서 볼 수 있는 내용들입니다. 왜냐하면 성령께서 사도들을 인도하셔서 예수 그리스도의 생애와 초대교회의 실상, 그리고 예수님에 대해서 언급한 구약의 내용들을 일일이 기록토록 하셨기 때문입니다. 그러므로 우리들은 어떤 것이 옳으냐고 물을 수가 없습니다. 모두가 옳습니다. 그리고 실제로 어느 교회를 가보더라도 이 세 가지의 신앙을 다 언급하고 있듯이 말입니다.

그러나 간혹 어떤 이들은 한 면을 너무 지나치게 강조하여 균형을 잃게 되기도 합니다. 예를 들어 공중에 우뚝 서 있는 송신용 안테나를 한번 생각해 보십시오. 우리가 있는 예수원에서 얼마 떨어져 있지 않은 함백산에서도 그것을 볼 수가 있습니다. 그런데 사람들은 그것을 바람에 쓰러지지 않도록 어떻게 하고 있습니까? 그들은 당김줄 세 개를 콘크리트 바닥에 묶어 두어 그것이 안전하게 서 있도록 합니다. 만약 바람이 한쪽에서 불어오면 나머지 두 개의 줄이 팽팽하게 그것을 당겨 줍니다. 이와 비슷한 상황은 오늘날 우리 교회에서도 찾아볼 수 있습니다.

만약 어떤 교회가 지나치게 권위주의적이 되면 자유주의나 복음주의

쪽에서 다른 방향으로 당겨 줍니다. 다른 교회가 바리새적인 경향으로 빠지면 자유주의나 가톨릭 쪽에서 다른 편으로 당겨 줍니다. 또 어느 교회가 개인주의적이 되어 가면 가톨릭이나 복음주의 편에서 다른 쪽으로 당겨 줍니다. 하나님께서는 예수 그리스도의 몸 된 교회를 지키시고 반석 위에 세우시기 위해 무려 2천 년 동안이나 이와 같은 방법을 사용해 오셨습니다.

그러므로 각자가 예수님을 성육화 하신 하나님의 아들인 것과 성령을 보내신 분이심을 인정하는 한 서로를 도와 주고 더욱 믿음 안에 살 수 있도록 격려까지 해 줄 수 있어야 할 것입니다. 그러나 만약 어느 한 쪽에서 예수님의 인성과 신성 중 어느 한 면을 무시하거나 또 교회가 그의 몸인 것을 잊어 버린다면 예외가 될 것입니다. 그리하여 그들 모두가 대단히 비극적인 운명을 맞이할 것입니다. 우리는 주님께서 사랑하시는 한국 교회가 겸손히 서로에게 배우고 극단적으로 빠지지 않도록 기도해야 할 것입니다. 사탄이 당김줄을 끊어 버리지 못하도록 열심히 도고(중보기도)의 수고를 감당해야 합니다. 우리는 모두를 필요로 하고 있습니다. 그리고 요셉 형제, 당신이 친구들과 만나 성경 말씀을 같이 나눌 때, 당신이 그들과 무엇이 다른지 만을 보지 말고 그들과 무엇을 공통점으로 갖고 있나를 바라보도록 하십시오. 당신은 하나의 머리 밑에서 한 성령의 조명을 받는 한 지체이기 때문입니다. 아마 그렇게 될 때 당신은 "성령 안에서 우리 하나일세, 주님 안에서 우리 하나일세."라는 찬송을 그들과 손을 맞잡고 부를 수 있을 것입니다. 앞으로 당신이 다른 형제들로부터 많은 것을 배우고 있다는 내용의 소식을 듣고 싶습니다.

성경은 무오한 하나님의 말씀인가?

신부님, 저는 이제 막 신학교를 졸업하고 목회전선에 나온 병아리 목회자입니다. 앞으로 저의 목회에 가장 필요한 것은 두말할 필요도 없이 성경인 줄 압니다. 그래서 저는 성경을 어떻게 해석하고 적용시키며 또 성경에서 볼 수 있는 제반 문제점들을 어떻게 해결할 수 있는지 신부님의 조언을 듣고 싶습니다.

— 김영호 올림

사랑하는 영호 형제에게.

이곳 예수원을 무슨 대수도원 정도로 생각하는 사람들은 우리가 많은 책을 읽고 또 공부도 하고 있는 것으로 알고 있지만 실상은 그렇지가 못한 것이 현재 우리의 실정입니다. 그것은 우리가 문학 서적이나 그 밖의 연구 서적들에 대해서 관심이 없다거나 무시해서가 아니고 이곳 예수원의 일거리가 너무 밀려 책 읽을 틈을 많이 얻지 못하기 때문입니다.

그렇지만 우리는 성경만은 하루도 빼지 않고, 꼬박꼬박 읽고 있습니다. 우리가 매일 읽고 소화하는 성경의 분량은 신구약 각각 2장씩입니다. 우리가 알고 있기로 이 정도의 분량은 읽은 것만큼은 충분히 소화해 낼 수 있는 적당한 양이라고 생각합니다.

때로 우리는 성경을 너무 깊이 파고들기 때문에 전체적인 파악을 놓쳐 버릴 위험성이 있을 뿐 아니라, 또 어떤 경우는 한꺼번에 너무 많은 양을 읽어 버림으로 의미도 제대로 파악치 못할 수도 있기 때문에 말씀을 읽는 분량이나 속도를 조절할 필요가 있다는 것입니다.

언젠가 형제는 친구 중에서 성경을 1백 번씩이나 통독했다는 친구가 있다고 했는데 저는 그가 성경을 읽으면서 얼마만큼 말씀을 소화했는지 조금 의심이 들었습니다. 물론 그 형제가 주님이 원하시는 대로 했다면 주님께서 특별한 방법으로 그를 깨닫게 해 주셨으리라 생각됩니다.

저는 단지 성경을 읽는다든지 성경을 공부한다고 해서 그것이 크리스천으로 만들어 준다고는 생각하지 않습니다. 이것은 신학생이라고 다 믿는 사람이 아니라는 것만 보아도 잘 알 수 있는 사실입니다. 이것은 예수님 당시에도 마찬가지였습니다.

당시 바리새인들과 서기관들은 얼마나 열심히 성경을 읽고 또 학구적으로 공부했습니까? 그런데도 그들은 예수님을 저주하였을 뿐 아니라 결국에는 죽이는 데까지 앞장섰던 장본인들이었습니다. 그들이 성경은 읽었지만 참된 신앙인들이 아니었다는 사실은 예수님께서 그들에게 하신 말씀만 보아도 잘 알 수 있는 일입니다. 요한복음 5장 37절부터 44절까지를 읽어 보십시오. 예수님께서는 성경에 관한한 가히 박사라고 할 수 있는 그들에게 "말씀이 너희 속에 거하지 아니한다"(요 5:38)라고 꾸짖으셨고, 나아가 성경을 읽고 공부하는 동기가 하나님을 위해서가 아니고 자신의 영광을 얻기 위함이라고 지적해 주고 계십니다.

그렇습니다. 당시의 바리새인들과 서기관들은 성경을 읽고 공부하는 근본 동기나 목적을 하나님께 두지 않았습니다. 대신 그들은 학적인 명성을 얻는다거나 사람들로부터 인정받는 성경박사가 되는 것이 궁극적인 소원이었습니다. 오늘날도 많은 신학교가 있고 신학자들이 있습니다. 그러나 그들 중에서도 많은 숫자가 소위 신학계에서 인정을 받겠다는 욕심 때문에 하나님의 영광이라는 궁극적인 목적을 망각해 버리는 경우가 많습니다. 그들에게 배우는 신학생들의 순수한 믿음마저도 오염시키고 있는 것입니다. 그러므로 무조건 성경을 공부한다고 해서 그것이 모두 도움이 되고 유익한 결과를 생산해 내는 것은 아니라는 사실입니다. 성경 공부를 통해 유익한 결과를 얻게 되는 유일한 방법은 오직 하나님만의 인정을 구하겠다는 순수한 마음가짐이 전제되는 것입니다.

그러면 하나님의 인정을 구하는 길이란 무엇입니까? 조금 위에서 언급한 요한복음 5장으로부터 계속 같은 맥락 속에서 이어지는 요한복음 7장 14절 이하를 보겠습니다. 여기에는 성경과 신학에 대해서 상당히 박식하여 당시 학계에서 대단한 인정을 받았던 유대인들이 성경을 가르치시는 예수님의 학자적 권위에 대해서 수군거리는 모습을 보여주고 있습니다.

이때 예수님께서는 "사람이 하나님의 뜻을 행하려 하면 이 교훈이 하나님께로서 왔는지 내가 스스로 말함인지 알리라"(요 7:17)라고 말씀하셨습니다. 그렇습니다. 바로 이것입니다. 우리가 하나님의 뜻을 행하고자 하는 분명한 소원과 의지를 가지기만 한다면 우리는 얼마든지 성경을 이해하고 따라서 유익한 결과를 얻게 되는 것입니다.

그러나 우리가 성경을 읽으면 깨닫게 되는 사실이지만 그러한 마음의 소원과 결단은 그렇게 쉽사리 일어나지 않는다는 것입니다. 왜냐하면 하나님의 사업이란 우리의 마음을 끈다거나 쉽게 해낼 수 있는 성질의 것이 아니고 도리어 고통스럽게 느껴지기 때문에 그것을 이루고 난 다음이거나 아니면 호된 시련 기간 중에 있을 때라야 그것이 하나님의 뜻임을 알고 또 즐거워할 수 있기 때문입니다.

그러므로 우리가 진실로 하나님의 뜻을 행하고자 한다면 우리는 끊임없이 "나는 십자가를 기꺼이 짊어질 준비가 되어 있는가? 나는 십자가의 진정한 의미를 모르고 있지 않은가?" 하고 스스로에게 물어 보아야만 할 것입니다.

야고보서 1장 8절에는 두 마음을 품는 자는 아무것도 얻기를 기대하지 말라고 했는데 이 말씀은 하나님의 뜻이 무엇인지 몰라서가 아니고 그것을 행하고자 하는 분명한 결단을 못 내렸기 때문에 머뭇거리는 사람들에게 하시는 말씀인 것입니다.

하나님의 영광과 사람의 인정, 하늘의 면류관과 박사학위, 안락한 삶과 자기 부인의 삶 등 이 양자 사이에서 끊임없이 방황하고 있는 사람들을 말하는 것입니다. 이와 반대로 우리가 누구를 섬길 것인가 분명한 결단을 내리고 나면 우리는 성령의 도움으로 성경을 해석하는 모든 지혜를 얻을 수 있게 될 것입니다.

아마 어떤 면으로는 형제가 묻는 질문의 답변으로 이것이 전부라고 해도 과언이 아닐 것입니다. 예수님께서도 성령이 오시면 우리를 모든 진리 가운데로 인도해 주실 것이라고 말씀하셨습니다(요 16:13).

성경을 읽고 설교하는 일에 대해서 형제는 먼저 자신이 알고 있는 성경 말씀을 형제의 개인생활에 적용하여 열매를 거두도록 노력하십시오. 그러기 전에는 그것을 당신의 설교에 적용치 않는 것이 좋습니다. 만약 형제가 아무리 성경 말씀을 잘 해석하여 가르쳤을지라도 그것을 형제의 개인생활에 적용하여 열매를 맺지 못한다면 교회의 성도들이 무엇이라고 말하겠습니까?

그들은 "성경 말씀 참 멋지게 풀이하는구먼." 하는 대신에 "어째 신실한 풀이 같지가 않은데?"라고 할 것입니다. 그러므로 당신이 실제 증명해 보인 것만 설교하십시오. 그리고 당장 설교하고 싶은 내용이 있더라도 좀더 깊이 생각해 보고 통찰하여 다른 성경 말씀과도 일치하는가를 알아보아야 할 것입니다.

목회 일선에 나선 전도사들이 해결해야 될 또 하나의 과제는 "나는 성경을 전적 무오한 하나님 말씀으로 믿는가?" 하는 질문입니다. 성경에는 언뜻 보기에도 그것이 비유이기 때문에 글자 그대로 받아들일 수 없는 것이 있습니다. 그러나 나머지 대부분의 성경 말씀은 쓰여져 있는 그대로 받아들여야 할 것들입니다.

만약 어떤 사람들이 그대로 믿어야 할 성경 구절들을 단지 상징으로만 해석하려 한다면 그는 성경의 저자들을 거짓말쟁이로 간주하는 죄를 짓게 되는 것입니다. 여기서 우리는 올바른 성경 해석을 위해서는 무엇보다도 성령님의 인도를 받아야 할 것임을 다시 한번 느껴야 할 것입니다. 그리하여 비유를 글자 그대로 받아들인다거나 아니면 글자 그대로 해석해야 할 것을 비유로 받아들인다거나 하는 오류를 범치 말아야 할 것입니다. 만약 누군가가 성령님의 인도함도 받지 않고 성경을 해석한다면 그는 성경을 자기의 기호에 맞게 재편집하는 대단히 위험스런 과오를 범하게 되는 것입니다.

성경도 밝히고 있듯이 말씀이 우리를 심판하는 것이지 우리가 말씀을 심판하는 것이 아님을 알아야 합니다. 그런데도 사람들은 여전히 단지 성경 말씀이 사람의 입장을 곤란하게 만든다거나 아니면 어떤 특정한 이론에 맞지 않는다는 이유로 자기 나름대로 재해석을 내리고 있습니다. 또 어떤 사람들은 성경의 몇몇 부분들은 실제 있었던 인간의 역사가 아니고 하나의 영적인 가르침이거나 우화이기 때문에 거의 무시해 버리거나 심지어는 읽지 않으려는 사람도 있습니다.

물론 우리가 지금 이 시간 바로 우리에게 유익을 주고 필요한 말씀을 우선적으로 공부해야 하는 것이 사실입니다. 그러나 우리는 어떤 부분들을 오랫동안 등한시해서는 아니되는 것입니다. 예를 들어 교회는 한때 수세기 동안 "우리는 율법 아래 있지 않다."라고만 가르쳤습니다. 그리하여 교회는 율법과 제사 문제를 다룬 레위기 같은 구약성경 말씀은 거의 무시해 버린 채 읽지도 가르치지도 아니했습니다. 그 결과 어떻게 되었습니까? 바알의 법을 좇는 자본주의가 생겨났고 그에 대항하여 공산주의라는 괴물이 나타나게 되었습니다. 그뿐인가요? 이슬람교의 출현도 하나님의 율법을 온전히 지키지 못한 교회에 그 일차적인 원인과 책임이 있으며 또 신교와 구교의 고질적인 언쟁은 지금까지도 계속되고 있는 실정입니다.

만약 당시 교회가 "율법은 우리를 그리스도에게로 인도하는 몽학선생이요, 그리스도는 율법을 폐하러 온 것이 아니요 이루기 위해서 오셨다"(갈 3:24; 마 5:17)는 사실을 아울러 가르쳤더라면 지금과 같은 분쟁이나 비기독교적인 새로운 제도의 출현은 없었을 것입니다. 그런데도 교회는 여전히 레위기는 공부하지 않고 있습니다.

그러면 이번에는 겉으로 보기에 서로 모순처럼 보이는 성경 구절에 대해서 생각해 보기로 하겠습니다. 많은 그리스도인들이 성경 속에 나타나는 이 모순점들을 보고는 성경에는 오류가 있다고 쉽게 결론을 내려 버리거나 또 동조하기도 합니다. 물론 형제도 비슷한 의혹에 빠졌던 적이 있었거나 또 의아해 하고 있을지도 모릅니다.

그러나 그때마다 형제는 제일 먼저 기도하십시오. 만약 그 문제가 그렇게 서둘러 해결해야 할 필요가 없다면 일단 뒤로 미뤘다가 성령께서 깨닫게 해 주실 때까지 기다리십시오. 저도 한때는 제가 다니던 신학교 학풍의 영향을 받아 그릇된 성경관 즉 성경에는 오류가 있다고 생각했습니다. 예를 들어 저는 여러 가지 전쟁에 참가했던 백성들의 수를 보도하는 열왕기서와 역대기서의 보도 내용 사이에는 숫자상의 많은 차이가 있음을 알았습니다. 그런데 제가 다니던 신학교의 교수들은 이에 대해서 열왕기서의 숫자가 정확한 것이고 역대서의 그것은 과장이라고 설명했습니다. 그러면서도 그들은 여전히 성경은 영감으로 쓰여졌다고 가르쳤습니다. 그러나 저는 그 교수님들의 설명에 만족할 수가 없었습니다. 왜냐하면 성경이 성령의 감동으로 쓰여졌다면 어떻게 숫자의 '과장'이라는 실수가 있을 수 있는 것인가 하고 생각했기 때문입니다. 그리고 이 생각은 지금도 마찬가지입니다. 그래서 저는 그 당시 신학 교수들의 설명을 듣고는 과장되어 쓰여진 역대서는 성령의 감동 없이 기록된 것일 거라고 생각하게 되었습니다.

또 그와 같은 자유주위 신학자들의 설명이 사실이라면 그것은 열왕기서 이후에 계속해서 역대기서를 기록한 성경 저자들을 욕하는 일이나 다름없는 짓일 것입니다. 왜냐하면 후세에 인지가 더욱 발달한 사람들이 이 두 자료를 비교해 보고는 두 책의 진술이 다르다는 것을 금방 알아차릴 수 있을 것은 뻔한 이치이기 때문입니다. 사실 성경에 대한 자유주의 신학자들의 태도는 성경의 저자들은 어딘가 좀 무지했고 어리석었다는 가정에서 출발하고 있습니다.

다시 말하면 성경이 기록되던 2천5백 년 전의 사람들이 19세기나 20세기의 사람들보다 훨씬 무식하고 미개하였을 것이라는 추측에서 나왔다는 것입니다. 그러나 사실은 오늘날 현대사회가 아주 오랜 옛날에 살았던 성경의 인물 즉 이사야, 예레미야, 모세 등은 물론이고 그 밖에 공자, 석가, 노자, 소크라테스, 아리스토텔레스와 같은 뛰어난 인물을 아직까지 배출해 내지 못하고 있다는 것입니다.

저는 열왕기서와 역대기서의 자료들을 서로 조화시켜 어떤 합리적인 결론을 내려 보도록 하지는 못했습니다. 그러나 바로 그 부분들을 읽어가는 도중 저는 제가 선원으로 일할 때의 일이 갑자기 머리에 떠올랐습니다. 우리들은 그때 실제 공해상에서 배를 타거나 배를 움직이는 사람들만 선원이라고 불렀지 그 외의 사람들 즉 배가 바다 위에 떠서 해운활동을 할 수 있도록 해 주는 수많은 다른 일꾼들을 결코 선원이라고 부르지는 않았습니다. 그러나 이와는 대조적으로 미군들은 육지에서 행정을 담당하는 군인들과 해상에서 배를 타는 군인들을 모두 포함하여 해군이라고 불러 주었습니다.

그러므로 우리가 군대의 병력이 얼마나 되는가를 알고자 할 때, 그것은 보는 각도에 따라 전혀 다른 두 가지 수치가 나올 수 있다는 것입니다. 즉 실제 전투 요원만 병력의 숫자로 보아야 하는가 아니면 후방의 지원부대까지도 포함시켜야 하는가 하는 문제인 것입니다. 만약 역대기서의 저자들이 달구지 운전병들과 취사병들까지 전투 병력으로 보았다면 다윗이 그랬던 것처럼(삼상 30:21) 그들은 현대적인 방법을 택한 것이고, 또 열왕기서의 저자들이 전방에서 전투에만 임하는 병력들만 군인으로 보았다고 해도 그것은 결코 잘못이 아니라는 것입니다. 사실이지 저는 많은 사람들이 문제시 삼은 성경 말씀들 중 대부분은 제가 무엇을 해야 하는가 혹은 무엇을 하지 말아야 하는가를 분명히 알고자 하는 마음으로 읽었을 때 모두 이해할 수가 있었습니다. 사실 문제라고 한다면 잘못되었다는 태도기 문제인 것입니다.

저는 이제 보수적 입장을 취하는 사람들에 의해서 일어날 수 있는 문제들을 생각해 보고자 합니다. 그들은 성경의 기록들을 영적화(spiritualizing)하기를 좋아한다는 것입니다. 물론 성경에는 얼마든지 영적으로 풀이하여 해석할 수 있는 구절들이 많습니다.

그러나 제가 보기에 이것은 너무 지나치게 행하여지기 때문에 때때로는 성경이 본래 의미하는 내용과는 정반대의 입장에서 해석을 내리기도 한다는 것입니다. 이것은 성경이 영감으로 기록된 것이 아니라고 주장하는 사람들과 대동소이한 과오를 범하는 것입니다. 성경은 다른 책이 아니라 과학자들의 실험실보고서, 임상보고서, 사례연구서 등과도 같은 생생하게 있었던 역사현실에 대한 보고서와도 같은 책입니다. 그러므로 우리는 바로 이 보고 내용 자체로부터 어떤 결론을 끌어 내어야 하는 것입니다.

 만약 우리가 그 보고의 내용들이 조금이라도 잘못되었다고 가정해 보십시오. 어떤 의미 있는 결론을 이끌어 낼 수 있겠습니까? 성경의 내용들은 신학이 아니고 역사 그 자체입니다. 현재 우리가 공부하고 있는 신학은 이스라엘과 교회와 그리고 우리 인간 개개인의 역사로부터 파생되어진 것입니다. 우리의 관심의 대상이 되시는 그 하나님은 우리 인간의 역사 속에서 자신을 계시하시는 분이시며 실제 그 자신이 행동하시는 분이십니다.

 그러므로 당신이 하나님에 대하여 무엇을 알고 싶어 한다면 당신은 철학자가 아닌 역사학자를 찾아가서 그가 무엇을 행하셨나를 물어보아야 할 것입니다. 그리고서 당신은 스스로에게 그와 같은 방식으로 행동하시는 하나님은 어떤 하나님이신가 하고 물어볼 수 있습니다.

 우리가 성경을 해석할 때 다른 어떤 방법들보다 본문 중심의 해석을 해야 될 필요가 바로 여기에 있는 것입니다. 또 하나, 우리는 성경을 해석할 때 그 보고 내용 속에서 어떤 도덕적 결론을 얻을 수 있는가 알아 보아야만 합니다. 과거 이스라엘의 역사 속에서 일어난 어떤 사건은 반드시 우리가 본받아야 하든가 아니면 버려야 할 취사선택적인 성격을 띠고 있습니다. 성경에 담겨져 있는 역사의 기록들은 가족과 국가와 교회 속에서 살아가는 우리 각자의 개인생활에 영향을 줄 때 비로소 의미가 있는 것입니다.

 성경 해석에 있어서 상징과 비유는 또한 문제가 되지 않을 수 없습니다. 먼저 바울이 이스라엘 역사를 어떻게 다루고 있는가를 보십시오. 그는 이스라엘에 대한 성경의 기록들이 분명한 역사적 현실이었다고 전제하며 그 속에서 분명한 결론을 이끌어 내고 있습니다. "형제들아 너희가 알지 못하기를 내가 원치 아니하노라…다 같은 신령한 음료를 마셨으니 이는 저희를 따르는 신령한 반석으로부터 마셨으니 그 반석은 곧 그리스도시라…저희에게 당한 이런 일이 거울이 되고 또한 말세를 만난 우리의 경계로 기록하였느니라 그런즉 선 줄로 생각하는 자는 넘어질까 조심하라…"(고전 10:1~13). 바울이 이 속에서 그리스도를 '신령한 반석'이라고 언급하는 강한 비유법도 아울러 쓰고 있는데, 이것은 우리가 어떻게 비유법을 사용할 수 있는가를 말해 주는 표준이 될 수 있다고 생각합니다. 그러나 우리가 신구약을 모두 조심스럽게 읽어 보면 이와 같은 비유는 극히 희귀하다는 결론을 얻을 수 있습니다.

저는 비유를 사용할 때 비슷한 뜻을 지니는 다른 여러 성경 구절들과 비교하여 확실한 증거를 발견치 못하면 섣부른 비유는 항상 삼가고 있습니다. 설령 제가 비유를 한다 하더라도 그것은 제 개인적인 의견이므로 반드시 믿지 않아도 좋다는 부언을 하곤 합니다. 저는 성경에서 확실한 근거를 찾지 못하는 어떠한 비유도 성경의 교리로 가르쳐서는 안 된다고 확신합니다.

제가 이렇게 강력하게 말하는 이유는 거의 아무것이나 비유로 표현하여서 어떤 것은 본래의 평범한 의미를 전혀 엉뚱하게 전달하는 경우를 많이 보았기 때문입니다. 저는 이와 같이 잘못된 비유는 성경 말씀을 부인하는 행위나 매일반이라고 생각합니다.

또 형제는 성경을 이해하는 데 도움을 주는 책이 필요하다고 생각할 것입니다. 저는 개인적으로 주석책을 사용하지 않습니다. 성경 그 자체가 성경의 또 다른 주석책이라고 보기 때문입니다. 관주가 상세하게 나와 있는 성경을 아주 잘 사용하면 어떤 성경 구절의 의미도 분명하게 이해할 수가 있습니다.

그렇지만 주석책을 사용하면 같은 성경 구절들을 더 많이 비교할 수 있고, 또 깊이 연구할 수 있으므로 더욱 분명한 주제 파악을 할 수 있을 것입니다. 만약 형제가 영(Young)이나 스트롱(Strong) 또는 셉튜아진트(Septuagint) 주석책을 구할 수만 있다면 주석책에 있어서만은 소원 성취했다고 볼 수 있습니다.

그러한 종류의 주석책으로 형제는 난해한 구절들을 원문으로 찾아보고 또 다른 구절들과 비교해 볼 수도 있으며 그 결과 형제는 문제시되는 그 구절에 대한 보다 뚜렷한 해석을 할 수 있게 될 것입니다. 단 성경을 해석하는 데 있어 기본적인 법칙이 될 수 있는 것은 말씀을 서로서로 비교하는 것이며 그보다 더 의지해야 할 것은 성령의 인도함을 받는 것입니다. 우리가 말씀의 의미를 깨닫고 그의 뜻을 실천하기 위해 성령님께 의지할진대 그분께서 왜 우리에게 지혜를 주시지 않겠습니까?

저는 지금까지 여러 가지 말을 하였지만 사실 이것들은 제가 경험하고 얻은 짧고 제한된 지식들의 일부에 지나지 않습니다. 형제께서 취사선택하여 목회나 성경 공부에 참고로 삼아 주십시오.

산골짜기에서 온 편지

코이노니아는 성도들에게 꼭 필요한가

　신부님, 저는 최근 많은 사람들이 코이노니아에 대해서 이야기하는 것을 듣곤 하는데 신부님께서도 얼마 전에 그것에 대해서 강연하셨다고 들었습니다. 그러나 저는 아직까지 그것이 무엇을 말하는 것인지 분명하게 의미를 파악할 수가 없습니다.
　코이노니아란 말은 우리 한국어의 '교제'라는 단어와 틀린 것인가요? 마치 '아가페'라는 헬라어의 단어가 우리말로 단순히 '사랑'이라고 번역될 수 없는 것처럼 그것은 교제라고 번역할 수 없을 만큼 그 이상의 다른 의미를 가지고 있는지요? 저희 모임은 대학 캠퍼스 안에서는 비교적 좋은 형제간의 교제를 나누고 있다고 자부합니다. 그래서인지 많은 학생들이 그리스도 앞으로 인도되고 있습니다. 저희 질문에 대한 신부님의 의견을 듣고 싶습니다.

- 손영길 올림

　사랑하는 영길 형제에게.
　편지 고맙습니다. 형제가 소속한 모임은 정말 좋은 교제를 나누고 있다고 생각됩니다. 형제가 만약 요한일서 1장을 읽어 본다면 사도 요한이 '교제'를 얼마만큼 강조하고 있나를 알게 될 것입니다. 흥미롭게도 한국어 성경에는 그것이 '사귐'이라고 번역되어져 있습니다. 그렇다면 '교제'와 '사귐'에는 어떤 다른 점이라도 있다는 말일까요?

형제는 성경 번역자들이 왜 어떤 곳에는 '교제' 또 어떤 곳에는 '사귐'이라고 번역했다고 생각하십니까? 예를 들어서 형제는 사도행전의 중심 말씀이라고 할 수 있는 사도행전 2장 42절과 고린도전서 10장 20절에는 '교제'라는 말이 쓰여진 반면 사도행전 2장 44절에는 '통용'이라는 말이 사용되어졌다는 것을 볼 수 있을 것입니다. 또 내가 보기에 교제와 관련하여 가장 중요한 구절이라고 생각되는 고린도후서 13장 13절에서는 '교통'이라는 단어가 사용되어졌는데 거의 대부분의 한국 목사님들은 이 말을 감화, 감동이란 단어로 바꾸어 사용하고 있습니다.

그러면 이 말들 사이에는 각각 다른 뜻들이 담겨 있기 때문에 각각 다른 단어를 사용했다고 보아야 할까요? 내가 보기에는 목사님들을 포함한 성경번역자들이 코이노니아란 헬라어를 하나만 사용하게 될 경우 생길 수 있는 혼돈을 피하고 어떤 질서를 찾아 보겠다는 의도로 그와 같이 하지 않았나 생각됩니다.

실제로 신약성경을 보면 사실상 같은 헬라 어원(語源)에서 나온 명사, 동사, 형용사가 각각 2개씩 모두 6개가 있습니다. 이 각각의 낱말들이 신약성경 전체에서 나타나는 횟수는 모두 66회인데 이 각각의 낱말들은 모두 같은 어원을 갖고 있으면서도 다음과 같이 모두 다른 낱말들로 기록되어 있습니다. 참예, 더럽게 함, 속됨, 농업, 교제, 통용, 공급, 함께 받는 것, 동정, 나누어 줌, 사귐, 동무, 연보, 교통, 함께 함, 간섭, 함께 속함, 일반, 동참, 서로 나누어 주기 등등입니다.

여기에 대해 어떤 사람들은 헬라어가 어떤 우연의 일치로 그렇게 사용되어질 수 있었다고 추측하기도 합니다. 그러나 사실상 코이노니아란 헬라어 단어는 헬라(그리이스)문학에서는 거의 사용되어지지 않았다는 사실을 알아야 합니다. 이 단어는 어떤 특별한 의미를 전달하기 위해서 신약성경 기자들이 도입한 단어인 것입니다. 그런데도 사람들은 그 말 대신에 너무 평범한 다른 단어들을 바꾸어 사용한 결과 본래 신약성경 기자들이 전달하고자 했던 중요한 사상을 올바로 전달하지 못하고 있는 것입니다.

나는 그리스 고전 작품에서 코이노니아란 단어가 사용된 경우는 어떤 여자가 조그만 섬에서 사회를 건설한 후 모든 물건을 통용했다는 것이 줄거리를 이루는 어떤 드라마 속에서만 나타난다고 들었습니다. 이와 똑같은 단어가 구약성경(셉튜아진트 번역본)에도 몇 번 나타나는데 이것들은 상호 거래를 위한 합의, 이익금을 나눌 때, 또는 타인의 이익을 보호해 줄 경우를 나타낼 때 사용되어지고 있습니다. 잠언 1장 14절은 이런 경우를 나타내 주는 대표적인 성경 말씀입니다.

그러면 왜 신약성경에는 바로 이 단어가 여러 가지 의미와 연관지어져 그처럼 자주 나타날까요? 내가 보기에는 요한일서 1장 1~7절 말씀이 이 의문점을 풀어 주는 실마리가 된다고 생각합니다. 그리고 이 말씀은 요한이 전해 주는 메시지의 중심 사상이라고 보여집니다. 요한이 말하려고 하는 것은 하나님께서 처음부터 우리 인간과 교제(사귐)를 가지기를 원하셨다는 것입니다.

그래서 우리들과 교제를 가능케 해 주는 예수님을 이 땅에 보내셨고 그로 말미암아 생기게 된 교회는 우리들이 하나님과 수평적 교제를 가지도록 해 주며 하나님 자신은 수직적 교제의 역할을 또한 감당하신다는 것입니다. 만약 하나님이 사랑이시라면 하나님은 또한 코이노니아이심이 분명합니다. 왜냐하면 코이노니아는 사랑의 구체적인 표현이기 때문입니다.

또 우리는 아가페를 일방적인 사랑이라고 부를 수 있다면 코이노니아는 주고받는 사랑이라고 말할 수 있습니다. 하나님께서는 우리가 그를 사랑하기 전에 우리를 먼저 사랑하셨습니다. 우리가 이 하나님의 사랑에 반응을 나타내어 다시 그분을 사랑하게 되면 우리는 그분과 코이노니아를 가지게 되는 것입니다.

그뿐만 아니라 우리 속에 계시는 성령께서는 우리 주위 사람들에게도 하나님의 일방적인 사랑을 베풀도록 해 주십니다. 이렇게 하여 우리는 우리가 보고 만지고 경험해 본 생명의 말씀을 그들에게 전하게 됩니다. 그 결과 사람들은 우리들과의 교제 속으로 들어오고 그들은 다시 하나님 아버지와 그의 아들 되신 예수 그리스도와 교제를 가질 수 있게 되는 것입니다.

그러면 이제 우리는 깊은 의미에서 코이노니아란 성경의 기본 주제임을 알았을 것입니다. 하나님의 사랑이 그것을 원하고 있으며 예수 그리스도의 은혜가 그것을 가능하게 만들었으며 성령께서 그것을 하도록 역사하시기 때문입니다. 그런데 오늘날 우리가 사용하는 교통이라는 말이 다소 현대적인 의미를 취했다고 하더라도 그것이 전적으로 틀린 말이 아니라는 것입니다.

도로교통에서 일방통행과 쌍방통행이라는 말이 바로 그것입니다. 여기에 대해 성경이 우리에게 가르쳐 주고 있는 내용은 바로 이러합니다. 즉 삼위일체의 성부, 성자, 성령께서는 그들 상호간에 쌍방통행의 교제를 가지고 계시며 또한 그들은 함께 우리 인간들과 교제를 가지시기 위해 길을 마련해 놓았다는 것입니다. 그런데 인간들이 이 길을 스스로 막아 버렸기 때문에 이제는 인간에게로 가는 하나님의 일방통로만이 남게 되었습니다.

그래서 이때부터 인간의 편으로부터 다시 길이 열리지 않으면 안 되게 되었는데 사람이며 동시에 하나님이셨던 예수 그리스도께서 이 땅에 오셔서 그 길이 다시 열리도록 하셨다는 것입니다. 그뿐만 아니라 하나님께서는 예수 그리스도로 말미암아 생기게 된 교회를 통하여 계속하여 쌍방통행의 교통질서를 유지시키기 위해 노력하고 계신다는 것입니다. 나는 이 노력이 새로운 예루살렘에서 완전한 코이노니아가 이루어지기까지 끊어지지 아니할 것이라고 믿습니다.

그러면 이처럼 어려운 방법으로 코이노니아가 창조된 이유는 무엇입니까? 그것이 과연 수천 년 동안 우리 인간들이 가져야 했던 고통의 대가로써 지불되어질 가치가 있었던 것일까요? 우리는 자유의지라는 것이 없이는 코이노니아가 있을 수 없음을 잘 알고 있습니다.

그러나 하나님께서 우리에게 주셨던 그 자유의지로 우리는 하나님을 거부하는 자유를 택했습니다. 바로 여기에서 인간의 고통은 시작되게 되었습니다. 그러나 하나님께서는 우리가 하나님을 버리는 그 순간부터 우리의 교제가 다시 열리도록 특별공사를 계획하신 후 그것을 실제로 이루어 주셨습니다. 이 공사는 완전히 완공되지는 않았습니다. 그러나 우리는 이 공사의 완공을 눈앞에 두고 있습니다. 하나님의 입장에서 이 코이노니아라는 이름의 공사는 너무도 중요하였기 때문에 이 모든 것을 감당하셨습니다. 하나님이 사랑이시라면 하나님은 또한 코이노니아가 되십니다. 왜냐하면 그 둘은 동전의 양면과 같기 때문입니다.

성경에는 사랑을 의미하는 두 종류의 단어가 있는데 하나는 아가페(agape)이고 다른 하나는 필리아(philia)입니다. 이 중 아가페는 자발적이며 무조건적 사랑 즉 성령께서 공급해 주시는 일방적인 사랑을 말합니다. 그리고 필리아는 주관적이며 서로 호감을 갖고 주고받는 친구 간이나 부부 사이 또는 부모와 자식 간의 자연세계에서 볼 수 있는 사랑을 말합니다. 구약성경에는 번역하면 '사랑하다'(to love)가 되는 아가포(agapo)란 동사가 19개의 히브리어 단어로 번역되어 있습니다.

코이노니아란 단어 속에 깃들여 있는 한 가지 개념을 위해서는 샬롬(shalom), 레아(rea), 아미드(amith), 다발(dabar), 아말(amar), 촐(chol), 찰랄(chalal), 셸렘(shelem), 카팔(kaphar), 야다(yada) 등의 히브리어가 사용되고 있습니다. 그러면 성경을 통해서 간단하게나마 그 개념들의 계통을 한번 더듬어 보기로 하겠습니다.

우선 "우리의 형상을 따라 우리의 모양대로 우리가 사람을 만들고."라고 기록한 창세기 1장 26절의 말씀을 보겠습니다. 여기서 우리는 하나님께서는 교제하시는 하나님이시며 그래서 그분은 인간을 만드시되 교제도 하고 사랑도 할 수 있는 남자와 여자로 만드셨다는 사실을 알 수 있습니다. 예수님께서 베푸신 첫 번째의 기적도 병 고침이나 죄 사함의 권능이 아니었습니다. 그것은 신랑과 신부 그리고 많은 손님들의 교제 장소인 혼인잔치에서 큰 기쁨을 선사하는 창조의 기적이었습니다.

창세기 2장 18절에는 인간 창조에 대한 기사가 좀더 구체적으로 기록되어 있는데 여기서도 교제에 대한 동일한 원칙이 천명되어져 있습니다. "사람이 독처하는 것이 좋지 못하니."란 말씀이 곧 그것입니다. 하나님께서는 홀로 계시지 아니하십니다. 그러므로 하나님의 형상을 가진 인간도 홀로 있을 수가 없는 것입니다. 이것은 "남자가 그 아내와 연합하여 한 몸을 이룰지로다"(창 2:24)란 말씀 속에 더욱 상소되어 일 마만큼 깊은 것인가를 알 수 있을 것입니다. 남편과 아내의 관계를 뜻하는 히브리의 말은 '야다'(yada) 즉 '알다'(to know)입니다. 그래서 구약성경이 우리에게 "주를 알라."(Know the Lord)라고 계속 권고할 때 그것은 하나님과 끊이지 않는 사랑의 교제를 맺으라고 말하는 것입니다. 신약성경은 구약의 것과 똑같은 의미로 '알다'(know)라는 말을 사용합니다.

그러므로 우리가 깊은 교제라는 말을 자주 사용하지만 실제 코이노니아를 나누는 회원들은 그것보다 훨씬 더 깊이 서로를 알아야만 하는 것입니다. 창세기 3장 9절에는 하나님께서 아담에게 "네가 어디 있느냐?"라고 물으시는 장면이 나옵니다. 여기서도 우리가 알게 되는 것은 하나님께서 아담과 하와와 교제를 맺으시고자 에덴동산으로 오셨다가 그들이 하나님의 낯을 피하여 숨는 것을 보고는 대단히 실망하셨다는 사실입니다. 이를 볼 때 죄는 교제를 끊어지게 만들며 성경의 드라마는 바로 이 때문에 시작되게 된 것입니다. 하나님께서는 여기에서 이 죄로 오염된 세상을 떠나시고는 하늘나라로 잠시 동안 가시게 된 것입니다.

그러나 하나님은 이 세상을 그냥 버리시고 구경만 하시는 분은 아니십니다. 그는 하늘에 장막을 치시고 그 속에 거하시지만 항상 이 땅으로 다시 돌아오시기를 기다리는 분이십니다. 우리는 광야에 있던 모세의 증언의 장막은 하늘에 있는 하나님의 장막의 상징이라고 배웠습니다. 왜 모세의 장막이 증언의 장막이라고 불려졌습니까? 왜냐하면 그것은 이 땅으로 돌아오시고자 하는 하나님의 단호한 결심의 증거로서 세워졌기 때문에 또한 그것은 하늘에 거처를 둔 주권자의 대표로서 이 땅에 오신 보이지 아니하는 그분(성령)의 임재하심에 대한 증거로 세워졌기 때문입니다.

히브리서 8장은 이 점에 대해서 대단히 강조하여 기록하고 있으며 9장에서는 하늘의 장막은 땅에 있는 것보다 더 크고 완전한 장막이라고 언급하고 있는데 히브리서 기자는 그리스도께서 자기 피로 영원한 속죄를 이루사 단번에 성소에 들어가신 사건이 바로 그것을 가리킨다고 말합니다. 땅에 있는 것은 단지 상징에 불과합니다. 하나님의 진짜 장막은 하늘에 있습니다.

요한계시록에 보면 하나님께서는 그의 장막을 하늘로부터 옮겨 이 땅의 사람들 가운데 세우시겠다고 하셨습니다(계 21:3). 하나님의 궁극적 목표는 인간과 교제를 가지시는 것이므로 그분께서는 우리들을 그와의 교제 속으로 이끌어 들이기까지는 결코 쉴 수가 없는 것입니다.

요한도 그의 서신 1장에서 바로 이 점을 강조하고 있습니다. 천국이란 어떤 곳입니까? 그곳은 우리가 서로서로 교제를 나눌 뿐 아니라 하나님과 교제를 나누는 곳입니다. 그것은 잠언 1장에 기록된 대로 도적질하는 자들의 사이에 있는 어떤 무엇이 아닙니다. 그것은 가족이나 왕국이나 한몸과 같아서 긴밀한 유대관계와 질서가 존재하는 곳입니다. 그래서 성경은 이 모두를 다 강조하고 있습니다. 그러나 가끔 우리는 질서에만 신경을 쓰다가 다정한 교제를 갖지 못할 때가 있습니다. 그것은 교제가 아니고 교제가 마비된 상태인 것입니다. 또 우리는 감상적인 사랑에 도취된 나머지 질서를 무시할 때도 있습니다. 그것 역시 붕괴에 이르고 맙니다. 코이노니아는 두 가지 요소를 모두 포함해야 합니다.

사도신경을 보면 교회는 일찍이 코이노니아의 중요성을 분명히 명시하고 있음을 보게 됩니다. 우리는 '성령을 믿사오며'라는 말 바로 이어서 '거룩한 공회와' '성도가 서로 교통하는 것과' '죄를 사하여 주시는 것과'라고 말을 외우는데 이것 역시 교제가 없으면 죄 사함도 없다는 말이 됩니다. 교회에서 성도들이 가지는 교제는 사람들에게 하나님의 사랑과 죄 사함의 은총을 확신시켜 줍니다. 또 그것은 사람들에게 소망을 주어서 회개할 수 있도록 해 주며 죄 사함의 은총이 효력을 발휘하도록 해줍니다. 그래서 사도 요한은 요한일서 1장 7절에서 "저가 빛 가운데 계신 것같이 우리도 빛 가운데 행하면 우리가 서로 사귐이 있고 그 아들 예수의 피가 우리를 모든 죄에서 깨끗하게 하실 것이요."라고 했습니다. 요한이 여기에서 이야기하고 있는 교제와 죄 사함과의 관계를 나열한 것을 보면 사도신경의 그것과 너무나 흡사합니다.

사랑하는 영길 형제, 하나님께서 형제의 모임을 효과적으로 쓰시는 까닭은 형제가 모이는 모임의 교제가 훌륭했기 때문인 것 같습니다. 따라서 형제는 죄를 사하기 위하여 흘린 그리스도의 피가 유효해지도록 하고 있다고 생각합니다. 형제가 그것을 사귐이라고 부르든지 교제라고 부르든지 또는 교통이나 상통이라고 부르든지 간에 형제의 사정에 맞게 좋은 것으로 부르면 좋을 것 같습니다.

나는 마지막으로 코이노니아에 해당하는 순수한 우리 한국말 하나를 소개하고 싶은데 그것은 '우리'라는 말입니다. 이 말은 보통명사로 사용하면 소 우리, 양 우리(요 10:16)와 같이 쓸 수 있고, 인칭대명사로는 '나'의 복수형으로 쓸 수 있는 말입니다. 그러나 이 말들은 같은 어원에서 나왔습니다. 즉 한 울(fold) 안에 있는 사람은 모두 우리(we)라고 부를 수 있는 것입니다. 그리스도라는 울타리 안에서 '우리'가 되면 그 우리는 누구입니까? 바로 형제와 자매입니다. 그런데 형제와 자매가 교제를 나누지 않으면 진정한 형제요 자매가 될 수 있겠습니까?

산골짜기에서 온 편지

추석절은 성경적인가?

저는 신부님이 언젠가 추석은 성서적인 명절이고 그리스도인들은 이 명절을 지켜야 한다고 말하는 것을 들었습니다. 그러나 우리 집안에서 추석은 조상에 대한 제사로써 지켜지고 있습니다. 우리 부모님들은 모두 그리스도인이 아니기 때문입니다.

추석의 기독교적 의미는 무엇입니까? 그리고 제가 그 제사에 대해서 어떻게 행동해야 합니까? 저의 언니는 예수님을 영접했습니다. 그러나 형부는 제사를 지내고 있습니다. 그리고 저의 오빠도 역시 똑같은 문제를 갖고 있습니다. 그들은 어떻게 행동해야 할까요?

- 인숙 올림

친애하는 인숙 자매에게.

인숙 자매도 생각이 나겠지만 나는 전에 성경에서 쓰이는 역법은 한국의 역법과 한 달 하루가 틀리다고 말했습니다. 이스라엘 자손들은 일곱 번째 달의 보름에 애굽에서 나왔습니다.

그리고 하나님께서는 그들에게 그 뒤로는 그 달을 첫 번째 달로 지키라고 명하셨습니다. 성경의 일곱 번째 달이 우리 한국에서는 여덟 번째 달이 됩니다. 그리고 그 달 보름의 축제는 바로 한국의 추석인 것입니다. 성경에서는 그것을 여러 가지로 부르고 있습니다. 흔히 그것을 단순히 '축일'이라고 불렀습니다. 그러나 그것 이외에도 맥추절(출 23:16), 성스러운 집회(민 29:12~40), 그리고 그들이 처음에 이집트에서 벗어났을 때 살았던 초막(booths)을 본따서 '초막절'이라고 불렀습니다(레 23:42; 느 8:14).

거의 모든 교회들이 부활절과 오순절 그리고 구약에 있는 다른 두 절기는 잘 지키지만, '초막절'을 지키는 교회는 내가 알기로는 하나도 없는데 이것은 참 기이한 일이라고 하겠습니다. 성경에 보면 초막절이 이미 완료되었다거나 또는 폐기되었다든가 하는 말이 없습니다. 이에 반해서 온통 초막절에 대한 얘기만 들어 있는 스가랴 14장은 그것을 예수님의 재림, 천년 왕국에 연관 짓고서 초막절을 지키지 않는 모든 나라는 무서운 재난을 받을 것이라고 말하고 있습니다.

그렇다면 그 축제가 무엇을 의미하는지 알아 보는 것이 좋겠습니다. 위에서 이미 말한 것 외에 그날에 관한 성경의 주된 언급은 출애굽기 13장 20절, 레위기 23장 33~34절, 25장, 신명기 31장 10~13절, 열왕기상 8장에 나와 있습니다. 이 구절들을 검토하여 보면 그 축제는 7가지 다른 상징을 갖고 있음을 알 수 있습니다. 이것은 축제가 7일 동안 계속된 사실과 잘 부합합니다.

첫 번째 의미는 아주 분명한 것으로서 '추수감사'입니다. 그러나 성경의 어디를 보나 추수는 시대의 마지막, 새로운 시대의 시작 혹은 천년 왕국, 새 하늘과 새 땅의 시작을 상징했습니다. 이 축제가 소홀하게 취급된 한 가지 이유는 매우 실제적인 것으로써 그것은 나라마다 추수 시기가 서로 다르다는 것입니다. 또 다른 이유는 영적인 성질의 것입니다. 많은 교회들이 예수의 재림을 기다리는 것을 그만두었습니다. 그리고 신도는 죽으면 천국에 으레 갈 뿐, 부활도 천년 왕국도 이 땅 위의 예수의 재림도 새 하늘과 새 땅은 없다는 불교적인 교리에 젖어 버린 것입니다. 아직도 널리 퍼져 있는 이러한 경향은 많은 찬송가에 잘 나타나 있으며, 이것은 마땅히 고쳐져야 합니다.

유월절은 지나간 것, 과거에 대한 축제, 즉 유대인들을 애굽에서부터, 그리스도인들을 죄에서부터 이끌어 내신 것을 기념하는 축제입니다. 오순절은 현재에 대한 축제, 즉 우리가 지키고 사는 율법을 주신 데 대한(유대인에게 있어서는), 아니면 우리에게 성령을 주셔서 그의 도움으로 말미암아 이제 우리 마음속에 율법이 쓰여지고 우리는 매일 매일 그의 도움으로 살게 된 데 대한 축제입니다. 초막절은 미래에 대한 축제, 즉 시대의 마지막, 예수님의 도래, 마지막 왕국에 대한 축제입니다.

두 번째 상징은 '장막 속에서의 삶'입니다. 이 땅 위에서의 우리의 삶은 덧없는 것이고 우리는 약속된 땅으로 가는 도중에 있는 것입니다.

세 번째 상징은 이 축제에서 '율법을 낭독하는 것'인데(신 31:10~13; 느 8) 이것은 하나님의 왕국으로 가는 데는 지켜야 할 기준이 있다는 것을 우리에게 일깨워 줍니다. 매 7년마다 빚을 탕감하여 주고 매 7년마다 노예들을 풀어 줄 것, 그리고 50년마다 즉 희년에는 토지개혁을 실시하는 점들이 강조되었습니다.

이제 네 번째 상징은 '해방'이었습니다. 초막적은 율법을 실행하는 시기, 특별히 모든 사회적 부정을 바로잡는 시기입니다. 물론 모든 이러한 일들은 하나님의 왕국에서는 바로 세워질 것입니다. 그러나 하나님의 지배를 받는 모든 나라는 지금 당장 가난한 자와 억눌린 자들에 대해 의를 실천해야 합니다.

다섯 번째 상징은 '희년'입니다. 속죄일(사도행전 27장 9절에는 이때 금식이 언급되었습니다)이 오면 희년의 나팔을 불어 모든 사람들이 닷새 동안 자기 고향으로 가서 자기 일족과 자기 땅에서 추석을 지내도록 하였습니다. 다시 말하자면 토지개혁은 열 번째 날에 선포되었고 닷새 후인 추석에 그 효력을 발하게 되었다는 것입니다(다행스럽게도 한국에서 1950년 희년의 토지개혁은 부활절 무렵에 선포되어졌습니다. 그 해 부활절은 4월 9일이었습니다. 만일 정부가 추석까지 기다렸다면 너무 늦었을 뻔했습니다. 6월에 북한이 침략했기 때문입니다).

희년 덕택으로 여호수아에서 바르코헤바까지 1천5백 년간 이스라엘과 유다가 한 나라로서 지탱할 수 있었던 것입니다. 토지개혁은 므낫세 때부터 시드기야 때까지 파괴되어졌고(요시아의 노력은 성공하지 못했습니다) 바벨론 유수를 초래했습니다. 예수님은 그의 민족 거의 모두가 갖고 있었던 희년에 대한 희망을 누가복음 4장 18~19절 설교에서 언급했습니다. 그는 희년에 대해서 '주님의 해'라는 표현을 사용했습니다. 모든 사람들은 그것이 무엇을 뜻하는지 알고 있었습니다. 그러나 그들은 왜 예수님의 희년을 '좋은'(acceptable), '자발적인' 주님의 날이라고 했는지는 아마 몰랐을 것입니다.

예수님은 희년을 선포할 위치에 있지 않았습니다. 단지 헤롯 왕만이 그것을 할 수 있었는데 그는 지주였고 그 자신이 지주들의 지지를 받고 있었고 지주제가 지배하고 있는 나라인 로마의 지배 아래서 그의 지위를 유지하고 있었기 때문에 그는 희년을 혹은 토지개혁을 선포할 의사가 전혀 없었습니다. 그러나 예수님의 제자들은 줄곧 여기에 대해서 생각했고 오순절 날 성령이 그들에게 임하여 3천 명이 세례 받고 그들과 합세했을 때에 자발적인 희년이 시작되었습니다. "이 땅은 나의 소유이다. 나는 이것을 돌려 갖기 원한다."라고 말하는 대신 성서는 아무도 자기 것을 자기 것이라고 여기지 않고 단지 그들은 모든 것은 공동 소유라고 생각했음을 말해 줍니다.

좋은(자발적인) 주님의 해에 대한 묘사는 사도행전 2장 44~45절과

4장 35절에서도 발견됩니다. 오늘날 전 세계의 많은 사람들이 공동체 안에 살면서 그들의 소유물을 나누어 갖게 하는 것은 바로 이와 같은 이념이며 성령의 힘인 것입니다.

여섯 번째 상징은 매우 늦게, 아마도 구약과 신약의 중간쯤에 발견되어졌습니다. 그것은 실로암 못의 물을 길어다가 성전 앞에 붓는 것으로 이루어집니다. 이것은 광야 시절 바위에서 나온 물을 뜻하는 것이지만 또한 에스겔이 예언한 바 성전에서 물이 흘러나온다는 것을 뜻하기도 합니다. 에스겔이 새로운 성전을 봉헌하자 추석절에 하나님의 영광이 그곳을 채웠습니다.

에스겔은 또한 하나님의 영광이 다시 돌아와서 성전을 채우는 것을 묘사했는데 이것도 역시 같은 날이었을 것입니다. 43장은 '그 후에'라는 말로 시작하는데 이것은 아마도 여러 날들이 지났으리라는 것을 시사해 줍니다. 확실히 예수님 시대에는 추석절에 '물 긷기' 행사가 지켜졌는데 예수님은 이것을 가리켜 신앙인 각자로부터 흘러나오는 성령의 상징이라고 했습니다. 에스겔서 47장의 성전에서 흘러나오는 강에 대한 묘사와 요한복음 7장 37~39절의 신앙인 각자로부터 흘러나오는 강에 대한 예수님의 약속, 그리고 새 예루살렘의 가운데로부터 흘러나오는 강에 대한 요한의 환상은 모두 연관성이 있습니다(계 22:1~3; 슥 14:8 참조).

그러므로 추석은 우리들에게 오순절의 선물을 받은 자는 성령이 충만하여야 하며 성령이 우리로부터 강처럼 흘러나와 다른 사람들을 새롭게 하고 황폐한 땅에 치료함을 가져오게 된다는 것을 알려 줍니다. 오순절은 받는 것에 대해서 말하는데 추석은 주는 것과 나누어 갖는 것에 대해서 말합니다.

추석의 일곱 번째 상징은 우리들에게 '천년 왕국의 도래'를 상기시켜 줍니다. 이것은 스가랴 14장에 나타나는데 대부분의 다른 상징들을 모두 총괄하고 있습니다. 그리고 추석을 지키지 않는 자들은 축복 대신 재앙을 받으리라는 경고도 포함하고 있습니다.

　이제 그리스도인들이 왜 추석을 지켜야 하는지도 알았을 것입니다. 그것은 조상을 위한 제사로써가 아니라, 예수님 재림 시 죽은 자의 부활에 참여하는 기쁨과 축제로써, 또 이 땅 위에 임할 그리스도의 천년왕국, 새 하늘과 새 땅에 참여하는 기쁨과 축제로써 지켜져야 하는 것이며 성령이 우리를 통해서 다른 사람에게 흘러가도록 하려는 기도와 함께 우리들 각자가 처해 있는 그리스도인 공동체에서 희년의 원칙과 해방의 해를 실천하려고 하는 실제적인 노력과 함께 지켜져야 합니다.

　그러나 당신이 말했듯이 당신의 부모님들은 그리스도인이 아닌데 당신에게 제사에 참가할 것을 바라고 있습니다. 어떻게 해야 할까요? 성경은 말하기를 부모에게 순종하라고 했습니다. 이것이 당신의 구원을 그르칠까요? 그렇지 않습니다. 로마서 10장 9~10절은 네가 만일 믿고 또 입으로 시인하면 구원을 받으리라고 말합니다.

　당신의 부모님들에게 당신은 예수 그리스도를 믿고 있으며 예수 그리스도는 다시 올 것이고 추석의 진정한 의미는 3천4백 년 전에 비롯되었으며 한국에는 솔로몬 시대에 이 진정한 의미가 전해졌는데 이제 그 원리의 의미는 잃고 말았습니다만 그 참뜻은 성서에 나와 있다고 말하십시오. 그러나 즉시 덧붙여서 성서는 또 자식은 부모에게 순종해야 한다고 가르치니 저는 말씀하시는 대로 따를 것입니다라고 말하십시오.

　당신의 언니의 경우도 같은 얘기를 할 수 있습니다. 그녀도 남편이 하라는 대로 추석을 지켜야 합니다. 단지 먼저 남편 앞에서 자신은 나름대로 본래 다른 뜻을 추석에 두었으며 이 땅에 재림하여 사람들을 심판할 예수 그리스도를 믿는다고 고백해야 할 것입니다. 그 고백을 하고 난 후에는 또 구절마다 있는 "여자는 자신의 남편에게 순종해야 한다."는 성경의 가르침에 따라야 하는 것입니다. 이것은 고린도전서 11장 3절, 에베소서 5장 22절, 골로새서 3장 18절, 디도서 2장 4절, 베드로전서 3장 1절에 나와 있습니다.

당신의 오빠는 사정이 다릅니다. 그는 부모나 아내가 무엇을 원하건 상관하지 않고 제사를 지내지 않을 수 있습니다. 그는 한 가정의 가장이고 더 이상 아버지의 권위에 구속받지 않기 때문입니다. 창세기 2장 24절을 보십시오. 그의 아내는 그의 권위 아래 있습니다. 신명기 13장 6절은 자기 아내를 따라 우상숭배에 빠져서는 안 된다는 것을 경고합니다. 여기에는 여러 다른 관계들도 포함되는데 부모나(결혼하지 않은 자녀에게 있어서는) 남편은 포함되지 않습니다.

누가복음 14장 26절에는 예수님보다 더 사랑해서는 안 되는 사람들의 목록이 비슷하게 나와 있습니다. 여기에 따르면 성인에게 있어서는 부모도 포함됩니다. 그러나 남편은 포함되지 않습니다. 아내는 남편이 그를 내보내지 않는 한 남편을 떠나거나 그를 불순종해서는 안 됩니다. 왜냐하면 그녀는 그리스도를 믿기 때문입니다(그리고 베드로전서 3장 1~8절은 여자가 남편에게 바가지를 긁거나 못살게 굴지 말라고 이르고 있으며 자기 종교를 추켜들지 말고 남편의 사랑을 받도록 갖은 노력을 다해야 한다고 말하고 있습니다).

인숙 자매님, 부모님께 순종하십시오. 그리고 추석의 진정한 의미 속에서 기뻐하십시오. 예수님은 곧 오십니다! 할렐루야!

산골짜기에서 온 편지

초막절과 말세에 일어날 일들

저는 신부님께서 발표하신 '추석절은 성경적인가?'라는 글을 읽은 적이 있습니다. 그때 신부님께서는 초막절은 시대의 마지막, 예수님의 재림, 마지막 왕국에 대해서 상징하는 축제라고 말씀하셨습니다.

그 후로 신부님께서는 그 마지막 때에 대해서 한번도 언급한 적이 없습니다. 그래서 저는 두 가지의 질문을 드리고자 합니다. 그 하나는 환난은 무엇이며 크리스천은 환난을 통과해야 하는지요? 그리고 또 하나는 하나님의 영원한 왕국이 있기 전 천년 왕국이 있는 것은 무슨 이유 때문인가요? 그것은 단지 영적인 상징인가요? 신부님의 의견을 듣고 싶습니다.

— 문천훈 올림

사랑하는 천훈 형제에게.

보내 주신 편지 고맙습니다. 아무쪼록 나의 답장이 추석이 지나기 전 형제에게 전달되었으면 좋겠습니다. 성경에 보면 이 초막절은 8일 동안 지켜야 하는 것으로 기록되어 있습니다. 그래서 솔로몬은 성전을 초막절에 봉헌해 놓고 7일 동안의 제단봉헌식을 거행한 다음 또 다시 7일 동안의 초막절을 지켰습니다. 그러니까 도합 14일간을 지낸 것입니다(왕상 8:65). 솔로몬은 성전 봉헌예식을 초막절(한국인의 절기로는 추석)에 거행하는 것이 중요하다고 느꼈기 때문에 성전 공사가 끝난 후 한 번의 유월절과 오순절을 장막 속에서 지내면서까지 무려 11개월 동안이나 다시 초막절이 오도록 기다렸던 것입니다.

우리가 곡식을 추수한 기쁨을 즐기는 추석을 맞이하여 일생의 추수 시기인 마지막 때의 일에 대해서도 이제 한번 정도 생각해 보고, 또 요한계시록의 사건들을 어떻게 연결시켜 해석을 하면 좋을까 연구해 보는 것도 좋을 것 같아 형제의 질문에 답해 보려고 합니다. 물론 이것은 쉬운 일이 아닌 줄 압니다. 저는 하나님께서 그 예언들이 앞으로 일어날 시간의 순서에 따라 우리 인간들이 짜맞출 수 있도록 충분한 자료들을 허락해 주셨는지도 의문스럽습니다. 그래서 어느 누가 계시록의 예언들을 일련의 사건으로 풀어서 해석을 했다손 치더라도 독단론에 빠질 수는 없다고 생각합니다. 여기에 대해서는 나도 마찬가지입니다. 내가 여기서 시도해 보려는 것도 사실은 내 개인으로서 성경의 자료들을 이용하여 최선을 다해 설명해 보려는 것에 불과합니다.

성경에 있는 말세의 예언들은 요한계시록, 다니엘, 에스겔, 스가랴, 요엘, 마태복음, 고린도전서, 데살로니가전후서, 베드로후서 등에 주로 나와 있는데 우리가 이것들을 서로 비교해 보면 적어도 몇 가지의 사실들은 분명하게 밝혀진다고 봅니다. 그리고 그 기본적인 내용들은 보다 자세한 설명이 나와 있는 다른 성경 구절들과 비교해 봐도 별로 모순점을 찾을 수 없을 만큼 분명한 것들이라 믿어집니다.

예수님의 재림에 대한 바울의 첫 번째 가르침은 데살로니가전서 4장 13절 이하에 나옵니다. 여기서 그는 앞으로 되어질 사건들을 다소 구체적으로 7가지로 나누어 설명하고 있습니다. ① 주님이 하늘로부터 재림하심. ② 호령과 함께 오심. ③ 천사장의 소리와 함께 오심. ④ 하나님의 나팔과 함께 오심. ⑤ 그리스도 안에서 죽은 자가 일어남. ⑥ 살아남은 사람들이 들림 받음. ⑦ 구름 속으로 끌려 올려짐 등입니다.

그러면 이것들을 거의 같은 내용으로 서술하고 있는 고린도전서 15장 51절 이하의 부분과 비교해 보도록 합시다. 우리는 여기에서 마지막 나팔이라는 단어에 우리의 관심이 쏠리게 됨을 느낄 수 있을 것입니다. 나는 이 말이 대단히 중요한 단어라고 생각합니다. 왜냐하면 계시록에는 나팔이 하나가 아니고 7개라고 하는데 그렇다면 마지막 나팔은 7번째의 나팔이 되기 때문입니다. 그래서 우리의 관심이 쏠리는 것은 바로 7번째 되는 달의 달(moon)이 새롭게 뜨면 나팔을 불었다는 기록을 볼 수 있습니다.

말하자면 한국의 음력 8월 대보름인 추석날에 나팔을 불었다는 뜻이 됩니다. 또 희년이 되면 희년이 되는 그 달의 10일째에 희년나팔이라는 것을 불었는데 이 나팔소리가 나면 종으로 팔렸던 사람들이 모두 자유의 몸이 되어 15일째부터 시작되는 초막절, 즉 추석날에 집으로 돌아갈 수가 있었던 것입니다.

그런데 내가 볼 때 바울이 언급한 마지막 나팔과 요한이 말한 7번째의 나팔은 모두 같은 것으로써 이것은 예수님 재림 직전에 불리어질 것이라고 생각됩니다. 여기에 대해 요한계시록은 대 환난의 일부분에 대해서 기록하고 있는데 대 환난은 7번째의 나팔소리와 실제적인 천년 왕국의 도래가 있는 사이에 나타날 것이라고 말하고 있습니다. 요한계시록을 읽어 보십시오. 나팔소리가 나게 되는 것은 계시록 11장에서이지만 천년왕국은 20장이며 그 사이에 무시무시한 사건들이 일어나게 됨을 묘사하고 있습니다.

여기에서 제기되는 질문이 바로 크리스천이 대 환난의 전 기간 또는 일부 기간을 통과해야 하는지 아니면 유대인이나 다른 이방인들만이 그 환난을 당하게 되는지에 관한 질문입니다. 여기에 대해서는 계시록 7장에서 해답이 될 만한 것들을 제시하고 있습니다. 즉 유대인들

중 인 맞은 숫자는 14만4천 명인데 그들은 환난기간 동안 보호를 받는다고 말하고 있습니다. 그러면 유대인이 아닌 우리 크리스천은 어떻게 되겠습니까? 7장 14절에는 "그가 나더러 이르되 이는 큰 환난에서 나오는 자들인데 어린 양의 피에 그 옷을 씻어 희게 하였느니라."라고 기록하고 있습니다. 여기에서 어린 양의 피에 옷을 씻은 자들이 누구겠습니까? 이방인들로서 예수를 믿어 죄 사함을 받은 크리스천이 아니겠습니까? 이것이 확실하다면 크리스천은 대 환난을 거치지 않는다고 봐야 옳을 것입니다. 7번째의 나팔 이후에도 대 환난에 대한 설명은 계속되고 있는데 '적그리스도', '짐승', '짐승의 표시', '짐승의 숫자 666' 등이 그것들입니다. 그리고 여기에 이어서 계시록 14장에는 3명의 천사가 나타나 짐승이 아닌 하나님을 섬기라고 마지막 경고의 복음을 모든 사람들에게 전한다고 말하고 있습니다. 예수님께서도 친히 말세에 대해서 말씀하시는 자리에서 "천국 복음이 모든 민족에게 증거되기 위하여 온 세상에 전파되리니 그제야 끝이 오리라"(마 24:14)라고 하셨습니다.

　이제 계시록 14장을 읽어봅시다. 여기에는 3명의 천사가 그들이 전해야 될 경고를 이 세상에 들려 주고 난 다음 요한이 보았던 환상에 대해서 기록하고 있습니다. 요한은 흰 구름이 있고 구름 위에 사람의 아들과 같은 이가 앉아 있는 것을 보았는데 이윽고 다른 천사가 나타나 구름 위에 앉은 이에게 낫을 들어 추수를 하라고 고함치고 있다고 말합니다. 자, 그러면 바로 이 요한의 환상을 데살로니가전서 4장 16절과 비교해 보도록 합시다. 여기서는 예수님께서 그의 호령과 천사장의 고함과 함께 오시며 그때 죽은 자들과 살아남은 자들이 구름 속으로 끌어 올려져 공중에서 주를 영접한다고 말합니다. 이 데살로니가전서의 말씀이 바로 요한이 보았던 환상이라고 볼진대 그러면 천사가 추수를 하라고 고함을 쳤다고 했는데 그 '추수'라는 말은 무엇일까요? 이때는 이미 나팔소리도 났을 때이므로 그것은 죽은 자들의 부활과 살아남은 자들의 공중 휴거를 의미함이 분명합니다.

예수님께서는 마태복음 24장에서 온 천하 사람이 모두 복음을 듣기 전에는 다시 오시지 않을 것이라고 하셨습니다. 바울도 데살로니가후서에서 '적그리스도', '짐승', '불법의 사람'이 나타날 때까지는 그때가 이르지 않을 것이라고 말했습니다. 데살로니가후서 2장을 보십시오. 당신은 또 하나의 말세와 관련된 사건이 열거되어 있음을 볼 것입니다. 즉 먼저 배도하는 일이 있을 것이며, 하나님 성전에 앉아 자기를 보여 하나님이라 일컫는 자가 나타날 것이며(여기에 대해서는 다니엘서와 계시록 13장에 자세히 기록되어 있다), 그가 모든 사람들을 매혹하되 짐승을 섬기기를 거절하는 택하신 백성들에게는 무서운 박해를 가하게 될 것이라는 등의 내용입니다.

지금 우리가 사는 이 시대를 살펴볼 때 우리는 배도하는 일이 이미 일어나고 있음을 볼 수 있습니다. 우리는 오늘날 소위 휴머니즘이라는 것이 발흥하여 하나님의 자리를 차지하려는 움직임을 볼 수 있습니다. 그러나 예루살렘에 있는 성전은 재건되지 아니하고 불법의 아들이라는 자도 출현하지 않았습니다. 어떤 사람들은 그가 이미 이 세상에 살고 있다고도 하는데 누가 그인지는 아무도 모르고 있습니다.

적그리스도가 나타날 것이라고 예언하신 바로 다음 장에서 예수님께서는 그 유명한 열 처녀 비유를 들으셨습니다. 한밤중에 "보라 신랑이로다. 맞으러 나오라."는 말이 있으매 기름을 준비한 다섯 처녀만이 혼인 잔치에 들어갔다는 비유입니다. 나는 이것이 단순히 죄인들이 구원을 받게 된다는 비유가 아니라 '대비' 또는 '준비'를 강조하는 비유라고 생각합니다. 나는 예수님께서 성령의 기름을 가지고서 그 능력에 의하여 성결한 삶을 사는 사람은 혼인 잔치에 참예하나 그렇지 못한 사람은 땅에 남게 되어 남은 환난이 끝나기까지 연단을 받게 된다는 말이 아닌가 생각됩니다. 만약 이것이 그렇지 않다면 "주를 향하여 이 소망을 가진 자마다 그의 깨끗하심과 같이 자기를 깨끗하게 하라"(요일 3:3)는 따위와 같은 경고와 충고의 말씀이 계속되어질 필요가 없지 않겠습니까?

요한이 본 환상 중에서 다른 많은 환난의 사건들이 서술되기 전에 하늘의 24장로에 대한 이야기가 언급되는 것도 또한 흥미 있는 일인 것 같습니다. 물론 그 24장로들이 이스라엘 열두 지파의 족장과 신약의 열두 사도를 가리킨다고 보는 것도 좋겠습니다. 그러나 아브라함, 이삭, 야곱은 물론 마태복음 27장 52~53절에 언급된 그 거룩한 성도들, 또 에베소서 4장 8절에서 예수 그리스도와 함께 들려 올려진 그 성도들이라고 볼 수는 없겠는지요? 만약 그 24장로들이 24명의 개인이 아니고 내가 언급했던 그 집단들의 상당이라고 본다면 슬기로운 다섯 처녀들도 그 집단에 포함시킬 수 있을 것이고 따라서 그들은 환난을 통과할 필요가 없을 것이라고 볼 수 있을 것입니다. 반면 기름을 준비하지 못한 어리석은 다섯 처녀들은 계시록 14장에 언급된 땅의 추수 시기에 추수되어질 그 집단 속에 포함되어지는 사람들일 것입니다.

이것이 그렇지 않다고 하더라도 한 가지 분명한 점은 하나님께서는 우리가 준비하도록 원하신다는 것입니다. 그러므로 우리는 성경을 연구해 보고, 말세에 대해 알아야 할 것, 즉 짐승, 적그리스도, 거짓 선지자, 바벨론, 이스라엘의 회복에 대해서 알아봄이 좋을 것 같습니다. "하늘로서 다른 음성이 나서 가로되 내 백성아, 거기서 나와 그의 죄에 참예하지 말고 그의 받을 재앙들을 받지 말라"(계 18:4)라고 성경은 가르치고 있습니다. 이 말씀은 우리가 이 세상의 제도에 붙잡힘을 받지 않고 피할 수 있는 길이 있다는 것을 시사해 줍니다. 계시록 12장과 14장을 함께 읽어 보십시오. 우리는 구태여 복잡 미묘한 도시생활을 해야 할 필요가 없다는 사실을 알 것입니다. 왜냐하면 도시에서의 삶이란 데살로니가후서 2장 3절에 언급되어진 대로 우리로 하여금 경제적 혹은 문화적 배도의 삶을 살도록 미혹케 하기 때문입니다. 크리스천은 그 짐승의 표를 받지 않고도 최대한으로 삶을 보장받을 수 있는 시골 중심의 경제 사회(rural based economic system)로 돌아가야 할 것입니다. 그럴 경우 우리는 적어도 재난의 일부만이라도 피할 수 있을 것입니다.

만약 그게 사실이라면 우리를 가두고 넘어지게 하려는 그곳에 마냥 머물러 있다는 것이 어리석은 일이 아니겠습니까? 그러나 또 한 가지 분명한 점은 우리는 얼마간의 남은 시간을 가지고 있다는 점입니다. 우리는 공포에 떨 필요도 없고 엉킨 것을 풀려고 시간을 보낼 필요도 없습니다. 빌라델비아 교회에 대해 예수님께서는 "적은 능력을 가지고도 내 말을 지키며 내 이름을 배반치 아니하였다."라고 하시며 그를 이 땅에 임할 환난으로부터 지키시겠다고 말씀하셨습니다. 그러니 우리는 예수님의 말씀에 너무 무관심하거나 스스로 배가 불러 예수님의 입에서 토해냄을 받은 라오디게아 사람들처럼 되지 않도록 기도해야 할 것입니다.

이제 형제의 또 다른 질문, 천년 왕국에 대해서 생각해 보도록 합시다. 신약은 물론 구약에서도 예수님의 지상 통치에 대한 언급은 여러 번 나옵니다. 어떤 사람들처럼 우리는 이 천년 왕국도 영적으로 해석하여 그것은 실제로 있는 사건이 아니고 성전도, 결혼도, 눈물도 없는 하늘의 영원한 왕국이라고 볼 수도 있습니다. 또한 그렇게 해석하는 사람들은 나보다 훨씬 정밀하게 그것에 대해 설명할 수 있습니다. 그러나 나도 그것을 여자(與字)적으로 해석할 수 있는 논리적 근거를 갖고 있습니다. 어떤 의미로는 제일 마지막 이단 또는 가장 근본적인 이단은 휴머니즘의 이단이라고 볼 수 있습니다.

이것은 오늘날 우리가 살고 있는 시대에 가장 만연하는 철학이기도 합니다. 성경은 아담 이후의 모든 사람들은 죄를 범하였기 때문에 하나님의 영광에 이르지 못한다고 가르칩니다. 그러므로 우리들 중 의로운 사람은 단 한 사람도 찾을 수 없습니다. 우리는 다만 예수 그리스도의 피와 성령의 능력으로 의롭다함을 받는 것뿐입니다. 예수 그리스도의 죽음으로 우리는 여전히 죄인임에도 불구하고 마치 의인인 것처럼 (As if he is just) 간주를 받게 되는 것입니다.

그러나 휴머니즘은 정반대의 입장을 취합니다. 그들은 인간이 근본적으로 선하며 자신의 노력으로 선해질 수 있다고 가르칩니다. 그래서 예수 그리스도의 피나 그리스도의 성령 따위는 필요가 없다는 것입니다. 그들은 보이지 않는 영적 존재 또는 힘을 믿습니다. 그러나 그것은 아주 영특하고 뛰어난 지혜를 가진 사람이라면 누구나 노력 끝에 소유할 수 있고 또 불러들일 수 있다고 합니다. 우리는 실제로 인본주의자들 속에도 그런 신비한 힘이 역사하는 것을 볼 수 있습니다. 그러나 그것은 마귀입니다. 성령은 노력 끝에 터득되거나 사용되어지거나 불러들일 수 있는 그런 존재가 아니기 때문입니다. 성령은 하나님의 우편에 앉아 계신 예수 그리스도께서 당신을 믿는 사람들에게 주시는 은사인 것입니다. 이같이 인본주의자들은 그들의 철학과 신조 속에 하나님을 인정하거나 그리스도가 계실 만한 자리를 한군데도 비워두지 않고 있는 것입니다. 그러면 하나님께서는 이 같은 인본주의자들에게 어떻게 응답하고 계십니까? 그들을 정죄만 하시고 심판은 하지 않으실까요?

그렇지 않습니다. 하나님께서는 그들의 이론을 실험해 보도록 천년 동안의 기간을 주십니다. 완벽한 환경과 건강과 오래 살 수 있는 수명과 자연 재난도 없는 기회를 주십니다. 그리고 나서 하나님께서는 말씀하십니다. "그래 한번 해보려므나. 가장 최상의 상태에서 인간의 본성이 어떠한지 한번 보도록 하지." 그리고 하나님께서는 모든 사탄의 세력도 일단 발을 붙이지 못하게 해 줍니다. 반면 앞으로 그리스도와 함께 이 세상을 다스릴 우리 크리스천들은 이미 들림을 받은 후이므로 그 성품이 완전하여지게 될 것입니다. 그래서 죄나 허물은 더 이상 범할 수 없게 될 뿐 아니라 나아가 그리스도와 함께 계속 대화를 나누게 되므로 그리스도와 함께 왕 노릇할 수도 있게 되는 것입니다(요일 3:2; 계 20:4).

이러므로 인간을 하나님의 위치로 끌어올린 인본주의자들의 이론을 시험해 보는 방법 중에서 이 같은 하나님의 방법보다 더 공평한 방법은 없을 것입니다. 그러면 인본주의자들이 천 년 동안 질병도 없고 재난도 없는 환경 속에서 살았다고 해서 하나님을 인정하거나 그리스도를 영접할까요? 계시록 20장에 보면 하나님께서는 마지막 시험을 그들에게 주신다고 말하고 있습니다. 즉 사탄을 얼마 동안 옥에서 풀어준 다음 그들로 하여금 쉽게 사람들을 충동시켜 하나님을 대적토록 만든다는 것입니다. 이 기간이 끝나고 나면 바로 백보좌 심판이 있는데 이때 사람들은 아무런 변명거리도 찾을 수 없게 될 것입니다. 그들의 사특한 마음의 계획이 백일하에 드러나 버렸기 때문입니다.

그리고 각종 공해로 오염된 이 지구는, 비록 물리적인 오염은 천 년 기간 동안 깨끗하게 되었겠지만 눈에 보이지 않는 인간의 도덕적 공해는 '싫소', '못합니다' 따위를 건방지게 남용한 인간의 소위 '자유'라는 것 때문에 뿌리가 근절되지 못합니다. 비로소 불로써 멸절되고야 맙니다. 요한계시록의 제일 마지막 장에 기록된 새 하늘과 새 땅은 바로 이 다음에 내려오는 것입니다.

우리는 천년 왕국뿐 아니라 영원한 세계를 기다리고 있으니 얼마나 행복한 사람들입니까? 바로 이 희망 때문에 우리들은 부딪칠 어떤 종류의 환난이라도 능히 통과해 낼 수가 있는 것입니다. 그러나 우리는 우리의 등잔 속에 성령의 기름을 충분히 채울 수 있도록 항상 기회를 마련합시다. 그래서 지혜로운 다섯 처녀들처럼 혼인 잔칫집으로 다 들어가도록 합시다. 요한복음 7장 37~38절에 보면 "명절 끝날 곧 큰 날에 예수께서 서서 외쳐 가라사대 누구든지 목마르거든 내게로 와서 마시라 나를 믿는 자는 성경에 이름과 같이 그 배에서 생수의 강이 흘러 나리라 하시니라."라고 하셨습니다.

예수님께서 이 말씀을 하신 때는 초막절의 마지막 날이었는데 이 날은 한국의 추석절로부터 일주일이 되는 날입니다. 우리 모두 추석을 맞아 그리스도 앞으로 갑시다. 그분의 성령이 우리에게로부터 흘러나와 다른 사람에게로 옮겨가고(겔 47; 계 22), 그리고 그것이 현재와 환난 때와 천년 왕국 그리고 영원까지 흘러가도록 합시다.

십일조는 어떻게 쓰여져야 하는가

산골짜기에서 온 편지

성경이 말하는 고난의 의미

신부님, 제게는 오랫동안 저를 번민케 해오던 질문 하나가 있습니다. "하나님은 항상 그의 백성들을 축복하시는가? 하나님의 백성들은 항상 성공하고 잘되기만 하는가?" 하는 문제가 그것입니다. 주위의 친구들은 제가 가난하고 성공하지 못하는 것은 무엇인가 하나님의 뜻을 좇지 않기 때문이며, 나의 신앙에 무엇인가 문제가 있는 까닭이라고 충고까지 해 준답니다. 그러나 저는 주일 성수는 물론, 성경 읽고 기도하는 일에 조금도 게으르지 않고 있으며 그렇다고 특별히 불순종하는 일도 없다고 믿고 있습니다. 이런 탓으로 저는 친구들의 충고를 들을 때마다 대단히 마음이 아프고 의기가 소침해집니다.

신부님, 사람들이 이 땅에서 잘되고 잘사는 것만이 하나님께서 그들의 신앙을 기뻐하신다는 증거인가요? 그렇다면 저와 같은 경우는 무슨 이유 때문인가요? 저는 요사이 이 같은 문제 때문에 밤잠을 이루지 못하고 있습니다.

— 근일 올림

사랑하는 근일 형제에게.

당신의 고민은 잘 이해할 것 같습니다. 이 문제는 비단 형제만이 앓고 있는 고민거리가 아닌 줄 압니다. 만약 형제의 마음을 아프게 하는 사람들의 말대로 우리가 어려움이나 낭패를 당하는 것이 모두 하나님께 불순종하거나 우리의 신앙이 잘못되었기 때문이라면 히브리서 12장 4~11절의 말씀은 무엇을 말해 주려는 것일까요? 이 말씀에 보면 우리가 징계를 받는 것은 우리의 유익을 위한 하나님의 사랑이라고 말하고 있습니다. "저희는 잠시 자기의 뜻대로 우리를 징계하였거니와 오직 하나님은 우리의 유익을 위하여 그의 거룩하심에 참예케 하시느니라. 무릇 징계가 당시에는 즐거워 보이지 않고 슬퍼 보이나 후에 그로 말미암아 연단한 자에게는 의의 평강한 열매를 맺나니." 그래서 징계를 받아도 조금도 낙심할 필요가 없다고 격려까지 해 주고 있지 않습니까?

뿐만 아니라 8절 말씀에는 이런 징계가 없으면 사생자요 참아들이 아니라고 말씀하고 있습니다. 그러므로 징계를 받을 때는 낙심치 않기 위하여 자기를 거역하였으나 끝까지 참으신 예수님을 생각하라(히 12:3)고 권면하고 있습니다. 그러므로 근일 형제, 그와 같은 말을 듣고 지치거나 낙심될 때는 예수님을 생각하십시오. 예수님도 그가 하시고자 하는 일마다 잦은 방해와 오해와 배신을 당하지 않으셨습니까? 경건한 친구나 선생들도 그가 그르다고 판단했고 심지어 그 자신의 가족들에게까지 반대를 받으셨습니다.

내가 이렇게 말하면 사람들은 "그것은 예수님이니까 받으신 것이지 우리가 받으라고 한 것은 아닙니다."라고 할지 모릅니다. 성경 베드로전서 2장 21절에 보면 "이를 위하여 너희가 부르심을 입었으니 그리스도도 너희를 위하여 고난을 받으사 너희에게 본을 끼쳐 그 자취를 따라오게 하려 하셨느니라."라고 했습니다. 예수님은 우리를 위해서 고난을 받으셨을 뿐 아니라 우리로 하여금 자신의 길을 따라오게 하려고 본을 보이셨다고 말하고 있습니다. 바울 선생도 우리가 그와 함께 영광을 받기 위하여 고난도 함께 받아야 할 것이라고 말했습니다(롬

8:7). 그래서 성령이 오신 이유 중의 하나도 이와 같이 고난 받는 우리들을 위로하고 돕기 위함이라고 성경은 말하고 있습니다.

그러나 같은 고난이라 할지라도 조금도 유익이 되지 못하므로 전혀 받을 필요가 없는 것이 있습니다. "너희 중에 누구든지 살인이나 도적질이나 악행이나 남의 일을 간섭하는 자로 고난을 받지 말려니와"(벧전 4:15). 즉 자신이 스스로 범한 죄나 잘못으로 인한 고난은, 고난으로써 받을 만한 가치가 없다는 것입니다. 누구든지 자신이 받는 고난이 스스로의 잘못으로 인함인지 주님의 연단 때문인지 알기 위해 기도해야 할 것입니다. 기도의 결과가 자신이 스스로 범한 죄 때문에 고난 받지 않음이 분명하면 베드로 사도가 권하는 대로 그리스도의 고난에 참예하는 것으로 즐거워하라고 하는데 사도 베드로는 그 이유를 "이는 그의 영광을 나타내실 때에 너희로 즐거워하고 기뻐하게 하려 함이라"(벧전 4:13)라고 밝히고 있습니다. 그러므로 근일 형제는 고난 받는 것을 무슨 큰일이 난 것처럼 당황해하거나 두려워하지 마십시오. 현재 당신이 받고 있는 고난과는 족히 비교할 수 없는 영광이 당신을 기다리고 있기 때문입니다(롬 8:18). 그러나 그 영광이 우리 주님 재림하시기까지는 오지 아니하므로 강한 인내심을 가지고 참아야 할 것입니다. 만약 우리가 끝까지 참지 못하고 이 땅에서 영광과 상급을 받아 버리면 그날에 주님께서는 "너희는 너희 상을 이미 받았느니라"(마 6:2, 5, 16)라고 할 것입니다.

당신은 고린도전서 3장 12절 이하를 읽어 보셨겠지요? 이 말씀에 의하면 모든 사람들이 상을 받는 것은 그들이 쌓은바 공력이 가려질 그 때라고 말하고 있습니다. 그런데 나아가 고린도전서 4장 5절에 보면 "주님께서 오시면 어두움에 감추인 것들을 드러내고 마음의 뜻을 나타내시리니 그때에 각 사람에게 하나님으로부터 칭찬이 있으리라."라고 한 말씀이 있습니다. 마음의 뜻은 원문대로라면 마음속에 품은 동기 즉 공력을 쌓고자 했던 마음속의 동기가 무엇이었던가를 드러낸다는 말입니다. 그렇습니다. 중요한 것은 바로 여기에 있습니다.

　이 땅에서 공력을 쌓고자 했던 마음속의 동기가 무엇이냐가 중요합니다. 다시 말하면 잘되고 성공하는 것보다도 그렇게 되기를 원했던 마음속의 동기가 더 중요하다는 말입니다. 그러므로 주위의 크리스천들이 성공을 하고 잘산다고 해서 부러워할 필요도 없고 그렇다고 함부로 판단하지도 말아야 합니다(고전 4:5). 당신 또한 그리스도를 진실되이 섬기고 그를 섬기는 마음속의 동기에 조금도 거리낌이 없으면 당신의 생활이 아무리 어렵고 주위의 크리스천들이 무슨 말을 할지라도 그것으로 즐거워하십시오. 언젠가 주님 앞에 서는 그날 칭찬이 있을 것이기 때문입니다.

　그러면 이제 당신 주위에서 당신이 보기에 성공한 크리스천들에 대해서 생각해 보겠습니다. 당신의 질문대로 그들이 성공하고 잘되는 것이 과연 그들이 하나님의 뜻을 행하고 그들의 신앙에 아무런 문제가 없기 때문일까요? 다음과 같은 시편의 말씀을 읽어 보시기 바랍니다. 반드시 그렇지만은 않습니다. "사람이 치부하여 그 집 영광이 더할 때 너는 두려워 말지어다. 저가 죽으매 가져가는 것이 없고 그 영광이 저를 따라 내려가지 못함이로다. 저가 비록 생시에 자기를 축하하며 스스로 좋게 함으로 사람들의 칭찬을 받을지라도 그 역대의 열조에게로 돌아가리니 영영히 빛을 보지 못하리로다"(시 49:16~19). "이는 내가 악인의 형통함을 보고 오만한 자를 질시하였음이로다. 저희는 죽는 때에도 고통이 없고 그 힘이 건강하며 타인과 같은 고난이 없고 타인과 같은 재앙도 없나니…그러므로 그 백성이 이리로 돌아와서 잔에 가득한 물을 다 마시며 말하기를 하나님이 어찌 알랴 지극히 높은 자에게 지식이 있으랴 하도다. 볼지어다 이들은 악인이라 항상 평안하고 재물은 더하도다. 내가 내 마음을 정히 하며 내 손을 씻어 무죄하다 한 것이 실로 헛되도다. 나는 종일 재앙을 당하며 아침마다 징책을 보았도다"(시 73:3~14).

이 시편의 기자도 처음에는 당신과 같은 의문을 가졌었습니다. 그래서 자신은 매일 재앙과 징책을 당하나 주위의 사람들은 항상 평안하고 재물도 더 많았다고 하소연하고 있습니다. 아마 그는 당신 이상으로 심한 고통과 번민 속에 있었음이 분명하고 따라서 그도 자신이 하나님의 뜻대로 살고 있지 않기 때문이 아닐까 하고 자신의 신앙을 책망해 보기도 하였을 것입니다. 이러던 그가 결국 자신이 그 문제를 해결할 수 있었던 간증담을 그 다음에 말하고 있습니다. "내가 어쩌면 이를 알까 하여 생각한즉 내게 심히 곤란하더니 하나님의 성소에 들어갈 때야 저희 결국을 내가 깨달았나이다"(시 73:16~17). 그렇습니다. 바로 여기에 해답과 해결책이 있습니다. 근일 형제, 시편 기자가 그랬던 것처럼 당신도 이 문제를 해결하기 위해서 하나님의 성소인 교회로 들어가십시오. 그 안으로 들어가 그 앞에 무릎을 꿇고 하나님의 임재하심을 느껴 보십시오. 당신은 밤이 맞도록 그와 함께 대화하며 그의 위로와 치료와 안식의 품 안에서 당신의 영혼을 편히 쉬게 할 수 있을 것입니다.

그때 당신은 비로소 진정한 자아, 거듭난 자아인 당신의 속사람을 회복한 후 그가 주시는 위로 속에 깨달은 사실을 이렇게 고백할 수 있을 것입니다. "내 육체와 마음은 쇠잔하나 하나님은 내 마음의 반석이시요, 영원한 분깃이시라"(시 73:26). 그러나 시편 기자도 이와 같은 문제를 해결치 못하여 고민할 때에는 다른 사람에게 궤휼을 행할 뻔했다고 합니다. 하지만 결국 그가 성소에 들어가 하나님의 위로를 받고 깨달은 것은 성공한 것처럼 보이는 크리스천이 자기를 향하여 자기의 신앙을 판단한 그것이 궤휼이요, 실상 자기는 하나님을 위하여 고난 받는 놀라운 특권을 누리고 있는 것이라고 깨달은 것입니다.

우리가 그리스도를 위하여 가난하게 되거나 또는 고난을 받을 때 하나님으로부터 위로를 받고 힘을 얻을 수 있는 길이 또 하나 있습니다. 방언으로 기도하고 찬송하는 일이 그것입니다. 이것은 우리가 성령의 성소로 깊이 들어가는 것이라고 비유할 수 있습니다. 인도 출신으로 기도의 사람으로 알려진 애그니스 샌포드라는 분은 "내 자신이 깊은 하나님의 임재 속으로 들어가 기도하려면 약 1시간 정도가 걸립니다. 내가 방언으로 기도할 수 있다면 금방이라도 하나님의 깊은 임재 속으로 들어갈 수 있을 것 같습니다."라고 말하는 것을 들었습니다. 나는 그가 옳은 것을 깨달았다고 생각합니다. 고린도전서 14장 14절에 바울 선생은 자기가 만일 방언으로 기도하면 자기의 영이 기도한다고 하였고 마음으로 기도하면 영은 열매를 맺지 못한다고 말합니다. 그러므로 우리는 마음으로도 기도할 수 있고 보다 깊은 영적인 기도도 할 수 있습니다.

그러나 잘 알다시피 우리의 마음이란 길들이기가 쉽지 않고 또 항상 잡동사니 생각으로 가득 차 있게 되어 그것들을 다스리고 정돈하여 온전한 마음으로 기도하게 되려면 한 시간쯤 걸린다고 보아도 옳을 것입니다. 그렇다고 성경이 방언으로 기도하는 것만이 영으로 기도하는 것이라고 분명하게 밝히고 있는 부분은 없습니다. 그러나 보다 영적으로 강력한 기도를 할 수 있다고 암시해 주고 있습니다. 그러므로 우리가 방언으로 기도를 하거나 찬송을 부르게 되면 우리의 마음은 쉬는 반면 우리의 영이 하나님의 임재 속으로 들어가게 되고 그만큼 많은 하나님의 위로를 받을 수 있게 될 것입니다. 마침 시편 기자가 성소에서 모든 것을 깨닫고 위로를 받았던 것처럼 말입니다. 그때 당신은 다른 사람이 무슨 조소를 하든지 아무런 마음의 동요나 실망도 되지 않을 것입니다. 그러나 그러한 언사나 조소를 듣게 되더라도 사실 그것은 성숙치 못한 그리스천의 영적 무지 때문이거나 아니면 하나님의 더 고귀한 축복을 가로채려는 사탄의 방해 공작일 뿐입니다.

근일 형제, 성경의 인물 중 예레미야는 가장 의롭게 살았으면서도 가장 많은 고난을 받았던 인물입니다. 그의 삶을 살펴 보면 당신의 질문에 더욱 좋은 답변이 되리라 생각됩니다. 고향 아나돗으로부터 온 친구들은 그를 죽이고자 계획했고 그의 혈족들까지도 그를 미워했습니다. 또 정부 관리자였던 한두 명의 친구가 있었지만 누구 하나 그를 석방해 주기 위해 도와 주지도 아니했습니다. 그래서 그는 한때 아주 노골적으로 하나님께 불평하기도 했습니다. 그의 삶과 심정이 어떠했는가를 말해 주는 다음의 글들을 읽어 보기 바랍니다(렘 1:6~8, 1:19, 8:10~11, 9:11~16, 11:18~23, 12:1~6, 14:11~16, 16:1~12, 17:5~10).

이 말씀들을 보면 예레미야는 이 땅에서 하나님으로부터 받은 위로가 거의 없음을 알 수 있습니다. 이와 관련하여 누가복음 16장에서 아브라함이 열락에 빠져 있던 부자에게 하는 말을 읽어 보십시오. "애 너는 살았을 때에 네 좋은 것을 받았고 나사로는 고난을 받았으니 이것을 기억하라 이제 저는 여기서 위로를 받고 너는 고민을 받느니라"(눅 16:25). 이것은 이 땅에서 전혀 위로를 받지 못한 예레미야가 지금 천국에서 한없는 위로를 받았음을 말해 주는 증거일 것입니다. 사람들은 이와 같이 말하면 그것은 가난한 약자들을 위로하기 위한 종교적 아편이지 확실한 보장이 되지 못한다고 말합니다. 성공회 신부였던 찰스 킹슬리도 한때는 영국 교회가 압제 받는 대중의 문제를 해결해 주기보다는 오히려 그들을 진정시키고자 아편 주사만을 놓아 주고 있다고 비난한 적이 있습니다.

물론 있을 수 있는 항변입니다. 그러나 성경은 여기에 대해 성령이 우리 속에 있음을 들어 '처음 익은 열매', '보증'이란 말을 쓰고 있습니다. 처음 익은 열매란 완전한 때가 되면 모두 추수하게 된다는 표시이며, 보증이란 원문의 뜻에 따르면 월부 구입의 첫 불입금을 말하는 것으로 마지막 불입금을 내게 되면 완전히 내 것이 된다는 말입니다. 이것이 우리가 성령을 받고 성령이 우리 속에 거하는 것이 분명한 사실이고 보면 이것이 장차 우리가 천국에서 영광과 위로를 받는다는 분명한 확증이 된다는 말입니다. 또 바울은 성령이 우리의 영과 더불어 우리가 하나님의 자녀인 것을 친히 증거하신다고 말했습니다(롬 8:16). 이것은 성령을 체험한 크리스천이라면 조금도 의심치 못할 성질의 일이므로 더 이상의 설명은 피하겠습니다.

근일 형제, 이제 결론적으로 당신의 질문에 답하고자 합니다. 당신이 기도한 결과 주님께서 당신의 마음에 조그만 부담도 주지 아니하시면 누가 뭐래도 당신의 고난은 그리스도를 위한 고난임을 기억하십시오. 그리스도를 위하여 고난 받는 것과 그리스도의 길을 따라가는 그것이 현세적인 그 어떤 것보다 높은 차원의 축복임을 기억하십시오.

"내가 항상 주와 함께 하니 주께서 내 오른손을 붙드셨나이다. 주의 교훈으로 나를 인도하시고 후에는 영광으로 나를 영접하시리니 하늘에서는 주 외에 누가 내게 있으리요. 땅에서는 주밖에 나의 사모할 자 없나이다. 내 육체와 마음은 쇠잔하나 하나님은 내 마음의 반석이시요 영원한 분깃이시라"(시 73:23~26).

십일조는 어떻게 쓰여져야 하는가?

신부님, 저는 최근 제 친구 한 사람과 십일조 문제에 대해서 진지한 대화를 나눈 적이 있습니다. 우리가 알아본 바에 의하면, 오늘날 교회가 교회 재정 중에서 구제비로 사용하는 돈의 액수는 불과 몇 퍼센트에 지나지 않습니다. 젊은 그리스도인인 저희들로서는 이 점에 대해서만은 도저히 납득할 수가 없습니다. 제가 알고 있기로는 목사님의 생계비와 교회운영비 외에는 대부분 구제비로 쓰여져야 한다는 것이 십일조와 그 밖의 헌금을 바치는 이유인 것으로 알고 있습니다. 신부님의 의견을 듣고 싶습니다.

— 안진구 올림

사랑하는 진구 형제에게.

십일조에 대한 형제의 편지 감사합니다. 주님께서 형제를 더욱 축복하셔서 형제가 단지 십일조뿐만 아니라 구약에 언급하고 있는 각종 헌물, 처음 익은 열매, 자기 희생 등을 바칠 수 있게 되기를 바랍니다. 그리고 더 나아가 저는 형제가 성령을 충만히 받아 신약 시대의 교회가 그랬던 것처럼(행 2:44~45, 4:32) 형제가 가진 것을 필요로 하는 사람들에게 그것을 좀 나누어 줄 줄 알았으면 좋겠습니다.

아무래도 저는 십일조 문제를 다루기 위해 십일조에 대한 신약시대의 관점을 먼저 살펴 보아야만 할 것 같습니다. 예수님의 제자들은 종려주일, 예수님이 예루살렘에 입성하셔서 예루살렘에서 왕이 되시면 곧 은혜의 해를 선포하실 것으로 기대했습니다. 그리고 무리들도 예수님을 예루살렘의 왕으로 환영했고 이제 정식으로 왕이 되시면 곧 은혜의 해를 선포하시고 또 그의 능력을 사용하셔서 강제적으로 은혜의 해를 집행하시리라 믿었습니다.

그러나 그렇게 믿었던 예수님께서는 강제적이 아니라 사람들의 자의에 맡기는 소위 자발적인(voluntary) 은혜의 해를 선포하셨습니다. 이에 무리들은 자신들의 기대를 저버린 예수님을 모두 배신해 버리고 말았던 것입니다. 그러나 예수님께서는 벌써 오래 전에 그것이 자발적인 은혜의 해가 되어야 할 것임을 미리 말씀하셨던 적이 있었습니다(눅 4:19). 그런데도 당시의 무리들은 자신들의 이익만 생각한 나머지 예수님의 그 말뜻이 무엇인지 이해하지 못했습니다. 그리고 아쉬운 점은 오늘날의 현대 성경 번역가들조차도 그 말뜻을 이해하지 못했다는 사실입니다. 성경 번역가들은 이사야 61장 2절에서 은혜의 해로 쓰인 히브리어 '라트손'(ratson)이란 단어를 번역할 때 단어 본래의 뜻을 정확하게 살려 번역하지 못했던 것입니다.

그래서 오늘날의 영어 성경과 한국어 성경에도 단순히 은혜의 해로 잘못 번역되어져 있습니다. 그리고 같은 뜻을 지닌 헬라어 '데크토스'(dektos)라는 단어도 역시 잘못 번역되어져 있습니다. 그러나 이 두 단어들은 히브리어 성경과 70인역(셉튜아진트) 성경에서는 똑같은 하나의 단어로 나타나고 있음을 볼 수 있습니다. 이 단어 본래의 중심 개념은 자발적(voluntary), 자유 의지적(freewill)이라는 뜻을 담고 있는데 따라서 이것은 단순한 은혜(grace)라는 말과는 분명히 구별되어져야 합니다. 은혜란 말은 하나님께서 사람인 우리를 향해서 취하시는 태도를 지칭하는 것이지 우리가 헌금에 대하여 가지는 자세를 나타내는 말이 아닌 것입니다. 그러므로 이 두 단어가 사용된 곳에는 이와 같은 오역으로 인한 오해가 일어날 수가 있는 것입니다. 그리고 기독교의 은혜의 해는 자발적인 것이 원칙적임을 사도행전 5장 4절에서 베드로의 말을 통해서 알 수 있게 됩니다. 그는 아나니아와 삽비라가 그의 자유 의지로서 자발적인 헌금을 내지 않고 억지 헌금을 내려는 태도를 꾸짖고 있음을 볼 수 있습니다.

가난한 자들을 위한 구제 헌금을 거둘 때 바울도 똑같은 말을 했던 적이 있습니다. "각각 그 마음에 정한 대로 할 것이요 인색함으로나 억지로 하지 말지니 하나님은 즐겨 내는 자를 사랑하시느니라"(고후 9:7). 그리고 고린도후서 8장과 9장에서 바울이 강조하고자 하는 내용도 우리가 가난한 사람을 도와야 하는 것이 우리의 가진 것이 우리의 것이 아니고 하나님의 것이므로 가난한 자를 도울 때는 사랑과 자원하는 마음으로 드려야 한다는 내용입니다.

예수님께서는 자신들의 이름이 알려지기를 원하는 마음에서 헌금을 하는 사람들에게 다음과 같이 심하게 경고하셨습니다. "사람에게 보이려고 그들 앞에서 너희 의를 행치 않도록 주의하라 그렇지 아니하면 하늘에 계신 너희 아버지께 상을 얻지 못하느니라…네 구제함이 은밀하게 하라"(마 6:1~4). 나는 헌금을 하는 사람들의 이름을 일일이 불러 주는 교회에서는 헌금을 하는 사람들이 천국 가서 받을 상들을 빼앗고 있다고 생각합니다. 체면 때문에 바치는 헌금은 자발적인 것이 아니요 따라서 그것은 하나님 앞에서 '용납'(히브리어 '라트손'과 헬라어 '데크토스'의 다른 뜻)되지 못하는 것이기 때문이다.

그러면 이와 같은 신약의 배경을 마음에 두고서 우리를 그리스도에게로 인도하는 몽학 선생의 역할을 해 주는 율법은 어떻게 가르쳐 주고 있는가를 한번 살펴보기로 합시다. 먼저 구약의 율법은 십일조에 대해서 어떻게 말하고 있나를 알아보겠습니다. 우선 형제는 십일조와 관련된 성경의 말씀들을 일일이 찾아보면 그것들이 처음 익은 열매, 서원의 예물, 소제, 번제, 자원의 예물, 우양의 처음 낳은 것들 등 헌물(獻物)의 종류와 한데 묶여져 언급되는 것을 보고는 좀 의아스러운 인상을 받을 것입니다. 그러나 그것들만이 하나님께서 이스라엘 백성들에게 원하셨던 유일한 헌물만은 아닙니다. 그 외에도 다른 헌물들에 대한 기록이 있는데 그중 중요한 것들은 민수기 18장 21절, 신명기 12장 6절, 11절, 26장 12절에 각각 기록되어 있습니다.

민수기의 율법은 십일조를 토지문제와 관련시켜 설명하고 있습니다. 레위 족속을 제외한 나머지 이스라엘의 12지파들은 모두 자기네들의 토지를 소유하고 있었습니다. 그 토지는 그들의 유산과 기업으로써 생계의 유일한 수단이었습니다.

그러나 레위인들만은 이 토지를 할당받지 못했습니다. 그들은 성인 남자만 2만2천 명이었는데(민 3:39) 이 숫자는 당시 이스라엘 전 인구(60만3천550명) 중 불과 1.8퍼센트에 해당하는 적은 인구였습니다. 이들은 토지가 없었던 까닭에 생계의 수단이 없었습니다. 그래서 하나님께서는 십일조 중에서 그들의 수입을 허락해 주셨습니다. 그런데 민수기와 신명기에는 십일조에 관한 율법들이 서로 모순처럼 보여지는 데가 있습니다. 이 피상적인 모순점을 이해하기 위해서는 다음과 같은 사실을 염두에 두어야만 합니다.

즉 민수기는 십일조의 나머지(레위인들이 받는 십일조 중에서 생활비로 쓰고 남는 나머지)를 무슨 용도로 쓰라고 밝히고 있지 않다는 사실입니다. 만약 레위인들이 이스라엘 백성들이 바친 십일조를 모두 받았다고 한다면 그들의 생활수준은 다른 나머지 지파보다 다섯 배 이상 높았을 것입니다. 또 그들은 제사와 다른 헌물 중에서도 얼마를 취하였으므로 수입은 더 많았을 것입니다. 그런데 민수기에 있는 율법들이 공포되었을 때는 아론과 그의 아들을 포함하여 단지 5명의 제사장들만이 있었습니다.

만약 그들이 레위인의 십일조를 몽땅 가졌더라면 그것은 약 1천여 명이 먹을 수 있을 만큼 상당한 양이었을 것입니다. 그러나 그들이 십일조를 받기는 받았어도 그 십일조 중에서 그들의 생활에 쓰고 난 나머지는 모두 하나님의 사업을 하는 데 써야 할 책임이 있었습니다. 아마 짐작컨대 그들은 십일조의 나머지를 성막(聖幕)의 건축 및 치장 그리고 성전의 수리에 썼을 것입니다. 그러나 성경을 비롯한 여러 가지 전승의 기록들을 보면 그와 같은 목적을 위해서 특별히 헌금을 하였다는 기록도 볼 수 있습니다. 또 역대하 31장을 읽어 보면 하나님의 토지법을 잘 지켰던 히스기야의 통치 시절에는 나라가 번성하여 레위인들과 제사장들은 그들이 필요로 하는 것보다 훨씬 많은 물질을 가질 수 있었습니다.

그들이 생활에 쓰고 난 나머지는 일단 예루살렘에 보관되었다가 나중 시골에 있는 제사장들에게 질서 있게 분배되었습니다. 느헤미야 10장 37절을 읽어 보십시오. 당시 십일조를 받은 사람은 시골에 있는 레위인들이라고 말하고 있습니다.

그리고 우리는 십일조를 하나님께 드릴 때 어떻게 바쳐야 하는가에 대해서도 성경을 통해 알아 볼 수가 있습니다. 먼저 신명기 12장 6절을 보겠습니다. 이 재미있는 성경 구절은 십일조를 성전으로 가지고 갈 것과 그 자리에서 레위인들을 포함한 다른 예배자들과 함께 먹을 것을 말하고 있습니다. 이 말씀은 창세기 28장 22절에서 야곱이 십일조를 바치겠다고 다짐하는 야곱의 서원이 무엇을 의미하는지 잘 설명한다고 보겠습니다. 잘 알다시피 야곱이 살았을 때는 제사장도 레위인도 없었습니다(레위는 바로 야곱의 아들이었다).

그래서 그는 십일조를 바치거나 성전을 건축할 필요도 없었습니다. 그러면 그는 어떻게 십일조를 하나님께 바쳤겠습니까? 그와 그의 가족들은 벧엘이나 다른 일정한 장소에 모여 단(壇)을 쌓아 하나님께 제사를 드린 후 바친 십일조를 하나님 앞에서 먹었습니다. 이것은 성경이 코이노니아, 교제, 함께 먹는 음식(요일 1:3; 행 2:46; 유 1:12) 등에 대해서 어떻게 강조하고 있는 가를 알게 되면 얼른 이해를 할 수 있을 것입니다.

이와 같이 이스라엘 사람들을 매년 한 번씩 예루살렘으로 올라와서 제사를 드린 후 그 음식을 성전에서 레위인들과 함께 먹고 마시며 즐겼습니다. 그러나 그들이 일 년에 세 번씩(의무적으로는 1회) 예루살렘으로 와서 일주일 내내 머무르며 축제를 벌인다 했을지라도 일 년 52주의 모든 십일조를 다 먹어치우지는 못했을 것입니다. 그러므로 그때는 레위인들에게 돌아갈 충분한 몫이 있었음이 분명합니다.

그리고 신명기 12장 17절을 보면 십일조는 대문(성) 안에서 혼자 먹지 말고 대신 예루살렘으로 가지고 가서 그곳의 성전에서 먹으라고 가르치고 있습니다. 그러나 그 길이 너무 멀어 십일조를 가지고 갈 수 없으면 돈으로 바꾸어 사람들이 좋아하는 것이면 도수가 강한 술까지 사도 좋다고 말하고 있습니다. "그러나 네 하나님 여호와께서 그 이름을 두시려고 택하신 곳이 네게서 너무 멀고 행로가 어려워서 그 풍부히 주신 것을 가지고 갈 수 없거든 그것을 돈으로 바꾸어 그 돈을 싸서 가지고 네 하나님 여호와의 택하신 곳으로 가서 무릇 네 마음에 좋아하는 것을 그 돈으로 사되 우양이나 포도주나 독주 등 무릇 네 마음에 원하는 것을 구하고 거기 네 하나님 여호와 앞에서 너와 네 권속이 함께 먹고 즐거워할 것이며 네 성읍에 거하는 레위인은 너희 중에 분깃이나 기업이 없는 자니 또한 저버리지 말지니라"(신 14:24~27). 여기서 독

주는 도수가 강한 술 즉 영어로는 strong drink이다. 여기서 보는 대로 십일조는 하나님 앞에서 사람들과 '함께'(교제, 코이노니아를 의미) 먹고 또 그것을 제사장과 레위인의 기업이 되게 하는 데 그 본래의 의미가 있는 것입니다.

그러면 이제 아모스가 왜 십일조를 바치는 당시의 사람들을 비꼬아 주고 있는지를 알아보겠습니다. 아모스 4장 4절을 읽어 보십시오. 아모스는 왜 십일조를 바쳐 하나님의 이름으로 먹는 사람(성도의 교제를 나누는)들을 조소하고 있습니까? 그들이 가난한 사람들을 돌보지 아니했기 때문입니다. 더 나아가 그들의 십일조는 가난한 사람들을 압제하는 데 쓰여졌기 때문입니다.

예수님께서도 십일조는 엄격하게 바쳤으나 정의와 가난한 사람들에 대해서는 너무나 냉정했던 바리새인들을 똑같은 방식으로 꾸짖으셨습니다. 여기서 형제는 신명기 14장 28절, 29절 말씀과 26장 12절 말씀을 찾아 읽어 보십시오. "매 3년 끝에 그 해 소산의 십분의 일을 다 내어 네 성읍에 저축하여 너희 중에 분깃이나 기업이 없는 레위인과 네 성읍에 우거하는 객과 고아와 과부들로 와서 먹어 배부르게 하라." 이 말씀을 통해 우리는 이스라엘 사람들이 낸 십일조는 레위인의 생활비 및 매년 즐기는 축제에 사용되는 성물을 충당하고도 남았다는 것을 알 수 있습니다. 그래서 하나님께서는 그것으로 고아와 과부 및 이방에서 객이 된 불쌍한 사람들을 구제하라고 말씀하시고 있는 것입니다. 히스기야 시대의 제사장들과 느헤미야 시대의 레위인들은 모두 이 같은 하나님의 명령을 잘 순종하였는데 성경을 보면 그들은 사회사업 내지는 구제 사업에 상당히 애썼던 것을 볼 수 있습니다. 그래서 당시의 상당한 십일조는 대부분 토지나 집이 없는 사람, 이방인, 고아, 과부들이 받았습니다.

그러면 형제는 단지 세 번째 해만의 십일조(신 14:28)를 가지고 당시 사회의 구제비를 어떻게 다 충당할 수 있었을까 하는 의문을 제시할 수 있을 것입니다. 이것은 인구의 1.8퍼센트인 레위인을 제외하고 2.7퍼센트가 조금 못되는 사람들이 구제를 받아야만 한다는 가정에서 비롯된 질문일 것입니다. 그리고 설령 당시의 사람들이 절기 때마다 먹기를 중단하고 십일조를 모두 구제에만 썼다 하더라도(이런 예는 느헤미야 시대나 히스기야의 개혁 때도 없었다) 그것은 고작 8.2퍼센트의 인구만을 감당해 줄 정도였습니다. 그런데 오늘날 소위 선진국이라는 나라들의 실업률과 빈곤도가 이보다 더 높다는 사실입니다. 왜 그렇습니까?

우리는 먼저 레위기 25장에 나와 있는 토지법을 잘 지켰던 때를 기억해야 할 것입니다. 이 토지법이 지켜지는 한 이스라엘에서는 고아와 과부 그리고 땅이 없는 이방인을 제외하고는 거의 가난한 사람이 없었습니다. 미국의 저명한 경제학자 헨리 조지는 〈성장과 가난〉이라는 책을 썼는데 그는 이 책에서 다음과 같이 말했습니다. "하나님의 토지법을 어기면서 이루어진 성장은 고질적인 빈곤을 함께 수반한다." 그의 말대로 가장 선진국일수록 가장 심한 실업난과 빈곤으로 허덕이고 있는 것이 오늘의 현실입니다. 혹 그렇지 않는 나라가 있다면 그들은 군사 또는 경제 식민지주의로 돈을 착취했기 때문입니다.

오늘날 이와 같은 상황이 벌어지고 있는 이유는 사람들(국가)이 탐욕으로 인하여 하나님의 가장 기본적인 법을 버리고 바알의 법을 따라갔기 때문입니다(대하 31:1, 33:3). 하나님의 율법만 지키면 문제가 일어날 수 없다는 것입니다. 법 하나가 지켜지지 않으면 다른 하나의 기능도 마비되고 맙니다. 하나님의 율법을 정직하게 지키기만 하면 하나님의 경제 체제 아래서 존재할 수 있는 몇 가지 어려움들은 우리가 바치는 십일조로 충분히 해결할 수 있는 것입니다.

오늘날 우리가 살고 있는 시대는 말로만 하나님의 법이 지켜졌지 실제로는 바알의 법이 시행되고 있는 사회입니다. 한국은 좀 덜하지만 미국의 농촌에서는 농민들이 그들의 땅에서 계속 쫓겨나고 있는 실정입니다. 그래서 교회는 과거 어느 때보다 더 이러한 어려운 사람들에게 도움의 손길을 베풀어야 할 상황에 있습니다.

고린도후서 8장 2~4절을 읽어 보십시오. 마게도냐 사람들은 극한 가난 속에서도 풍성한 연보를 넘치도록 하였을 뿐 아니라 힘에 지나도록 자원하여 은혜와 성도 섬기는 일에 참여했다고 말하고 있습니다. 만약 오늘날의 교회가 이 마게도냐 교회처럼 구제에 힘을 쓰지 못한다면 사람들로부터는 몰인정, 무자비하다는 비난을 받을 것이요, 주님으로부터는 행함이 없는 죽은 믿음을 가진 자요, 거짓 사랑을 베푸는 자라고 책망을 받을 것입니다. 바울 선생은 믿음은 사랑을 통하여 역사하며 사랑은 성령의 열매라고 설명하고 있습니다.

진구 형제, 저는 한국 교회가 히스기야나 느헤미야 시대를 본받아서 십일조를 가난한 시골 교회로 보내어 어려운 교회를 돕는다면 한국 복음화는 대단히 신속히 이루어지리라 확신합니다. 그리고 저는 국내의 외지 선교뿐 아니라 고아와 과부, 장애자, 땅이 없는 사람들까지 돕고 싶어 하는 성도들의 수가 늘어나고 있는 데 대해 감사드립니다. 우리가 진실로 정직한 태도로 이 일을 계속한다면 하나님께서 약속하신 대로 한국 교회 전도의 문은 물론이요 천국 문까지도 활짝 열릴 것입니다.

산골짜기에서 온 편지

보다 깊은 축복의 의미

신부님, 저를 비롯한 우리 젊은 형제들은 최근 축복에 관한 날카로운 토론을 벌인 적이 있습니다. 저는 토론 가운데서 '축복' 또는 '복을 받는다'라는 말에 대해서 각자가 어쩌면 그렇게도 다른 견해들을 갖고 있는가를 발견하고는 적이 놀랐습니다. 우리들은 성구사전을 가지고 모종의 연구까지 해오고 있습니다. 그런데 우리들이 발견한 바로는 '축복'에 대한 구약과 신약의 개념에는 많은 차이점이 있다고 하는 사실입니다. 만약 그게 사실이라면 그 이유가 무엇일까요? 왜 똑같은 하나님의 말씀인데 하나의 주제를 놓고 다르게 설명하고 있을까요? 신부님의 의견을 듣고 싶습니다.

— 문일 올림

사랑하는 문일 형제에게.

형제의 편지 고맙습니다. 어쩌면 형제는 나에게 사나운 개의 귀를 잡거나(잠 26:17) 벌통에 머리를 들이밀라고 요구한 것 같기도 합니다. 이 축복에 대해서 날카로운 논쟁을 한번쯤 벌여보지 않은 사람은 별로 없을 것입니다. 지금 많은 교회의 목사님들과 평신도들이 이 문제를 가지고 갑론을박을 펴는 것을 주위에서 자주 보곤 합니다. 아마 오늘날 한국 교회에서 이 '축복'의 문제보다 더 흥미 있는 이야깃거리가 없는 것 같습니다. 아무튼 나는 개에게 물리거나 벌에 쏘일 각오를 하고 이 문제를 조심스럽게 거론해 보도록 하겠습니다.

우선, 형제는 성구사전에서 복, 또는 복을 받다라는 단어는 680여 개의 인용구가 있고 행복이라는 단어에는 30여 개의 인용구문들이 붙어 있다는 사실을 알았을 것입니다. 그리고 인용된 단어들 중에는 복이라는 히브리어의 단어가 축하하다, 무릎을 꿇다, 찬양하다, 경배하다, 감사하다로 번역되어졌다는 것과 희랍어로 된 복이라는 단어는 찬양, 하사금(下賜金), 공정한 연설 등으로 번역되어졌다는 사실을 알았을 것입니다. 여기에는 박사학위 논문거리로 될 만한 것이 너무 많이 있다고 생각될 정도입니다. 그래서 형제의 주위에 박사학위를 위해 공부하고 있는 사람이 있다면 이 부분을 집중적으로 공부하도록 권유해 보면 좋을 것입니다.

우리 예수원에 충분한 인력이 있다면 기꺼이 이런 종류의 문제를 놓고 열심히 연구해 보고 싶기도 하지만 지금은 우리가 딛고 서 있는 목초지와 그 위에 기르고 있는 가축들에게 실제적인 축복이 내리도록 하는 데 여념이 없어 그쪽에는 미처 신경을 쓸 수가 없는 처지입니다. 만약 누군가 이런 종류의 복을 받기를 원한다면 그가 반드시 배워서 적용해야만 하는 어떤 자연법칙이 있을 것 같다는 생각이 듭니다.

내가 이 글 속에서 시도해 보고 싶은 것은 신구약 성경 중에 나오는 몇 개의 중요한 성구들을 찾아 혹시 그 속에서 하나님의 뜻을 찾아볼 수 있지는 않을까 하는 일입니다. 나는 거기에 대해서 꼭 박사학위 논문이 나와야 된다고는 생각하지는 않습니다. 그리고 실제로 성경에 나오는 축복이라는 단어는 그것이 정확하게 무엇을 의미하는지 분명히 규정짓지 아니하고 있는 것이 대부분입니다. 그것들은 또 어떤 종류의 축복이어야 하는지에 대해서도 지정하지 않고 그저 축복을 위해 기도해야 된다고만 합니다. 그러나 우리는 어떤 것이 축복인지 그저 그런대로 대강 규정하고 있는 몇 개의 성구들을 찾을 수 있습니다.

그 처음의 것이 창세기 12장 2절에 있습니다. 여기에는 하나님께서 아브라함을 축복하시며 그를 복의 근원으로 삼겠다고 약속하고 계시는 장면이 있습니다. 그러나 이것도 앞으로의 축복이 어떤 형태의 것이 될 것이라고 분명히 밝혀 주고 있지 않습니다. 그 다음은 창세기 17장 16절에 있는 것인데 아주 독특하다고 할 수 있습니다. 여기에는 하나님께서 사라에게 약속하시는 축복이 나오는데 이것은 내용상 두 부분을 이루고 있습니다. 하나는 사라가 늙어서 한 아들을 낳는다는 것이고 다른 하나는 그녀의 많은 후속 중 많은 임금이 나오리라는 것입니다. 사라는 이 중 첫 번째의 축복으로 그녀의 아들 이삭을 보았습니다. 그러나 그녀가 이삭이 결혼하기 전에 죽었으므로 그녀의 후손 중 결코 누구도 보지는 못했습니다. 바로 여기에서 우리는 신구약을 통틀어 우리가 찾으려 하는 하나의 단서를 얻을 수 있습니다. 즉 하나님이 약속하시는 많은 축복은 그 사람의 생존 시에는 성취되지 않았다는 것이며 그의 후손을 통해서 또는 그리스도께서 그분의 왕국을 건설하기 위해 재림하심을 통해서 비로소 성취된다는 것입니다.

창세기 17장 20절에는 이스마엘의 축복에 대해서 나오는데 여기서도 그 축복은 아들을 포함하여 후손들을 갖는 것으로 표현되고 있습니다. 한편 우리는 창세기 22장 17절을 보아야 비로소 아브라함의 축복이 무엇인가를 발견하게 되는데 이것 역시 아브라함의 축복은 그의 생존 시 즐길 수 있는 그 어떤 무엇이 아니라 많은 자손을 갖게 되리라는 것으로 밝혀집니다. 또 26장 3절에서도 아브라함의 축복이 그 당대, 그 개인에게만 주어진 것이 아니라 그의 후손들까지 포함하고 있다고 설명하고 있습니다.

창세기 28장 3절에서는 축복이 "생육하고 번성하는 것."으로 나타나고 있습니다. 또 32장 26절에는 야곱이 밤새도록 천사와 씨름한 후에

얻은 축복을 이야기하고 있는데 그 축복이 무엇입니까? 그것은 하나님께서 그의 이름 하나만 바꿔 준 것뿐이었습니다. 그런데도 하나님께서는 그를 축복하셨다고 말씀하고 계십니다. 그러니 하나님의 축복에 대한 가치 척도는 우리의 그것과 전혀 다르다는 것이 아니고 무엇이겠습니까? 나는 성경을 읽을 때마다 늘 이 사실을 깨닫곤 합니다. 그리고 내가 조사해 본 바로는 축복 또는 축복하다는 단어에 대한 성경의 참고 구절(관주)의 반수 이상이 시편 103편 1절의 "내 영혼아 여호와를 송축하라."는 구절과 같은 내용들이라는 사실을 알았습니다. 말하자면 축복이란 것은 우리가 하나님께 요구하는 그 무엇이 아니라 오히려 우리가 하나님께 드리는 그 무엇 즉 송축(찬양)을 말한다는 것입니다.

몇 개의 성경구절을 더 봅시다. 창세기에 이어 출애굽기에 오면 이스라엘이 축복을 받으리라(출 23:25)는 언급을 보게 됩니다. 여기에서 하나님께서는 그 이전의 축복과는 좀 독특한 축복, 즉 백성의 양식과 물을 주시고 질병을 제하여 주시겠다는 약속을 하십니다. 그러나 우리는 여기서도 그 축복이 첫째, 어떤 개인에 대한 것이 아니고 모든 백성 전체에 대한 것이며 둘째, 백성들이 그의 법을 지킬 때에라야 받는다는 조건이 붙은 축복임을 알 수 있습니다. 여기서 우리가 깨달아야 할 것은 율법(말씀)도 지키지 않으면서 질병의 제함, 즉 건강의 축복을 기대할 수 없다는 것입니다. 계속해서 성경을 읽다 보면 우리는 민수기 6장 24절에서 평강의 축복을 읽을 수 있게 됩니다.

또 이스라엘에 대한 발람의 위대한 축복에는 민족을 번성케 하시며, 불행과 고통을 면케 하시고, 싸움에서 승리케 하시며, 풍작과 풍부한 물을 보증하시는 하나님의 약속이 있음을 발견합니다. 아마 이것보다 더 구체적인 축복의 약속이 없을 듯합니다. 그럼에도 불구하고 성경의 기록은 이스라엘이 하나님의 법을 거역했을 때는 그들의 축복을 홀랑 잃었다는 것을 보여 줍니다. 발람의 축복이 바로 여기에 해당합니다. 발람의 축복의 경우, 사람들이 범죄하고 형벌을 받는 것은 약속을 받은 바로 그 다음날이었습니다.

우리는 신명기에서도 이와 유사한 맥을 짚어볼 수 있습니다. 28장을 쭉 읽어 보십시오. 거기에는 이스라엘 민족에게 주시는 갖가지 축복이 있습니다. 자녀, 풍작, 도시의 번영, 식량, 전쟁에서의 승리, 여러 종류의 성공 등입니다. 그런데 이 갖가지 축복들은 민족의 순종이 따라야 수반되는 조건부적인 약속이었습니다. 백성들이 불순종할 때는 언제나 재난이 닥쳐 올 수도 있었고 실제로 가공할 만한 불행이 불순종한 이스라엘 백성에게 임했습니다.

구약에서 유명한 말라기 3장 10절 말씀 한 절을 더 보기로 합시다. 여기서 하나님께서는 만약 이스라엘 백성이 '온전한' 십일조를 주님께 가져온다면 그들이 쌓을 곳이 없도록 축복하시겠다고 약속하십니다. 이것은 민족적 순종에 입각한 민족적 축복입니다. 그러므로 어느 한 개인이 즉 이기적인 국가나 혹은 교회가 따로 그의 십일조를 주님께 가져와 그 바친 만큼의 물질적 축복을 바란다는 것은 있을 수 없다는 것입니다.

하나님의 축복은 우리가 생각하는 것과 아주 다른 종류일 수 있습니다. 그것은 우리가 구약을 지나 신약에 넘어가는 즉시 발견하게 되는 내용입니다. 거기서 하나님께서는 우리를 개인 단위로 만나시고, 사악하고 순종치 않는 세상에서 교회를 이끌어 내시어 그 교회와 상관하십니다. 그러므로 신약에서의 축복의 주제는 더 이상 물질적인 것이 아니고 영적인 것으로 변합니다. 이것을 대표하여 보여 주시는 말씀이 "찬송하리로다 하나님…하늘에 속한 모든 신령한 복으로 우리에게 복

주시되"(엡 1:3)라는 말씀입니다. 이 신령한 복의 성격은 예수님께서 그의 사역 초기에 부요함은 축복이 아니며 저주라고 단호하게 말씀하심으로써 모든 이론을 뒤엎으실 때 규정되어졌습니다.

누가복음 6장을 보십시오. "화 있을진저 너희 부요한 자여 너희는 너희의 위로를 이미 받았도다 화 있을진저 너희 이제 배부른 자여 너희는 주리리로다 화 있을진저 너희 이제 웃는 자여 너희가 애통하며 울리로다 모든 사람이 너희를 칭찬하면 화가 있도다"(눅 6:24~26). 부요함이 재난이라면 그렇다면 가난함이 축복이라는 말일까요? 주님께서는 단호히 그렇다고 말씀하십니다. "가난한 자는 복이 있나니…이제 주린 자는 복이 있나니…사람들이 너희를 미워하며…너희에게 복이 있도다…뛰놀라 하늘에서 너희 상이 큼이라"(눅 6:20~23) 그러면 누군가는 이렇게 물을 것입니다. 우리가 천국에 이를 때까지는 아무런 보상이 없는 것일까요? 가난과 고통 외에는 이 세상에서 아무것도 없다는 말인가요? 아마 성질이 좀 불 같고 칼 같은 사람은 즉각 마태복음을 펼쳐서 예수님은 단지 우리가 심령이 가난해지기를 원하신다고 말할지 모르겠습니다.

그것은 사실입니다. 마태는 누가보다 더 강조해서 그렇다고 이야기하고 있습니다. 그러나 마태는 우리에게 "당신은 가난해질 수도 있다."라고 이야기합니다. 그러나 당신이 그 가난한 것을 불행하다거나 억울하다고 생각하여 부자가 되기를 몸부림친다면 당신은 결코 심령이 가난한 사람이 아니며, 따라서 심령이 가난한 자를 위해 준비된 축복을 기대할 수 없다고 말합니다. 마태복음 5장에 나오는 축복은 가난함을 기뻐할 줄 아는 그런 사람들의 차지인 것입니다. 마태는 이 점을 강조하기 위해 아주 특별하게 6장 19~21절에 주님의 말씀을 다음과 같이 인용하고 있습니다. "돈을 은행이나 부동산에 투자하지 말고 너희의 돈을 하늘에 투자하라…네 돈이 있는 바로 그 곳에 네 마음이 있음이라."

그러면 이제 성경 구절은 놓아 두고 몇 가지의 역사적 사례들을 살펴보기로 합시다. 누가복음 1장 42, 45, 48절에서 우리는 마리아는 여자 중 가장 복을 받고 만세에 이르러 복 받은 여인으로 불릴 것이라는 말씀을 읽습니다. 그러나 마리아는 멸시 박대를 당했고 그녀의 아들도 사람들로부터 멸시와 버림을 당했습니다. 그녀는 자신의 아들이 죄인으로 정죄 받아 고통과 공개적인 치욕 속에 죽어갈 때 그를 따르던 모든 제자들은 법정으로부터 도망치는 모습을 보았습니다. 성령이 임하고 나서야 비로소 예수님의 제자들은 그들의 물질적인 소유를 서로 나누고 예수님의 교훈을 따르기 시작했습니다. 마리아도 그제야 어떤 물질적인 보장을 받을 수 있었습니다.

사도행전 4장 34절에 "그중에 핍절한 사람이 없으니."라는 말씀이 있습니다. 왜 그렇습니까? 그것은 하나님께서 그들에게 신령한 사랑의 복을 주셨으며 이것이 서로가 가졌던 것을 통용케 함으로써 서로를 축복하도록 했기 때문입니다. 형제는 초대교인들이 "왜 나한테 동정을 구합니까? 당신이 하나님과 떳떳하면 하나님께서 당신을 잘 먹을 수 있게 해 주실 것입니다."라는 말을 했다면 믿으시겠습니까? 여기에 대해서 야고보와 요한이 무엇이라고 했는지 야고보서 2장 15~17절, 요한일서 3장 17~18절을 읽어 보십시오.

만약 누군가가 하나님 앞에 무조건적으로 순종하고 그의 뜻을 행하여 복을 받을 만한 자격을 갖춘 사람이 있다고 한다면 그는 분명 사도 바울일 것입니다. 그렇지만 그가 받은 축복이란 어떤 것입니까? 고린도후서 11장 23절에서 12장 10절까지를 쭉 읽어 보십시오. 그가 받은 축복이란 곤경, 굶주림, 헐벗음, 매 맞음, 억울한 옥살이, 파선, 강도의 위험, 태장으로 맞음, 배신, 그리고 자고하지 못하도록 받은 육체의 가시 등입니다. 과연 우리가 충성스런 종이 받았던 이와 같은 축복을 기꺼이 받을 수가 있겠습니까?

축복에 대한 바울의 견해는 무엇이었습니까? 그는 그 '축복'이라는 단어를 대단히 자주 사용했습니다. 그러나 우리가 에베소서 1장 3절에서 보는 바 대로 그가 중요하다고 생각한 복은 영적 축복이었습니다. 바울은 4복음서 어느 곳에도 기록되지 아니한 예수님의 말씀 한 가지를 우리를 위해 기록하였는데 그것이 사도행전 20장 35절에 있습니다. "주는 것이 받는 것보다 복이 있다 하심을 기억하여야 할지니라."

다른 하나의 역사적 사례는 바나바의 경우에서 찾아볼 수 있을 것입니다. 당시 바나바는 지주였으며 성경에 언급된 초대 교인들 중 유일한 부자였습니다(물론 아나니아도 부자이기는 했으나 성경은 그에 대해서 좋게 이야기하지 않고 있습니다). 바나바는 그의 재산을 예루살렘 교회와 더불어 나눈 것을 비롯해서 그가 가진 재산으로 수없이 많은 전도여행을 다녔습니다. 먼저 그는 안디옥과 다소를 거친 후 다시 안디옥으로 돌아왔고, 그런 후 바울과 함께 사이프러스, 소아시아를 거쳐 다시 안디옥까지의 길고 비싼 여행을 다녀왔으며, 그 다음 마가를 데리고는 다시 사이프러스로 여행을 했습니다. 이 기간 동안 사도들 중 누구도 자신들의 생활비를 벌기 위해 어떤 일을 했다는 참고 구절을 찾을 수가 없었습니다. 우리가 확실히 알 수 있는 바는 돈이 떨어져서 밤낮으로 생활비를 벌기 위해 수고해야만 했던 적은 바울과 실라가 데살로니가에 도착한 이후에야 있었던 일이었습니다(살전 2:9; 살후 3:6~12). 그러나 하나님께서는 바나바의 자기 희생에 보상을 하셔서 그를 더욱 부자 되게 하셨습니까? 아닙니다. 바울이 에베소에 도착하여 고린도 교회에 편지하고 있을 쯤에 바나바는 파산하고 말았습니다(고전 9:6). 그 후로도 바나바는 복음전파의 특권을 계속적으로 획득하기 위해 육체노동자가 되었습니다.

마지막으로 또 하나의 역사적 사례를 관찰한 후 결론을 맺도록 하겠습니다. 형제는 우리의 사랑하는 친구이며 사도 요한의 아끼는 벗이기도 한 가이오를 알고 있을 것입니다. 그는 어떤 사람이었습니까? 왜 요한은 그가 범사에 잘되기를 간구하였습니까? 그의 영혼이 잘되고 있는 증거는 무엇이었습니까? 물론 사도 요한이 그가 잘되기를 보증해 주지는 않습니다. 만약 그가 보증을 했다면 그는 영혼은 모두 잘되었지만 다른 여러 면에서 보면 범사에 실패한 바울과 바나바, 마리아, 예수님을 정죄한 셈이 되는 것입니다. 요한은 단지 그것이 가이오를 위한 자신의 기도일 뿐이라고 말합니다.

우리는 몇 개의 구절을 통해서 왜 요한이 가이오를 위해서 그처럼 기도했는가를 파악해 볼 수 있습니다. 즉 가이오는 자신이 가진 바 모든 것을 나누어 주는 훌륭한 사람이었습니다. 5절에서 8절을 읽어 보면 요한은 그의 제자들에게 그들이 가진 것을 동료 신자들과 나누라고 한 다음 가이오가 나그네 된 모든 형제들을 접대했을 뿐 아니라 그들의 여행길에 따라 다니며 생활비를 대 주었다고 말하고 있습니다. 다시 말하면 가이오는 자기가 가진 어떤 것도 자기의 것으로 여기지 아니했으며(행 4:32) 그것은 모두 하나님이 지시하신 대로 사용되고 또 그분이 주라고 하시는 누구에게나 주어질 하나님의 것으로 여겼다는 것입니다. 한마디로 그는 신약에서 말하는 청지기였습니다.

이것이 형제가 보물을 하늘에 쌓는 방법입니다. 즉 형제가 가진 바 모든 것을 많든 적든 간에 자기의 것으로 여기지 아니하며 그 물질은 자신의 선행에 대한 어떤 대가로 주어진 것도 아니라는 것입니다. 반면 그 물질은 한 회사의 주주가 관리인에게 그들의 투자액을 위임하는 것과 똑같은 방법으로 형제에게 맡겨졌다는 사실을 알아야 하는 것입니다.

만약 형제가 하나님의 돈을 하나님의 인도하심에 전적으로 순종하는 자세로 더 많이 더욱 효과적으로 사용하면 하나님께서는 더 많은 것을 당신에게 맡기실 것입니다. 그러나 예수님의 말씀을 빌면 돈은 축복이 아니며 천국에 있는 말씀이 축복이라는 것입니다. "잘하였도다 착하고 신실한(충성된) 종아 이제 너의 주인의 즐거움에 참예할지어다." 우리가 하나님으로부터 받기를 간구해야 할 한 가지의 축복이 있다면 그것은 순종일 것입니다. 순종하기 위해 우리의 고난이 클수록 우리가 받을 축복도 커질 것입니다.

문일 형제, 지금까지 나의 이야기가 조금이라도 도움이 되었는지 모르겠습니다. 형제는 성경을 읽다가 축복과 관계된 부분들이 나오면 즉각 색연필로 줄을 그어가며 공부해 보십시오. 그것을 주제로 하는 성경 공부나 혹은 가르침이 더욱 흥미롭고 그 뜻이 분명히 드러나게 될 것입니다. 하나님께서 형제가 하시는 모든 일 위에 복 주시기를 바랍니다.

우리는 왜 하나님의 뜻을 알지 못하나

신부님, 저는 하나님의 뜻을 깨닫고 즐거우나 괴로우나 그 뜻대로 따라가기만 하면 항상 기쁨과 평안이 찾아오는 것을 날이 갈수록 체험하고 있습니다. 그러나 친구들은 왜 그런지 하나님의 뜻을 발견치 못하고 인도하심도 받지 못하며 그 결과 제가 받아 누리는 기쁨이나 평안도 얻지 못하고 있습니다. 그들은 마치 키 없는 배마냥 방향을 잡지 못할 뿐 아니라 심지어는 무서운 환난이라도 닥치지 않을까 불안해하기도 합니다.

신부님, 왜 사람들은 하나님의 뜻을 찾지 못하고 그 뜻대로 인도하심을 받지 못하고 방황하고 있을까요?

― 주복주 올림

사랑하는 복주 자매에게.

그리스도께 순종하며 매일매일 그의 인도하심을 좇아 살고 있다니 대단히 기쁩니다. 그러나 자매가 깨달았듯이 주님께서 인도하시는 그 길이 항상 순탄하지 않은 것만은 사실입니다. 저도 개인적으로는 자주 그와 같은 험난한 길을 걸어왔고 또 앞으로도 걸어갈 것입니다. 그러나 자매가 말했듯이 우리에게는 그 길을 인도해 주시는 멋진 인도자가 계시니 얼마나 다행스러운지요.

복주 자매가 안타깝게 생각하는 친구들의 문제는 아마 모든 크리스천들이 고민하는 문제가 아닌가 싶군요. 제 자신도 이 문제에 대해서 많은 생각을 해왔지만 그때마다 깨닫게 되는 것은 바로 서약(commitment)의 문제라고 생각되어지는군요. 서약이란 한번 약속한 것은 끝까지 그것을 붙들고 이행하는 것이며, 결코 뒤돌아 볼 수 없음을 의미합니다. 많은 크리스천들이 "저는 이제 제 일생 끝날 때까지 주님을 따르렵니다."라고 고백하는 것을 흔히 듣습니다. 그러나 그것도 잠시, 그 다음에 시작되는 그들의 삶에 조그마한 어려움이 밀어 닥치면 언제 그런 말을 했느냐는 듯이 다른 변명과 구실거리를 찾게 되는 것을 보게 됩니다.

저는 몇 년 전 예수원으로 저를 찾아온 어느 젊은이를 지금도 생생하게 기억하고 있습니다. 그는 "무슨 일이 있어도 하나님의 뜻이라면 기꺼이 그것을 따르겠습니다."라고 했습니다. 그는 성공회 신자였으므로 성공회 신부님과 모인 성도들 앞에서 그의 마지막 생명이 다하도록 그리스도의 충성된 군병과 종이 될 것을 서약했습니다. 또 덧붙여 자기는 하나님께서 예수원의 종신회원으로 불러 주셨음을 안다고 말했습니다. 그러나 몇 달이 지난 어느 날 그 형제는 제게 찾아와 말했습니다. "신부님, 저는 예수원을 떠나려고 합니다." 나는 그에게 물었습니다. "형제는 이곳에서 헌신하도록 하나님께서 자신을 불러 주셨다고 말하지 않았습니까? 그리고 형제는 하나님의 뜻이라면 기꺼이 순종하고 따르겠노라고 약속하지 않았습니까?" 그러자 그는 "예, 물론 약속했습니다. 하지만 전 그것이 이렇게 힘들 줄은 미처 몰랐습니다."라고 했습니다. 이 말은 바꾸어 말하면 그가 그리스도의 충실한 군병이 되겠다고 했을 때 그는 거짓말을 하고 있었다는 이야기입니다. 그는 마귀와 싸우는 일에 즐거움과 영광이 따르면 그 약속을 지키고 고난과 역경이 닥치면 그만두겠다고 생각하고 있었던 것입니다.

말하자면 그가 다짐한 헌신은 몸을 바치는 헌신이 아니고 빌려 주는 헌신을 말했던 것입니다. 빌려 준다는 것은 소유권(결정권)을 자신이 갖고 있기 때문에 언제라도 다시 권리를 주장하여 자기 좋을 대로 할 수 있음을 말합니다. 다시 말하면 그는 "하나님의 뜻이면 무조건 따르겠다."가 아니고 "하나님의 뜻이 내 뜻과 같으면 따르겠다."의 마음가짐이었습니다.

하나님은 이같이 부정직한 사람에게는 더 이상 갈 길을 제시하거나 인도함을 허락하지 아니하십니다. 하나님은 조건에 개의치 않고 순종할 준비가 되어 있는 사람에게만 지시나 명령을 하십니다. 바치지 못하고 빌려줌으로 결정권을 자신이 갖고 있는 한 우리는 그리스도를 따르는 것이 아니고 따르는 척만을 하게 되는 것입니다. 요사이 미국에서는 "자아를 성취하십시오."(Fulfill yourself)라는 인본주의자들의 표어가 유행하고 있는 데 이것은 하나님의 뜻보다는 우리의 뜻을 좇아 살라는 사탄의 음흉한 속삭임입니다.

우리들은 이 같은 죄악과는 조금도 관계성을 맺지 말아야 합니다. 우리들은 "하나님의 뜻을 성취하는 것."(Fulfill God's will)이 삶의 최고의 목적입니다. 오늘날 우리가 사는 세상에는 엄청나게 많은 우상들이 있는 데 그중에 가장 흔한 우상이 자아(self)라는 우상인 것을 발견하곤 합니다. 그들은 성령 받기를 간구합니다. 그러나 그 목적이 하나님의 뜻을 성취하기 위해서 또는 하나님께 영광을 돌리기 위함 같은 영적인 싸움을 위해서가 아닙니다. 성령을 받으면 영적 엑스터시를 얻는다거나 자기가 유명해질 수 있다거나 하는 자기를 위한 인간적인 싸움을 유리하게 이끌어 갈 수 있기 때문입니다.

그러면 왜 사람들이 이 서약을 지키지 못하고 하나님의 뜻(약속)을 성취하지 못할까요? 야고보서 1장 5절에 다음과 같은 하나님의 약속이 주어져 있습니다. "너희 중에 누구든지 지혜가 부족하거든 모든 사람에게 후히 주시고 꾸짖지 아니하시는 하나님께 구하라. 그리하면 주시리라." 그러나 어떤 사람들이 약속을 받을 수 있나요? "너희가 여러 가지 시험을 만나거든 온전히 기쁘게 여기라 이는 너희 믿음의 시련이 인내를 만들어 내는 줄 앎이니라." 즉 어려운 시험이 닥쳐도 피하지 않고 참으며 나아가 그것을 기쁨으로 받아 누릴 줄 아는 사람이 약속을 받게 된다는 말입니다.

뿐만 아니라 하나님의 뜻을 알고 성취하기 위해서는 오직 믿음으로 구하고 조금도 의심치 말라고 합니다. 왜냐하면 의심하는 자는 마치 바람에 밀려 요동하는 바다 물결 같으며 이런 사람은 두 마음을 품어 모든 일에 정함이 없는 자들이기 때문입니다(약 1:6~8).

사랑하는 복주 자매, 오늘날의 신자들은 대부분이 두 마음을 품어 모든 일에 정함이 없는 사람들인 것 같아 얼마나 안타까운지 모르겠습니다. 그들은 한편으로는 자신을 섬기고 다른 한편으로는 예수님을 섬기고 싶어합니다. 그래서 바람이 부는 대로 밀려다니는 바다 물결과 같은 생활을 하고 있습니다. 오늘날 미국 사회에도 이와 같은 바람이 쉴 새 없이 불어오고 있습니다. 여론의 바람, 문화의 바람, 변혁의 바람이 곧 그것입니다. 그리하여 많은 크리스천이 이 바람에 의해서 휩쓸려 다니고 있는 실정입니다.

이것은 그들이 영혼의 닻인 소망을 하나님 안에 깊이 내리고 있지 못한 이유 때문인 것입니다(히 6:19). 이런 사람들은 예수님이 속히 재림하시기를 바라지도 않고 더구나 최후의 승리 같은 것은 생각하지도 않습니다. 다만 현재의 순간에 집착할 따름입니다. 혹은 롯의 부인처럼 세상과 육신을 포기한 그들의 결단을 후회하기도 합니다(육신의 성서적인 의미는 개인주의, 자아중심주의, 옛 사람으로 돌아가고자 하는 성향을 의미함).

그러면 예수님은 무엇이라 말씀하셨는가를 보겠습니다. 예수님은 하나님의 뜻대로 행하고자 하는 분명한 결단이 서 있는 사람이라면 하나님의 뜻을 알 수 있다고 말씀하셨습니다(요 7:17). 이것은 예수님께서 행하신 행동을 보아도 알 수 있습니다. 예수님은 어느 때이건 간에 하나님의 뜻대로 행하고자 하는 분명한 결단이 서 계셨던 분이십니다. 그래서 자신은 스스로의 뜻대로 행하지 아니한다고 말씀하셨습니다(요 6:38). 그러므로 하나님의 뜻을 행하겠다는 결단이 서 있느냐 없느냐에 따라서 하나님의 뜻을 알게 된다는 것이지 호기심이나 다른 동기로 하나님의 뜻을 알고자 한다면 헛된 일이라는 것입니다.

반복해서 말하지만 사람들이 하나님의 뜻을 발견치 못하는 것은 하나님께서 뜻을 보여 주지 아니하시기 때문이 아니고 뜻에 순종하고 작정을 못하고 있는 까닭인 것입니다.

사람들이 자기의 뜻을 따르거나 자기의 영광을 구하고자 하는 한 결코 최종적인 구원은 얻을 수 없습니다. 그들은 어떻게 해야 구원을 얻을 수 있는지-자신을 낮추어야 하고, 죄인임을 자백해야 하고, 자기는 전혀 공로가 없지만 그리스도의 십자가 공로로 구원을 얻을 수 있다는 사실-를 알고 있습니다. 그래서 구원을 얻게 됩니다.

그러나 우리보다 지혜가 한 수 위인 사탄은 그 다음 단계에서 구원받는 신자들을 걸고넘어집니다. 사탄은 새로 크리스천이 된 사람은 성령 충만에 대해 듣도록 기다립니다. 그리고 성령 충만을 받게 되면 자신이 얼마나 멋진 크리스천이 될 수 있는가를 깨닫게 해 줍니다. 즉 성령 충만을 받게 되면 방언을 말하거나 예언을 하게 되고 나아가 놀라운 기적까지 행할 수 있다는 사실을 알게 해 준 다음 이것을 주위의 사람들에게 나타내 보이도록 유도합니다. 그리하여 자기가 스스로 영광을 취하도록 요구합니다. 이것이 사탄이 우리를 미혹하는 방법입니다.

다시 말하면 사탄은 한 영혼이 구원받는 일을 끝까지 방해하다가 실패하면 다음 단계에서 그를 넘어지도록 훼방하는 것입니다. 즉 사람이 성령 세례를 받아 은사를 갖게 한 다음 그것을 자기 영광을 위해 사용하도록 꾀는 일인 것입니다. 사탄은 이와 같은 장난을 오랜 옛날부터 해오고 있습니다. 모세 시대에는 발람을 통해서, 사도 시대에는 아나니아, 삽비라, 마술쟁이 시몬을 통해서, 사도 요한의 시대에는 아시아에 있는 교회를 통해서(계 2:14) 그와 같은 장난을 해왔습니다. 성경에는 이와 같은 자들에 대한 많은 경고가 있습니다. 예수님은 이들을 가리켜 '양의 옷을 입은 이리떼'들이라 칭하였고 "나더러 주여 주여 하는 자마다 천국에 들어갈 것이 아니라 하나님의 뜻대로 행하는 자라야 한다."라고 경고하셨습니다. 그러므로 진정한 크리스천이라면 쉽거나 어렵거나 간에 하나님의 뜻이면 순종하고 그에게만 영광을 돌려야 하는 것입니다.

　그러나 복주 자매, 교회 안에서도 하나님께 순종하며 온전히 몸을 바치는 크리스천을 찾기란 얼마나 어려운지요? 그때문인지 오늘날 많은 사람들이 예수를 믿으면 반드시 눈에 보이는 어떤 축복을 받을 것이라고 잘못 생각하는 것을 봅니다. 그래서 어디를 가나 "예수를 믿으십시오. 그러면 축복을 받을 것입니다."라는 설교를 자주 듣게 됩니다. 그러나 예수님께서는 뭐라고 말씀하셨나요? 과연 당신을 믿으면 축복만을 받게 된다고 하셨나요? 마태복음 11장 29절을 보십시오. 예수님께서는 누구든지 당신께로 가면 편히 쉴 수 있다고 하셨습니다. 하지만 그 다음에 나오는 말씀을 보십시오. "나의 멍에를 메고."라고 하십니다. 멍에란 우리의 자유를 구속하는 도구를 말합니다. 그래서 우리가 어디로 가고 싶어 하면 붙들어 못 가게 잡아 주는 역할을 합니다.

예수를 믿게 되면 바로 이와 같이 된다는 말입니다. 우리가 예수를 믿게 되면 예수님이 주는 짐을 지어야 하고 순종의 책임의 멍에를 메야만 합니다. 그래서 우리가 사람들을 주님께로 초대할 때 예수를 믿으면 성령을 받고 축복을 얻게 된다고만 말하면 안 될 것입니다. 예수를 믿는다는 것은 자기를 위하여 사는 삶을 포기하고 철두철미하게 하나님을 위하여 사는 그리스도의 군병이 된다는 사실을 아울러 말해 주어야 합니다. 예수님은 우리가 다른 사람을 위해 기꺼이 십자가를 질 수 있어야 한다고 하셨고 하나님께서 자신을 이 땅에 보내신 것같이 우리를 이 세상에 보내신다고 말씀하셨습니다.

우리가 크리스천이 되기 위해 세례(침례)를 받는 것은 그때부터 자기(육신의 즐거움 또는 안일한 생활)를 포기하고 죽을 때까지 그리스도의 군병과 하나님의 종이 되기를 자신에게 약속 즉 서약하는 것을 말합니다. 그리고 우리가 선서나 서약을 하게 되면 반드시 거기에 따르는 본분이 주어집니다. 그러므로 크리스천의 본분은 하나님의 종이 되는 것과 그리스도의 군병이 되는 것입니다.

복주 자매, 내가 이 편지를 쓰고 있는 이곳은 버지니아주인데 미국에서 영웅으로 통하는 로버트 리(General Lee) 장군이 이곳 출신입니다. 그는 말하기를 본분을 다하는 것이 우리가 해야 할 가장 숭고한 일이라고 했습니다. 그래서 그는 부하들에게 늘 말하기를 "당신은 본분만 다하면 됩니다. 본분이란 더 하지도 덜 하지도 못하지만 반드시 해야 하는 것입니다."라고 했습니다. 또 영국이 자랑하는 위대한 인물 세 사람, 헨리 로렌스 경, 넬슨 경, 고든 장군들도 모두 본분을 다한 인물들로 유명하며, 영국 성공회가 배출한 가장 훌륭한 지도자 찰스 킹슬리 신부는 말하기를 "우리가 세계를 재생시킬 수 있다면 그것은 각자가 본분을 다하는 일이다."라고 가르쳤습니다.

그런데 여기서 우리가 알아야 할 것은 본분이란 우리 스스로 만들어 내는 것이 아니고 우리가 군인이라면 대장에게서, 대사이면 대통령에게서, 종이면 주인으로부터 주어진다는 사실입니다. 우리의 주인은 누구입니까? 그리스도입니다. 그분이 우리에게 부여한 본분은 무엇입니까? 자기를 포기하고 하나님의 뜻을 따르라는 것입니다. 물론 나는 이 본분을 다하는 것이 얼마나 어려운가를 알고 있습니다. 더구나 오늘날처럼 누구나 쉽게 안일하게 편안하게 살아가고자 하는 세상풍조가 교회에까지 흘러들어와 있으니 충분히 이해하고도 남습니다. 최근 미국에서 이와 같은 세상 풍조를 꼬집은 만화 한 토막이 있었습니다.

그것은 한 쌍의 청춘남녀 결혼식을 집전하는 목사님이 신랑, 신부에게 서약을 다짐하는 장면을 보여 주고 있었는데 목사님의 질문이 걸작입니다. "신부 ㅇㅇㅇ양, 당신은 어떤 어려운 일이 두 사람을 갈라 놓을 때까지 이 사람을 당신의 남편으로 순종하고 따르겠습니까?"라는 내용이었습니다. 물론 그 목사님은 죽음이 두 사람을 갈라 놓을 때까지라고 했어야 할 것을 만화가가 바꾸어 놓은 것입니다.

오늘날 세상은 그리스도의 신부인 크리스천들에게도 이와 같은 서약을 하도록 요구합니다. "신부 크리스천 양, 당신은 어떤 고난과 핍박이 당신 두 사람을 갈라놓을 때까지만 예수 그리스도를 당신의 남편으로 순종하고 따르겠습니까?"라고 말입니다. 비극적인 것은 여기에 "예"라고 대답하는 크리스천 양이 늘어 간다는 사실입니다.

복주 자매, 지금까지 왜 친구들이 하나님의 뜻을 알지 못하고 방황하는지 물어본 당신의 질문에 대강 대답해 보았습니다. 사람들이 하나님께 자신을 내어 맡기고 맡긴 대로 따라가기만 하면 하나님께서는 뜻도 보여 주시고 그 뜻대로 인도해 주시기도 합니다. 그러므로 사람들은 단지 맡기기만 하고 그 다음 두 마음을 품지 말게 해달라고 성령의 도우심만 구하면 됩니다. 이런 사람만이 하나님의 뜻을 알고 시험과 환란을 승리로 바꾸어 쟁취하며 하나님께 영광을 돌리게 되는 것입니다.

산골짜기에서 온 편지

순종의 자세와 하나님의 뜻

　신부님, 이전에도 저희가 한번 여쭤 보았던 문제인데 "우리가 어떻게 하나님의 뜻을 알 수 있는가."에 대해 답해 주시기 바랍니다. 하나님의 뜻이라면 무엇이든지 다 순종하기를 원할 뿐입니다. 그리고 한 가지 더 알고 싶은 것은 우리 같은 평신도들도 신유의 사역에 동참할 수 있느냐는 점입니다. 그리고 이런 일을 주위의 크리스천들에게도 요구하는 것이 타당한가도 알고 싶습니다.

－ 인호와 윤미 올림

　사랑하는 인호와 윤미 양에게.
　나는 지난번 편지를 쓴 이후로 당신의 가장 중요한 질문인 "어떻게 우리가 하나님의 뜻을 알 수 있는가."라는 질문에 대답하지 못한 것이 마음에 몹시 걸렸었습니다. 그런데 당신이 다시 편지를 써서 다른 문제들뿐만 아니라 그 문제를 다시 한번 제기해 주어서 매우 기뻤습니다. 그리고 나의 아내 제인에 대한 당신의 친절한 말에 감사드립니다. 당신들이 깨닫고 있는 것보다 더 많은 주님의 빛이 당신과 윤미 양으로부터 빛나고 있음을 나는 확신합니다(만일 당신들이 그것을 안다고 하면 분명히 자신감이 넘쳐나게 될 것입니다). 당신이 그때 보내 주신 수표는 고맙게 받았습니다. 바로 그날 우리는 최악의 상태를 맞았었으나 주님께서는 다시 한번 멋지게 일을 행하셨습니다. 주님은 늘 그렇게 역사하시지요. 우리가 최악의 상태를 당한다는 것은 결과적으로 볼 때는 또 하나의 기적을 맞이하게 됨을 의미한다고 할 수 있습니다.

그날 이곳에는 약 3피트 가량의 눈이 쌓여서 마을로부터 우리 예수원까지 어떤 차도 운행할 수가 없었습니다. 사실 고속도로에서조차도 그다지 많은 차량들이 주행하지 않고 있었습니다. 그러나 우리 예수원에 머무시는 손님들은 남아 있는 땔감이 다 떨어지기 전에 연탄을 실은 트럭이 틀림없이 도착할 것이라는 믿음을 가지고서 마을까지의 길 위의 눈을 모두 치워 주었습니다. 사실 트럭은 그 전날 우리가 마지막 땔감을 태우고 있을 무렵 마을에 도착하였습니다. 그리하여 우리가 길 위의 눈을 끝까지 다 치워 버리고 트럭이 지나가도록 모래를 뿌려 놓자, 트럭 운전사는 사실상 몹시 겁이 나 있었으나 그래도 열심히 눈을 파헤치고 미끄러운 길 위에 재를 뿌리면서 약 한 시간 가량 고생한 끝에 결국 우리에게 도착하고야 말았던 것입니다. 우리는 어두워질 무렵까지 연탄을 차에서 내려 놓았고 곧 운전사는 헤드라이트를 켜고 다시 떠나갔습니다.

그리고 그 다음부터 다시 눈이 매 시간 1인치 정도로 내려 소복이 쌓여가고 있었고 라디오에서는 이번에도 폭설일 것이라고 예보하고 있질 않았겠습니까. 주님을 찬양합니다! 주님께서는 우리의 땔감이 다 떨어진 마지막 날, 눈길을 뚫어 주시고서 우리에게 연료를 가져다 주셨던 것입니다. 나는 기꺼운 마음으로 그 운전사에게 물건 값을 지불하고, 또 그가 알면서도 죽음을 무릅쓰고 이곳까지 와 준 것이 고마워 보너스를 톡톡히 주었습니다. 그래서 그날 송 형제가 시장에 갈 때에는 있는 돈, 없는 돈을 다 긁어모아야 했습니다. 때로는 약간 괴롭기도 하지만, 바로 이런 때야말로 40년 동안 이스라엘 백성을 광야에서 이끌어 내신 그 동일하신 하나님에 대해 배우게 되는 귀하고도 놀라운 시간이라고 생각합니다.

나는 당신이 감정상의 문제로 고민하지 않는 것을 기쁘게 생각합니다. 예레미야 17장 9절에 보면 만물보다 거짓되고 심히 부패한 것은 마음이라고 경고하고 있습니다. 감정은 인간을 우롱할 수도 있습니다. 우리는 하나님을 그의 말씀으로 받아들이고 그에 따라 행동하고 무슨 일이 일어나는지 바라보는 법을 배워야 합니다.

이와 동일한 원칙이 하나님의 뜻을 발견하는 데도 적용됩니다. 우선 첫 단계는 순종을 실천에 옮기는 일입니다. 하나님은 그에게 순종하는 자에게 그의 뜻을 보여 주십니다. 즉 이것은 항상 하나님께 순종하는 자에게는 하나님이 항상 그의 뜻을 밝혀 보여 주신다는 것을 뜻합니다. 요한복음 7장 17절과 야고보서 1장 5절 말씀은 우리가 순종하고자 결단을 내리기만 한다면 하나님께서 우리로 그 뜻을 알기를 원하시고, 또 그것을 알도록 만들어 주실 것이라고 확신 있게 우리에게 말해 주고 있습니다.

만약 어떤 사람이 '그럼 나는 하나님의 뜻이 무엇인지를 알게 되어서 만약 그것이 내 마음에 드는 일이라면 그 일을 하겠습니다.'라고 생각한다면 그는 결코 아무것도 알게 되지 못할 것입니다. 이에 대해서는 야고보서 1장 6절이 잘 말해 주고 있습니다.

당신은 하나님 앞에 무조건 백지 수표를 내어드리고서 "하나님, 그 일이 어떤 일이든 간에 당신의 도우심을 힘입어서라면 행하겠습니다."라고 고백해야 하는 것입니다. 우리가 그런 자세를 가지게 될 때만이 (그리고 이런 자세는 누구든지 구하기만 하면 하나님께서 주십니다. 눅 11:13) 그는 우리로 하여금 그의 뜻을 알게 하시려고 많은 방법을 강구하시는 것입니다. 때로는 꿈이나 환상으로, 때로는 성경 말씀으로, 그리고 대개가 일반적인 지각이나 예감으로 알려 주십니다.

　우리에게 정말 필요한 것은 하나님의 음성을 듣는 것과 또 그것에 순종하는 실천의 자세입니다. 우리는 아주 작은 사소한 일까지라도 그의 인도하심을 구하는 습관을 형성하는 것이 필요합니다. 일상적으로 하루의 아침을 시작하는 데서부터 그날의 일을 진행하면서도 항상 그래야 하는 것입니다.

　대개의 경우 무슨 일을 해야 할지 알게 하는 것은 우리의 일반적인 지각을 통해서이며, 하나님도 우리의 이 지각을 사용하신다는 것을 확실히 알아야 합니다. 그런데 가끔씩 우리는 사람이나 물건이 작용하지 않는 어떤 강한 예감을 느낄 때가 있는데 이것은 하나님에게서 오는 것임을 알 수 있습니다. 왜냐하면 그는 우리에게 지혜를 주시겠다는 약속을 하셨기 때문에 우리가 그것을 주장할 수 있는 까닭입니다.

　그리하여 우리가 하루하루를 지날 때에 그런 계획이 하나님으로부터 온 것이지 자기 자신의 계획이 아님을 믿게 되고 그로써 순종의 훈련이 이루어지게 됩니다. 우리는 하루에 12번이라도 시험을 당하게 되고 그렇게 되면 처음에는 "아, 그것은 바로 내 탓이야."라고 말할 것입니다. 그러나 시간이 지나 경험이 쌓이면 그것이 하나님의 뜻인지 마귀의 뜻인지를 분별하는 법을 곧 배우게 될 것입니다. 마귀는 당신으로 하여금 꼭 나쁜 일만을 하도록 꼬이지는 않습니다.

　만약 그렇게 하는 데 실패한다면 당신으로 좋은 일을 하도록 설득하려고 시도합니다. 마귀의 계략은 당신으로 하여금 하나님께서 하라고 명하시지 않은 일들 중에서 어떤 좋은 일을 하라고 속삭여 주는 것입니다. 그렇게 되면 그 일로 인해 하나님께서 당신에게 하라고 하신 일을 하는 데는 방해가 되어 엉망으로 되어 버리고, 늘 시간이 어긋남으로써 때로는 당신이 도와 주려고 생각했던 사람들에게도 좋지 않은 결과를 초래할 수 있기 때문인 것입니다.

그럼 이제는 다른 문제로 넘어가 보도록 하지요. 병 고치는 사역에 대한 저의 견해는 다음과 같습니다.

당신은 성령을 간구하여 왔으므로 당신에게서 성령의 은사가 흘러넘쳐남을 알고 놀라지 않으실 것입니다. 따라서 주님께서는 당신도 병 고치는 사역을 실제로 행할 기회를 주실 것입니다. 그것은 우선 한 집안의 가장은 자신의 가족들을 위해 병 낫기를 기대하면서 안수하여 기도하는 것이 매우 정상적인 일이기 때문이지요. 우리 자녀들도 아버지의 기도가 그들을 다 병 낫게 할 수는 없다는 세상의 말을 듣기 전까지 수년간 그렇게 기도로 고침 받는 생활을 잘 해왔습니다.

그 후 그 애들이 나이가 들어가자 나는 그들에게 기도를 받고 병이 낫든지, 아니면 의학적 치료를 받고 어떤 병이 낫든지 둘 중의 하나를 선택하도록 선택권을 주어 왔고, 그들은 늘상 기도 쪽을 택해 왔답니다. 그리고 하나님은 항상 그 기도에 응답해 주셨지요! 그러나 우리는 그것에 대해 완고한 입장이 아니어서 만약 하나님께서 우리로 의학적 도움을 이용하라고 말씀하시는 것 같은 때엔 기도와 함께 의학의 도움을 입곤 합니다.

만약 당신께서 정규적인 기도 모임에 참석하신다면, 말할 것도 없이 당신은 그곳에서 신유의 사역을 함께 나눌 수 있는 기회를 갖게 될 것입니다. 정기적으로 신유 예배를 드리는 교회가 있다면, 당신은 목사님에게 예배 시에 모두가 함께 병든 자들에게 손을 얹고 기도하는 데 참여하도록 하자고 제의할 수도 있습니다. 내가 한국에 오기 전에도 우리가 아는 성공회 교회들의 거의 절반 가량이 그런 류의 신유 예배를 매주 실시하고 있었는데, 대부분의 경우 평신도들도 그런 방법이나 그 밖의 방법으로 남을 돕도록 권유받고 있었음을 기억합니다. 우선 처음에는 어디서고 현재 하고 있는 방식에 자신을 적응시키도록 해보십시오. 그러면 시간이 지나감에 따라 주님은 그와 함께 당신의 걸음을 인도하여 주실 것이고, 하나님이 당신에게 그런 면에 좀더 광대한 일을 계획하고 계신지 아닌지도 보여 주실 것입니다.

당신의 질문에 있어서 마지막 요점은 그 일을 과연 여태껏 그랬듯이 앞으로도 혼자 힘으로 해내야 하는가에 대해서입니다. 편지 중에 당신은 "하나님은 우리가 어떤 지역 내의 크리스천들과 관계를 갖고자 하여 어떤 시도를 해온 것을 별로 좋아하시지 않았던 것 같아요. 주님은 우리가 쉬고서 잠시 동안은 주님하고만 교제하기를 원하시는 것 같습니다. 그런 일이 가능한가요?"라고 물으셨습니다. 대답은 그렇다고 할 수 있습니다. 적어도 잠시 동안은 있을 수 있는 일입니다.

아마도 당신은 자신의 무거운 짐을 동료 크리스천들에게 너무 많이 떠맡기고자 하는 것일지도 모르지만, 그렇게 하기에는 그들의 신앙이 너무 약합니다. 그래서 주님은 당신이 당신 자신의 무거운 짐을 모두 다 주께 내맡기기를 원하시며 주를 의지하는 것을 배워, 주 안에서 강해지기를 원하시는 것입니다. 이렇게 함으로써 당신도 믿는 형제, 자매들에게 돌아가서 그들을 의지하는 자가 아니라, 오히려 그들이 의지할 수 있는 기둥으로서의 역할을 감당할 수 있는 것입니다.

제인과 나도 처음 한국에 왔을 때 바로 이런 경험을 했었지요. 우리는 미국을 떠나기 바로 전에도 성령 충만한 모임들에서 그와 같은 아름다운 교제를 맛보아 왔기 때문에 주님께서 그와 같은 기도모임을 한국에서도 좀더 많이 예비해 놓으셨을 거라고 기대했었습니다. 그러나 그렇지가 않았습니다. 얼마 후에 서울에서 그런 기도모임들이 비로소 막 피어나기 시작할 무렵 우리는 예수원에서 그것을 이미 이루어 놓고 있었던 것입니다.

마지막으로 당신이 아주 경계해야 할 사항이 하나 있습니다. 마귀는 주님께 아주 잘 의지할 줄 아는 사람을 두려워하여 어찌하든지 그들로 기도모임을 통해 더 많은 도움을 요하는 다른 크리스천들을 멸시하도록 하게끔 하여, 교만하고, 자만에 차서 부주의하게 만들고자 갖은 애를 다 씁니다.

우리는 절대로 다른 사람들과 자신을 비교해서는 안 되고, 오직 하나님께서 우리에게 기대하시는 바의 것과만 비교해야 됩니다. 만일 하나님께서 다른 사람들보다 내게 더 많은 것을 기대하신다면 나 자신에게는 좀 힘들겠지만 그래도 주님은 우리가 겸손해져서 감사하게 되기를 원하시는 것입니다.

산골짜기에서 온 편지

기독교인의 삶의 단계

신부님, 제 친구 중 한 사람이 얼마 전에 우리 교회를 떠나서 다른 교회로 갔는데 그의 말인즉, 교인생활의 초보교육만 여러 해 동안 받았으니 이젠 다음 단계를 가르치는 교회로 가야겠다는 것이었습니다. 신부님, 기독교인의 삶에는 몇 가지 단계가 있습니까? 그리고 자기 교회를 떠나지 않고도 다음 단계로 올라갈 수는 없는 것인가요?

　　　　　　　　　　　　　　　　　　　－유찬국 올림

사랑하는 찬국 형제께.

당신의 편지와 좋은 질문을 해 주신 것에 먼저 감사합니다. 그리스도인의 삶에 과연 몇 가지 단계가 있는지 알고 있는 사람이 있을까요? 아마도 없을 것입니다. 나는 예수님의 학교에 벌써 60년이 넘게 다녔습니다만 아직도 졸업은 멀고 먼 것 같습니다. 그렇다고 실망하지는 않습니다. 나는 졸업을 목적으로 그리스도를 공부하는 것이 아니라 예수님을 위한 병정으로서, 또 일꾼으로서 나 자신을 닦기 위해서 또 거기서 즐거움을 얻기 위해서 그리스도를 배우기 때문입니다.

한국말에는 '온전', '완전'이라는 말이 여러 가지 뜻으로 두루 사용되는데 영어에서는 보통 각기 다른 퍼펙트(perfect), 컴플리트(complete), 또는 풀필드(fulfilled) 등으로 구별해 사용하고 있는 것을 볼 때 무척 재미있습니다. 이 점에서 보면 한국말은 텔로스나 텔레오스라는 뜻을 가진 헬라어와 좀더 유사한데 이는 여러 가지 의미를 가졌을 뿐 아니라 가장 중요한 의미인 '성숙한'이란 뜻도 갖고 있습니다(히 5:14; 고전 14:20 참조).

영어로 퍼펙트라는 말은 텔레오스의 가장 일반적인 번역인데 '온전한'이라는 의미를 지니고 있습니다. 그리고 이 퍼펙트라는 말은 성서가, 그리스도인이 '온전 무죄'하게 즉 영어로 말하자면 완전 무죄하게 될 수 있다고 가르치고 있느냐 아니냐 하는 아무 소용도 없는 논쟁을 일으킨 적도 있습니다. 히브리서 10장 14절은 그리스도의 희생이 단번에 우리를 성스럽고 영원히 완전하게 했다고 가르칩니다. 만일 이 말의 뜻이 하나님께서 그리스도 안에 있는 우리를 완전하고 흠 없는 사람으로 보신다는 것이라면 그것은 성서의 나머지 부분들과도 일치합니다. 그러나 만일 그것이 우리가 이미 목표에 도달했다거나 또 더 이상 자랄 것이 없다는 것을 뜻하는 것이라면 그 뜻은 성서의 나머지 부분들과 일치하지 않습니다. 그렇게 되면 우리는 졸업을 하게 되고 더 이상 예수님에 대해서 배울 필요가 없는 것입니다(고전 14:31 참조).

히브리서에서도 역시 예수님을 우리 믿음을 "온전케 하시는 이"(히 12:2)라고 부릅니다. 여기서 '하신'이 아니라 '하시는'이라는 데 주위를 기울여야 합니다. 그는 계속 끊임없이 우리의 믿음을 키워 주십니다. 그는 어떻게 이 일을 할까요? 요한복음 16장 13절을 보면, 성령을 보내시어 모든 진리 속에 우리를 인도케 하신다고 되어 있습니다. 그는 '보여 준다'고 말하지 않고 '인도한다'고 말합니다. 이것은 우리가 그 인도함을 따라가고 또 경험을 통해 배우면서 그와 함께 한걸음씩 나아간다는 것을 의미합니다. 사도 바울은 그가 경험에서 배운 것들을 말합니다(빌 4:11~13). 텔레오스(온전, 완전)라는 말의 근원이 되는 헬라어는 텔로스인데 그것은 마태복음 10장 22절에서는 '나중'으로, 마태복음 26장 58절에서는 '결국'으로(벧전 1:9) 또 디모데전서 1장 5절에서는 '목적'으로 번역되었습니다. 이 모두 우리 말 표현에서 공통되는 뜻은 시간이 걸려야 이루어진다는 것입니다. 완전하기 위해서는 시간이 걸리는 여러 과정들을 거쳐야 한다는 뜻을 내포한 또 다른 한국말은 '이루다'입니다. 그리고 이 말은 요한복음 4장 34절, 5장 36절, 17장 4절, 19장 28절, 19장 30절에서 볼 수 있습니다. 이 같은 말들은 모두 똑같은 헬라어에서 나왔는데 사도행전 20장 24절에는 '마치다'로 번역되어 있습니다. 또 빌립보서 3장 12절과 15절에도 나옵니다.

그러므로 우리는 첫 단계에서 둘째, 셋째 단계로 옮겨갈 것을 기대해야 하며 또 그리스도인의 삶은 계속 앞으로 전진하는 것이 정상인 것입니다. 그렇다면 그 길은 교회를 바꾸는 데에 있을까요?

초보적 단계의 그리스도인은 먹이를 얻기 위해 교회를 갑니다. 그러나 성숙과 성장했다는 데 대한 표시 중의 하나는 우리가 스스로 우리 자신을 먹일 수 있다는 것입니다. 양치기가 양을 먹이는 것은 아닙니다. 그는 단지 양들을 좋은 풀밭으로 이끌어 갈 뿐입니다. 어미 양은 새끼 양을 먹입니다. 그러나 새끼 양들도 젖을 떼게 되면 스스로 자기 먹이를 찾아 먹어야 합니다. 히브리서 5장 14절에 보면 그리스도인은 이유기를 지나면 스스로 먹이를 찾는 단계로 옮겨가야 한다는 것을 알 수 있습니다. 그렇다면 이제 그리스도인이 스스로 자기 먹이를 찾아 먹을 수 있게 되었는데 무엇 때문에 계속 교회를 다녀야 하는 것일까요?

여기서 우리는 오늘날 교회의 가장 중대한 문제에 뛰어들게 됩니다. 대부분의 사람들은 교회를 가르치는 조직이라고 생각합니다. 여기 한국에서는 '처치'(church)에 대응하여 '교회'라는 말을 사용하는데 이것이 잘못 되었다는 것은 이미 내가 얘기한 바 있습니다. 우리는 '교회(教會)' 대신에 '교회(交會)'라는 말을 써야 합니다. 그 이유는 교회의 주된 목표는 교제를 나누게 하는 것이기 때문입니다. 헬라어로 코이노니아(koinonia)는 그리스도의 몸 안에서 이루어지는 하나님과의 만남, 서로 간의 만남, 즉 친교(fellowship)를 뜻합니다. 성서에서 보면 교회를 결코 학교라고 부른 적이 없습니다. 몸, 왕국, 신부라고 부르고 있습니다. 몸 안에 있는 세포들은 서로 긴밀한 연관을 갖고 있습니다. 서로 먹고 먹이는 것도 그중의 한가지입니다. 그러나 그 몸이 먹기만 하고 다른 것은 아무것도 하지 않는다면 어떻게 되겠습니까? 그건 정말 큰일입니다. 사람이 뚱뚱하다 해서 반드시 건강하다 할 수 없듯이 비대한 교회가 반드시 건전한 것이라는 법도 없습니다. 건강한 신체는 머리가 하라고 지시하는 일을 하며 건강한 교회는 그의 머리인 그리스도가 시키는 일을 하는 것입니다. 그 일은 -비록 어렵다 할지라도- 그리스도가 세상에 계실 때 고난을 당하는 가운데서 기적을 행하고 가르친 바와 같이 고난을 당하셨던 바로 그대로 이 세상에서 따라 하는 것입니다.

우리는 왜 교회에 갑니까? 하나님께 예배를 드리기 위해서, 신앙심을 고무하기 위해서, 세상에 대한 우리의 기여를 계획하기 위해서, 크리스천들과의 교통으로부터 힘을 얻기 위해, 그리고 될 수 있다면 교사로부터 얼마간의 가르침을 받기 위해서 교회에 갑니다. 에베소서 4장 11절에 보면 교회에는 교사들을 위한 자리가 있다는 것이 분명합니다. 그러나 마찬가지로 그 동일한 절에서 교회에 대한 하나님의 계획에는 가르치는 것 외에도 네 가지 다른 중요한 임무가 있다는 것이 명백히 표현되어 있습니다. 사람은 선생으로부터만 배우는 것이 아니라 성령으로부터, 또 서로서로에게서도 배우는 것이 분명합니다. 예를 들어 요한복음 14장 26절에 보면 "보혜사 곧 아버지께서 내 이름으로 보내실 성령 그가 너희에게 모든 것을 가르치시고."라고 기록되어 있으며 히브리서 8장 11절(예레미야의 새 언약의 예언을 인용하면서)에도 "또 각각 자기 나라 사람과 각각 자기 형제를 가르쳐 이르기를 주를 알라 하지 아니할 것은 저희가 작은 자로부터 큰 자까지 다 나를 앎이니라."라고 쓰여 있습니다.

또한 히브리서에서도 이러한 젖을 먹는 크리스천들은 초보단계에서 배우기만 할 것이 아니라 다른 사람들을, 즉 비기독교인들을 가르칠 수 있을 정도로 다 성장해야 한다고 말합니다(히 5:12). 그리고 요한일서 2장 27절은 "너희는 주께 받은 바 기름 부음(성령)이 너희 안에 거하나니 아무도 너희를 가르칠 필요가 없고 오직 그의 기름 부음이 모든 것을 너희에게 가르치며 또 참되고 거짓이 없으니 너희를 가르치신 그대로 주 안에 거하라."라고 말합니다. 그렇다면 성령은 어떻게 우리를 가르칩니까? 그것은 우리들이 성경을 깨닫도록 도움으로써, 우리 경험을 깨닫도록 서로를 가르치도록 도움으로써 우리를 가르칩니다. "그리스도의 말씀이 너희 속에 풍성히 거하여 모든 지혜로 피차 가르치며 권면하고…"(골 3:16).

서로를 가르치려면 우리가 작은 집단으로 모여서, 혹은 집에서 만나서 서로 성경에 대한 자기의 이해와 하나님의 은총에 대한 경험을 같이 나누는 것이 중요합니다. 여기에서 몸은 성숙하게 되고 그리스도에게로 자라게 됩니다(엡 4:15). "그에게서 온 몸이 각 마디를 통하여 도움을 입음으로 연락하고 상합하여 각 지체의 분량대로 역사하여 그 몸을 자라게 하며 사랑 안에서 스스로 세우게 됩니다"(엡 4:16). 성서는 우리가 자라야 하고 성숙해져야 하며 하나님의 목표와 우리 자신의 목표를 실현해야 하며 또 첫 번째 단계로부터 두 번째 단계, 세 번째 단계로 계속 전진해야 한다는 것을 매우 강조하고 있습니다. 단계에 대해서 말하는 데 단 한 가지 곤란한 점은 우리는 대개 책으로부터 공부하고 또 교사의 말을 수동적으로 듣는 아이들을 생각하게 된다는 것입니다. 그런데 신학은 문학이나 혹은 역사, 또 수학과는 달리 단순히 책에서만 배울 수는 없다는 사실을 명심해야 합니다. 신학은 일종의 과학이라 할 수 있습니다. 그래서 그것은 실험실에서 배워야만 합니다.

아마 이 주제에 대해서 전에 내게서 들은 적이 있을 겁니다. 그것은 우리 예수원의 중요한 명제입니다. 나와 내 아내가 예수원을 시작한 것은 사람들이 와서 신학을 배울 수 있는 실험실을 만들기 위함이었습니다. 그러나 불행히도 예수원을 찾는 사람들 대개가 너무 성급합니다. 그들은 몇몇 강의만 듣고는 집으로 돌아가고 싶어 합니다. 그런 식으로 과학을 배울 수는 없습니다. 개중에는 기도를 받고, 또 하나님께서 뭔가 해 주신다면 실험 경험을 갖게 되고 또 정말로 무언가를 배울 수도 있겠으나 이런 것은 과학 실험실에서 한 가지 실험을 하고 전 과정을 다 마쳤다고 생각하는 것과 다를 바 없다고 하겠습니다. 과학을 완전히 마치기에는 여러 해가 걸리고 또 수많은 실험을 해야 합니다. 예수원에서의 기본 수련 기간이 2년 3개월인 것은 바로 이러한 이유 때문입니다. 이 과정을 완전히 이수한 사람들은 예수원 공동체의 정식 회원으로 가입할 수 있으며 계속 그들 스스로 배우면서 다른 사람들을 가르치기 시작합니다.

완전한 과정이란 무엇입니까? 그것은 물론 전 생애에 걸쳐 지속됩니다. 그러나 그것은 이러한 세 가지 다른 실험들 즉 첫 번째로 하나님과 각자의 관계에 대한 실험, 두 번째로 각개 크리스천의 동료 크리스천들과의 관계에 대한 실험, 그리고 세 번째로 크리스천과 그의 동료 크리스천의 세상에서의 활동에 대한 실험입니다.

첫 번째 단계에서 크리스천은 기도하는 법, 그리고 어떻게 말씀에 귀기울이는가를 배워야 합니다. 그는 하나님께 얘기할 수 있어야 하며 하나님의 말씀을 듣고 순종할 수 있어야 합니다. 우리는 창세기부터 계시록까지 전 성서를 알 수 있습니다. 그러나 만일 순종할 줄 모른다면 그것은 아무것도 모르는 것과 다를 바 없습니다. 예수님께서는 "나더러 주여, 주여 하는 자마다 천국에 다 들어갈 것이 아니요, 다만 하늘에 계신 내 아버지의 뜻대로 행하는 자라야 들어가리라"(마 7:21)라고 말씀하셨습니다. 하나님의 뜻을 알 수 있는 길은 무엇입니까? 예수님께서는 또 역시 "사람이 하나님의 뜻을 행하려 하면 이 교훈이 하나님께로서 왔는지 내가 스스로 말함인지를 알리라"(요 7:17)라고 말씀하셨습니다. 우리는 정말로 우리가 하나님의 뜻을 완전히, 전적으로 행하기를 원하는지 알아야 합니다. 그리고 우리는 오직 어려운 삶의 압박 속에서만 그것을 알 수 있습니다. 우리가 핍박당하고 오해하고 배신당하며 아프고 고통받을 때 우리는 그것을 모두 기쁨으로 여기고자 합니까? 그리고 우리 원수를 사랑하고 용서하며 우리를 해치는 자에게 선을 행하기 원합니까? 오로지 우리 마음이 하나님의 뜻을 행하기로 또 그의 계명을 따라 살기를 작정해야만 비로소 우리는 그 뜻이 무엇인지, 그리고 그것을 어떻게 우리에게 적용하는지 알 수 있는 것입니다.

종종 즐겨 기도하고 성경을 읽으며 자신이 주님을 사랑하고 또 그의 뜻을 행하기를 갈망하며 그의 뜻이 무엇인지 알고 행하고 있다고 확신하고 있는 기독교인들을 보게 됩니다. 그러나 이 사람들이 성숙 단계가 다른 여러 크리스천들과 함께 공동체에서 살게 되면 그들을 시험해 볼 수 있습니다. 우리가 동료 크리스천들을 사귀며 지내는 것이 고작해서 기도회에서, 교회에서 일주일에 몇 시간 정도 같이 지내거나 서로 옆에 앉아서 강의를 듣는 정도라면 이보다 쉬운 일은 없다 하겠습니다. 그렇지 않고 함께 자고 먹고 일하고 그들과 하루 24시간 일주일 내내 몇 달씩 견뎌 낸다는 것은 결코 쉬운 일이 아닙니다. 우리가 사생활을 가질 수 없고 시간까지도 포함하여 모든 것을 나누어야 한다면 그 즉시에 그리스도인의 생활은 견딜 수 없이 어려워 보이고 아주 많은 사람들은 보다 쉬운 길을 찾아 나설 것입니다. 그러나 이것이 바로 그 교회가 그렇게 효과적이었던 이유입니다(행 4:32, 34절을 5:12, 42절과 비교하십시오). 그리고 이것이 바로 우리가 성령을 받는 이유입니다.

단순히 우리가 성령 안에서 기도할 수 있도록 하라는 것뿐만은 아닙니다. 단순히 우리가 아픈 자를 치료할 수 있도록 하자는 것뿐만이 아닙니다. 우리가 우리의 동료 크리스천들과 마치 건강한 몸에서 세포가 서로 함께 일하듯이 긴밀하고 아름답게 함께 살 수 있도록 해 주기 위한 것입니다. 이것이 바로 두 번째 실험입니다. 사람들이 진지하게 이 실험을 시작하기 전까지는 성서의 3분의 2가 무의미하고 이해될 수 없습니다. 이러한 종류의 경험이 우리를 성숙한 인간이 되고 또 성령이 우리에게 가르치려고 하는 것을 알아듣도록 도와 줍니다. 사람들이 "훌륭한 사람, 정말 성인이다."라고 말하는 사람이 있으면 그분은 이 실험을 거친 사람인 줄 아십시오. 그런데 성서는 '실험실'이라는 말을 쓰지 않습니다. 성서는 이것을 불로 금을 단련시키는 '도가니'라고 부릅니다(말 3:2; 슥 13:9; 사 48:10; 고전 3:13~15; 벧전 1:7; 계 3:18). 똑같은 내용인데 좀더 강한 표현일 뿐입니다.

기독교 세계의 도처에 함께 사는 기술을 터득하고 성령이 주신 사랑으로 서로 사랑하며 훌륭한 공동생활을 해나가는 그리스도인들의 공동체가 있습니다. 그러나 그들 중 더러는 지난날 세상으로부터 너무나 많은 핍박을 받아서 오늘날에는 그들 자신만을 지키고 그들 자신의 일에만 관여하고 세상과 거의 접촉을 하지 않고 있는 곳도 있습니다. 그러나 우리는 세상으로 돌아가라는 그리스도의 명령을 받고 있습니다. 예수님께서는 "아버지께서 나를 보내신 것같이 나도 너희를 보내노라"(요 20:21)라고 말씀하셨습니다. 이것이 우리의 세 번째 실험이 됩니다. 교회와 세상, 혹은 그리스도 공동체, 코이노니아, 우애 그리고 이 세상이 바로 그것입니다. 우리는 나아가서 우리들의 공동생활의 미덕으로 세상에 효과적으로 복음을 증거할 수 있을까요? 예수께서는 왜 항상 제자들을 둘씩둘씩 보내셨을까요? 왜냐하면 두 사람이 사랑의 끈으로 함께 묶여 있고 두 사람이 성령 안에서 하나이며 그들이 가는 곳마다 예수께서 그들과 함께 하시기 때문입니다. 그런데 이것은 결혼한 한 쌍에게는 적용되지 않습니다. 왜냐하면 그들은 한 몸이기 때문입니다(마 19:5~6; 막 10:8; 고전 6:16). 공동생활은 두 쌍 이상의 부부들 사이에서 이루어져야 합니다. 예수께서는 "내가 올리어지면 모든 사람을 내게로 데려가겠다."라고 말씀하셨습니다(요 12:32). 이것은 그가 올리어진 십자가만을 두고 말하는 것이 아니라 온 세상이 보도록 그를 높이 쳐든 크리스천도 두고 말씀하시는 것입니다.

자기 자신을 높이거나 자신을 설교하거나 그들 자신에게로 사람들을 이끌어 들여 제자로 삼은 사람들이 있습니다. 그러나 진정한 예수님의 제자는 예수님의 제자를 만들고 사람들을 예수님께로 이끌며 그리고 그는 그가 개인으로서 혼자 나가지 않고 집단으로 나가기 때문에 그렇게 하게 되는 것입니다. 예수님께서는 "어디든지 내 이름으로 두세 사람이 함께 모인 자리에, 그 가운데 내가 있겠다"(마 18:20)라고 말씀하셨습니다. 성숙한 크리스천은, 결코 그 자신을 드러내거나 높이지 않고, 단지 다른 크리스천들과의 겸손한 협동에서 그리스도께 영광을 돌리고, 예수님을 높이며, 온 세상이 장차 오실 왕에게 순종하고,

돈과 시간 재능 그리고 집과 더불어 그의 동료들에게 봉사하게 되기를 바랄 뿐입니다.

　직장이나 가정 형편 때문에 예수원과 같은 크리스천 공동체에서 생활할 수 없다는 사람은 그리스도에게로 다가가기 위해 어떻게 해야 하는지 궁금하게 여기는 사람이 있을 것입니다. 명심할 것은 첫 번째 실험은 당신과 하나님과의 인격적 관계의 실험이라는 사실입니다. 그것이 힘들고 불가능하며 마음에 안 맞는 듯이 보이더라도 그 뜻을 기꺼이 행하게 해달라고 주님께 간구하십시오. 그가 당신의 아버지이며 당신이 당신 자신을 알고 있는 것보다 당신을 더 잘 알고 있으며, 당신이 당신 자신을 사랑하는 것보다 당신을 더 사랑하고 있고, 당신이 짐작조차 할 수 없이 멀리 당신의 앞길을 알고 있다는 사실을 잊지 마십시오. 이것은 그가 당신에게 행하라고 말하는 것이 무엇이든지 당신이 요구하거나 혹은 기도하는 것보다 훨씬 좋은 것이 드러나리라는 것을 뜻합니다(엡 3:20~21). 당신이 작은 일에서 매일 순종을 실행할 때(마 25:21~23), 그는 당신을 더 큰일에도 이끌어가기 시작하고 또 당신이 두 번째 실험에 들어갈 준비가 되면 그는 그것을 당신에게 보여 줄 것입니다. 그리고 그는 그리스도 안에서 더 의미 있는 방법으로 당신의 삶을 기꺼이 함께 나눌 사람들에게로 당신을 소개해 줄 것입니다. 그리고 당신이 집단으로서 계속 순종을 하면 그는 당신에게 세상에 대한 당신의 임무가 무엇인지, 즉 예를 들자면 설교하는 것인지 봉사인지 나눠 주는 것인지 혹은 가는 것인지 머무르는 것인지 등을 보여 줄 것입니다. 그리고 하나님은 당신으로 말미암아 영광을 받으실 것입니다.

선교사가 되기 위한 자격

산골짜기에서 온 편지

부모를 잘 공경함으로 누리는 복

신부님, 그간 안녕하셨어요? 예수원에서 생활하던 때의 기억이 지금도 잊혀지지 않습니다. 그 곳에서 저는 남을 사랑하는 것과 섬기는 마음을 배웠습니다. 그런데 신부님, 그런 은혜를 받았지만 저는 아직도 부모님의 사랑을 믿을 수 없으며, 느끼지도 못하고, 또 부모님을 공경하고 사랑하는 마음이 없습니다. 부모님은 제 마음에 상처를 줄 뿐입니다.

신부님, 이런 상황에서 제가 어떻게 기도해야 하며 또 부모님들께 실제로 어떻게 행동해야 하겠습니까?

― 김보경 올림

보경 자매님에게.

자매님, 그동안 안녕하셨습니까? 예수님 안에서 성령의 도우심을 힘입어 매일매일 생활하실 줄 믿습니다. 보내 주신 편지는 잘 받았으며, 여러 가지 다른 좋은 소식을 함께 기뻐하며 읽었습니다.

그런데 편지 속에 고민하는 자매님의 모습이 역력히 나타나는군요. 자매님의 말대로 하면 "부모님의 사랑을 믿지 못하며, 느끼지 못하며, 부모님을 공경하며 사랑하는 마음이 없다."라는 것이 자매님의 괴로운 문제이며 이를 위해 어떻게 기도하며, 실제로 부모님을 위해 어떻게 해야 할 것인지에 대해 물으셨습니다.

자매님, 이 문제는 참으로 중요하면서도, 또한 참으로 심각한 문제입니다. 이것은 자매님만이 가진 문제가 아니고 많은 사람들에게도 해당되는 것이므로 조금 길고 자세하게 말씀을 드리겠습니다.

첫째, 성경 말씀에 보면 부모님을 사랑하라고 한 말씀보다 존경하라고 하는 말씀이 더 많습니다. 사랑하지 않아도 존경할 수 있습니다. 왜냐하면 사랑이라고 하는 것은 마음속에서 느낀 바에 대한 말씀이지만 존경이라고 하는 것은 행동에 대한 말씀이기 때문입니다. 내가 누구를 사랑하지 않아도, 즉 내 마음에서 느끼는 바를 고치지는 못하더라도 나의 행동을 주관하고 억지로라도 아름다운 행동을 하고, 또 좋은 말을 하며 좋지 않은 말을 삼가할 수가 있는 것입니다. 우리가 감정으로 사는 사람이 되어서는 안 되고, 주의 뜻대로 사는 사람이 되어야 하지 않겠습니까? 주의 뜻이 무엇일까요? 에베소서 6장 1~3절을 보면 "자녀들아 너희 부모를 주 안에서 순종하라 이것이 옳으니라 네 아버지와 어머니를 공경하라 이것이 약속 있는 첫 계명이니 이는 네가 잘 되고 땅에서 장수하리라." 하신 주의 말씀이 있습니다. 부모를 잘 공경함으로 '장수'하는 나라들이 있습니다. 이스라엘 나라가 아브라함부터 지금까지 4천 년이 되고 중국은 5천 년, 한국은 단기로 계산해서 4315년이 되고, 일본은 약 3천 년이 되지 않았습니까. 그런데 '현대화하자'는 핑계로 부모님 공경하기를 그만두면 이 나라는 위험에 치할 것입니다.

주 안에서 순종하라고 하는 말의 뜻은 무엇입니까? 물론 무조건의 순종은 하나님만이 받으실 것입니다. 아이들은 자라나면서 부모님보다 하나님께 순종하는 것을 배워야 합니다. 그러면 언제까지일까요? 자녀들의 판단력이 충분해져서 주 안에서 부모님 말씀을 순종하지 않아도 될 때가 언제가 되겠습니까? 어떤 아이들은 고등학교에 다니면 판단력이 생겨 부모님이 틀린 줄을 알아 순종하지 않아도 된다고 생각하기도 하고, 또 어떤 아이들은 대학교 때부터, 또 어떤 아이들은 교회에 나가면서부터 부모 대신 교회 목사님에게 순종해야 된다고 생각하기도 합니다.

그러나 성경의 가르침은 분명합니다. 언제까지일까요? 결혼하기까지입니다. 창세기 2장 24절, 즉 사람이 부모를 떠나 아내와 하나가 된다고 하는 말씀에 분명히 나타나 있습니다. 옛날 한국 풍속이 있지 않습니까? 남자가 언제부터 갓을 썼습니까? 결혼할 때부터였지요. 그리고 민수기에 보면 여자아이가 남자아이보다 책임이 적습니다. 보호자가 항상 있기 때문입니다. 아버지가 자기 보호자였다가, 남편이 보호자가 되어 지나친 감동을 받아 어리석은 맹세(서원)를 해도 보호자가 지울 수 있습니다. 그러나 남자는 자기 입에서 나온 모든 말은 그것이 아무리 어리석은 것이라도 다 실행해야 합니다.

사실 순종하는 것은 간단하지 않습니까? 사랑하기는 어렵지만 순종하기는 간단합니다. 그래서 '사랑하라'고 하지 않고 '순종하라'고 합니다.

결혼하게 되면 부모님을 떠나 아내와 남편이 하나가 된다는 것은 곧 부모님께 순종하는 것의 끝을 의미합니다. 그러나 존경하기를 그치라는 것이 아닙니다. 디모데전서 5장 8절에 보면 "누구든지 자기 친족 특히 자기 가족을 돌아보지 아니하면 믿음을 배반한 자요 불신자보다 더 악한 자."라고 하는 하나님의 말씀이 있습니다. 부모를 떠나 아내와 하나 되어도 부모의 경제적인 문제를 돌보지 않으면 안 됩니다. 부모가 돌아가실 때까지(다른 친척도) 책임이 있습니다. 물론 다른 친척들이 우리가 하겠다고 한다면 좋습니다. 그러나 책임을 아주 벗어 놓는 법은 없습니다.

그렇다면 하나님은 사랑에 대한 관심이 없다는 말입니까? 아니지요. 하나님께서는 일반적으로 이웃을 사랑하고 원수도 사랑하라고 하시지만 자세한 이야기를 하실 때는 한 사람에게만 사랑하라고 말하고 있습니다. 그것은 에베소서 5장 25절에 "남편들아 아내 사랑하기를…."이라 명령을 말합니다. 다른 명령, 즉 일반적으로 형제를 사랑하고, 이웃을 사랑하고, 원수를 사랑하라는 명령은 있어도 아내들에게 남편을 사랑하라는 명령은 없습니다. 복종하라고 했습니다. 남을 사랑하는 것은 주 안에서 자라면서 더욱 성령으로 열매 맺어야 할 목표이지만 남편들에게는 나중도 아닌 지금 당장에 아내를 사랑하는 의무가 있는 것입니다. 왜 그럴까요?

제가 생각하기는 모든 생활이, 모든 실제적인 것이 가족부터 시작하는 까닭입니다. 모든 윤리가 가족부터 시작합니다. 모든 교육이 가족부터 시작합니다. 가족이 교회의 핵심입니다. 가족의 지도자(목자, 모범자, 책임자)가 아버지입니다. 모든 다른 사랑이 가족주가 되는 남편이 동업자 되는 아내를 사랑하는 것부터 시작합니다. 만약 아버지가 어머니를 사랑하지 않으면 자녀들이 당황할 수밖에 없고, 사회가 안전하지도 못하며, 교회도 온전하지 못합니다.

그러나 자매님의 질문은 그것이 아니고 부모의 사랑을 느끼지도 못하고 믿지도 못하니 어떻게 할까 하는 것이었습니다. 이에 대해 다섯 가지 사항을 권면하겠습니다.

첫째, 집에서 부모님께 순종하고 결혼하기까지 나의 모든 의무를 성취하도록 은혜를 구하십시오. 성령님이 사랑과 희락과 인내와 충성과 양선의 열매를 맺게 하심으로써 도와 주실 것입니다. 그리고 열매 맺는 신자 되기를 위하여 성경을 항상 보고 묵상하고 항상 성령으로 기도하면 됩니다(시 1:2~3).

둘째, 부모님에게서 받은 마음과 잠재의식의 모든 상처를 치료받도록 기도하십시오. 이사야 53장 3절~5절에 보면 예수님은 즉 우리의 치료함 받기를 위하여 고난받은 것입니다. 이 사실을 깨닫고 기억나는 상처를 하나씩 하나씩 주께 맡기고 그 다음에 잊어 버리십시오. 그렇게 하여 잠재의식 속에 숨어 있는 모든 상처를 위해 기도하면 예수님이 다 치료해 주십니다(시 34:18, 147:3 참조).

셋째, 부모님을 용서하는 힘을 얻도록 기도하십시오. 마태복음 18장 35절에 보면 용서하지 않으면 용서받을 수도 없다고 되어 있습니다.

넷째, 부모님을 위해서 기도할 때 부모님 자신이 옛날 어렸을 적에 받은 상처가 있을 터이니 그것들을 치료해 주시기를 기도해야 합니다. 부모님들은 이미 그 상처를 잊어 버려 잠재의식 속에 감추어져 있으므로 그것을 위해 기도하지 못합니다. 그러니 예수님을 의지하는 딸이 그 상처가 치유되도록 기도해야 하지 않겠습니까? 출애굽기 20장 5절에 있는 '삼사 대까지'라는 말이 무엇입니까? 하나님을 믿지 않는 부모가 자기 자녀들에게 여러 가지 상처를 주게 되고, 그 자녀들이 자라나 아이들을 낳게 되면 또 자기 자녀들에게 그와 같은 상처를 전달하고… 이렇게 해서 삼사 대까지 내려온 것입니다. 그러나 예수님의 치료의 빛이 통과하면 이것이 끝이 나고 새 출발이 됨으로써 천대까지 축복을 누릴 것입니다.

다섯째, 첫 번째에서 말한 것처럼 항상 더욱더 성령의 열매 맺는 사람, 즉 사랑과 희락과 화평과 오래 참음과 자비와 양선과 충성과 온유와 절제의 열매 맺는 사람이 되도록 기도하십시오. 빌립보서 3장 13~14절을 보십시오. "나는 아직 내가 잡은 줄로 여기지 아니하고 오직 한 일 즉 뒤에 있는 것은 잊어 버리고 앞에 있는 것을 잡으려고 푯대를 향하여 그리스도 예수 안에서 하나님이 위에서 부르신 부름의 상을 위하여 좇아가노라."

자매님! 우리의 모범이 되시고 우리에게 보혜사를 보내 주신 예수님이 모든 것을 자매와 자매의 부모님을 위해 아름답게 성취하실 것을 기대하면서 이만 줄입니다.

"자녀들아 너희 부모를 주 안에서 순종하라 이것이 옳으니라 네 아버지와 어머니를 공경하라 이것이 약속 있는 첫 계명이니 이는 네가 잘되고 땅에서 장수하리라"(엡 6:1~3).

우리는 언제 용서를 받습니까?

신부님, 성경에는 '용서'라는 단어가 많이 나오는데 이에 대해 더 정확히 알고 싶습니다.

- 경희 드림

사랑하는 경희 자매에게.

당신은 내게 용서에 대해 물었습니다. 그런데 당신은 용서받는 것에 대해서, 아니면 용서를 베푸는 것에 대해 묻는 것인지 말하지 않았기 때문에 이 두 가지를 모두 말씀드리겠습니다.

그러면 우선 좀 물어 봅시다. 우리는 언제 용서를 받습니까? 하나님은 언제 사람을 용서해 주십니까? 이에 대한 대답은 "하나님께서는 우리가 회개하기 전에 이미 우리를 용서하셨다."는 것입니다. 이것이 바로 예수님께서 "창세로부터 죽임을 당한 하나님의 어린양"(계 13:8)이라고 불리는 이유입니다. 그리고 이는 "아버지여 저희를 사하여 주옵소서 자기의 하는 것을 알지 못함이니이다"(눅 23:34)라고 하신 예수님의 기도나 "주여 이 죄를 저들에게 돌리지 마옵소서"(행 7:60)라고 한 스데반의 기도 속에 구체적으로 잘 나타나 있습니다.

그렇지만 이는 또 다른 질문을 야기시키는데, 그것은 '언제 이 용서함이 효력을 갖는가?' 하는 문제이고 그에 대한 대답은 '우리가 회개할 때'라는 것입니다. 누가복음 15장에 있는 잃은 동전과 잃은 양의 비유에서 예수님은 "죄인 하나가 회개하면 하늘나라에 큰 기쁨이 있다."

라고 말씀하셨습니다. 우리가 회개할 때 비로소 우리는 용서함을 받는 것입니다. 그러나 회개와 비슷한 류의 감정이 있는데 이는 결코 동일한 것이 아니라는 점을 말씀드리고 싶습니다. 그것은 후회라고 불려지는데, 뉘우치거나 죄짓는 것을 그치거나, 용서받기를 원치 않으면서 단지 안타깝고 부끄럽게 생각하는 것을 의미합니다. 사람들은 때때로 그들이 다른 사람들에게 피해를 주어서가 아니라 자신이 문제에 봉착했거나 창피를 당했을 때 안타까워합니다. 유다는 이에 대한 가장 좋은 실례의 인물입니다. 그는 자신의 잘못을 깨닫고 그 행동을 뉘우쳤지만 용서받는 것은 원치 않았습니다. 그것은 그의 자존심을 상하는 일이었을 것입니다. 그래서 그는 자신에게 적당한 벌을 내림으로써 체면을 유지하려 했던 것입니다.

하여튼 내가 아는 바, 아주 종종 야기되는 질문은 '용서는 심판을 면하는 것을 의미하는가?' 하는 것입니다. 즉 다시 말해서 '만일 내가 벌을 받았다면 그것은 용서받지 못했음을 의미하는가?' 하는 문제입니다. 많은 사람들이 용서를 받으면 벌을 면하게 된다고 생각합니다. 영원한 벌에 관해서만은 그것은 사실입니다. 그러나 하나님께서는 가끔 우리가 옳은 길, 즉 영생의 길에 설 수 있도록 도와 주시려고 우리를 벌하시고 징계하십니다. 고린도전서 11장 32절을 보십시오. "우리가 판단을 받는 것은 주께 징계를 받는 것이니 이는 우리로 세상과 함께 죄 정함을 받지 않게 하심이라."라고 말하고 있습니다. 또 히브리서 12장 6절로부터 11절까지를 쭉 읽어 보면 징계는 아들 됨의 표시임을 알게 됩니다. 만일 하나님의 용서에 벌이 포함되어 있지 않다면 우리는 사생자의 대우를 받고 있는 것입니다. 요한계시록 3장 19절에서도 하나님은 "무릇 내가 사랑하는 자를 책망하여 징계하노니."라고 말씀하고 계십니다.

용서와 벌에 대한 구약시대의 예는 다윗 왕에 관한 것입니다. 다윗은 왕좌에 오를 때부터 대단히 성공적인 왕이었습니다. 그런데 한번은 그가 군대를 출전시킨 후 자신은 집에 머물러 있게 되었습니다. 그러다가 유혹에 빠져 두 가지 죄, 즉 간음죄와 살인죄를 범하게 되었습니다(이 모든 이야기는 사무엘하 12장에 기록되어 있습니다). 그러자 하나님은 그의 죄를 꾸짖기 위해 선지자 나단을 그에게로 보내셨고 다윗은 즉시 "내가 여호와께 죄를 범했나이다." 하며 회개했습니다. 시편 51편에는 다윗의 회개하는 기도 내용이 상세히 기록되어 있는데 이것으로 우리는 그의 회개가 얼마나 깊고 철저했는가를 알 수 있습니다.

그럼에도 불구하고 나단 선지자를 통해 다윗에게 선포된 선고는 철회되니 않았고 피 흘림과 간음에 대한 그 두 가지 벌은 그의 집 위에 그대로 머물러 있었습니다. 오직 다윗 그 자신에게 내려진 죽음의 선고만이 철회되었습니다. 또한 왕위도 박탈당하지 않았습니다. 만일 그가 왕위에서 물러나고 사적인 신분으로 돌아왔더라면 아마도 다른 선고들도 철회될 수 있었을 것입니다. 그러나 하나님께서는 다윗에게 그의 일을 그만두게 하시지 않았습니다. 하나님은 이스라엘의 왕으로서 그를 필요로 했기 때문에 그를 물러서게 해서 사적인 생활로 돌아가게 할 수 없었습니다. 그 결과로 그는 자신뿐만 아니라 온 나라의 유익을 위해 공중의 본보기로 징계를 당하지 않으면 안 되었습니다. "여호와의 원수로 크게 훼방할 거리를 얻게 하였다."는 것이 징벌의 이유였습니다. 이런 까닭에 야고보는 "내 형제들아 너희는 선생된 우리가 더 큰 심판을 받을 줄을 알고 많이 선생이 되지 말라"(약 3:1)라고 했습니다. 또 누가복음 12장 48절은 "무릇 많이 받은 자에게는 많이 찾을 것이요 많이 맡은 자에게는 많이 달라 할 것이니라."라고 말하고 있습니다.

다윗은 즉시로 용서받고 또 그것을 알게 되었습니다. 그러나 그는 다른 선고, 즉 그의 아들의 죽음에 관한 선고를 거두어 달라고 간절하게 기도했습니다. 그러나 그것은 취소되지도 않았고 그 아이는 죽었습니다. 하나님께서는 두 번째 아들(같은 여인으로부터였지만 참된 결혼 생활을 통해 얻은 아이) 솔로몬을 허락하셨고 그는 자라서 후에 왕위를 계승했습니다. 하여튼 이 장(삼하 12장) 이후로 사무엘하권 및 열왕기상권에 보면 다윗 가문에 피 흘림과, 근친상간, 간음 등의 이야기가 꼬리를 물고 이어지고 있습니다. 다윗의 다른 자녀들, 암논, 압살롬, 아도니야는 모두 유혈의 죽음을 당했고 다윗의 조카 요압에 의해 아마사가 살해되었음은 물론 요압과 시므이도 솔로몬에 의해 처형되었습니다. 암논이 자기 누이에게 범한 죄는 이어서 압살롬으로 하여금 아버지의 첩들에게 공공연한 죄를 범하게 만들었고 아도니야에게는 아버지의 다른 첩들 중의 하나를 취하려고 시도하게끔 했던 것입니다. 이로써 백성들은 하나님이 다윗을 용서하셨음에도 불구하고 그의 죄과는 용서치 않으셨다는 사실을 알게 되었습니다.

조금 비슷한 사건을 베드로에게서도 찾아 볼 수 있습니다. 베드로는 모든 사람이 예수를 부인해도 자기만은 결코 부인하지 않겠다고 큰소리치며 자만했지만 결국 그를 부인하는 죄를 범했습니다. 그렇다면 베드로는 언제 용서받았습니까? 누가복음 22장 32절을 보면 그가 죄를 짓기도 전에 용서받았음을 알 수 있습니다. 베드로는 언제 회개했습니까? "베드로가 밖으로 나가 심히 통곡하였더라"(눅 22:62)라고 성경은 말하고 있습니다. 예수님은 베드로에게 언제 오셔서 그가 용서받았다고 말씀하셨습니까? 이에 대해 우리는 한 가지 추측을 해야만 합니다. 우리는 예수님께서 부활하신 후 제일 먼저 베드로에게 나타나셨음을 알고 있습니다(눅 24:34, 바울은 이 만남의 중요성을 이해했습니다.

그래서 고린도전서 15장 5절에서 이를 언급하고 있습니다). 예수님께서 다른 사람들을 만나기 전에 개인적으로 이렇게 베드로를 만나 주셨음은 비록 무슨 말을 하셨는지는 알 수 없지만 이때에 그로 하여금 용서받았다는 것을 알게 하기 위함이었을 것입니다.

그렇다면 베드로는 언제 공개적으로 용서를 받았습니까? 만일 벌이 필요했다면, 나단 선지자의 말 중에서 "여호와의 원수로 크게 훼방할 거리를 얻게 하였다."는 아주 공적인 죄에 대한 벌은 무엇이었습니까? 이에 대해 요한은 말하고 있습니다(요 21:15~17). 베드로는 형제들 앞에서 세 번이나 그의 자만을 철회해야 했습니다. 그는 매번마다 다윗이 계속 왕으로서 일했던 것처럼 그가 해야 할 일이 있음을 알았고 이는 그가 용서함 받았다는 증거였습니다.

죄사함에 수반되는 벌은 반드시 일의 중단을 의미하지 않았다는 점을 인식하는 것이 중요합니다. 다윗은 계속 왕위에 있었고 베드로는 양을 먹이라는 말씀을 받았습니다. 하지만 마가 요한이나 고린도의 그리스도인들처럼 벌은 고통의 중단이나 일의 중단으로 내려졌던 다른 경우들도 있습니다. 오직 성령님만이 중단에 대한 적당한 시기 및 그 기간의 길이를 말할 수 있습니다.

그러면 이제 우리는 용서를 베푸는 일에 대해 이야기해야겠습니다. 우리가 용서함을 받았다는 사실을 깨달을 때 우리는 용서를 베풀지 않으면 안 됩니다. 마태복음 18장 21절부터 35절까지에는 남의 죄를 탕감해 주지 않아 자신의 죄도 탕감 받지 못하는 사람의 비유가 있습니다. 그것은 우리들 누구에게나 일어날 수 있는 일입니다. 탕감(pass it on)이라는 말은 영어나 한국어로는 적절히 번역하기에 좀 어려운 단어인 교통(koinonia)이라는 의미를 가진 말입니다. 이것이 의미하는 것은, 즉 그것이 물적 소유이든지 아니면 용서와 같은 영적 축복이든지 간에 무엇이든지 다른 사람들과 함께 나눈다는 것입니다.

　요한은 너희가 물질적 축복을 나누기를 거절하면 영적 축복을 나눌 수 없다고 우리에게 경고하고 있습니다(요일 3:16~18; 약 2:15~17을 비교하십시오). 그리고 바울도 너희가 영적 축복을 나누기를 거절하면 물질적 축복을 나눌 수 없다고 경고하고 있습니다(고전 13:3). 또한 바울은 만일 죄인 한 사람이 회개했을 때 우리가 용서했다고 선언하지 않으면, 우리는 마귀의 장난을 하게 되고 그로 인해 죄지은 형제를 파멸로 이끌게 될지 모른다고 경고했습니다(고후 2:7~11). 그리고 갈라디아서 6장 1절, 에베소서 4장 32절, 골로새서 3장 13절 등에서도 죄범한 형제가 있거든 용서하고 바로잡아 주도록 부탁하고 있습니다. 바울은 우리가 주께 용서함 받은 것처럼 그렇게 용서할 것과 마음을 다하고 진정으로 용서할 것을 권면하고 있습니다(골 3:23). 바울은 여기에서 '프뉴마'가 아닌 '프쉬케'라는 단어를 사용하고 있는데 이는 우리가 영적인 면에서만 아니라 정서적인 면에서도 사죄의 감정을 느껴야한다는 점을 의미합니다.

　물론 이 말은 용서에만 국한되는 것은 아닙니다. "무슨 일이든 주께 하듯이."라고 말하는 것은 열성과 열의로 행하라는 것입니다(이는 자기 자신을 위해 열의를 가지라는 말과는 틀립니다. 진반내로 그것은 하나님을 위해 무엇을 하여야 할까에 관한 강한 감정을 갖는 것을 의미합니다. 다시 말해서 만일 하나님께서 나에게 감정적 느낌을 주셨다면 그것은 골로새서 3장 13절에서 22절까지에 기록된 모든 선한 일을 행하는 데 참여하도록 하시기 위함인 것입니다. 내가 손뼉을 치며 할렐루야를 외칠지라도 나 자신을 나의 남편이나 아내, 부모나 아이들, 고용자 등에게 복종시키는 것을 계속하지 않으면 안 됩니다).

　그러면 우리는 언제 용서해야 합니까? 물론 하나님과 마찬가지로 딴 사람이 회개하기 전에 용서해야 합니다. 우리는 지속적인 용서의 태도를 가져야만 합니다. 에베소서 4장 32절을 보십시오. 또 야고보서 3장 17절에는 '관용'(너그러울 관, 용서할 용)이라는 말이 있는데 이는 쉽게 탄원을 받아들이고 쉽게 설득되는 것, 즉 용서키로 준비된 태도를 말하는 것입니다. 그렇다면 당신은 "내가 용서하고자 하는 사람이 용서받기를 원치 않는다면 어떻게 합니까?" 하고 물을 것입니다. 그 사람이 회개하지 않는다면 어떻게 합니까? 이에 대해 성경은 그런 사람들을 권면하라고 거듭거듭 말하고 있습니다(살후 3:14~15; 마 18:15~17; 딛 3:10). 디도서 3장 10절에서 쓴 '이단'이라는 표현은 우리와 교제하기를 원치 않고 우리가 아닌 다른 집단에 속하려 하는 사람들을 의미합니다. 그러나 용서란 교제를 제안하여 다시 회복하는 것입니다. 그 때문에 마태복음 18장에 있는 용서에 대한 긴 구절은 만약 우리가 한 형제와 개인적으로 교제를 회복할 수 없다면 그 단체의 다른 회원들에게 그 형제를 훈계하는 일에 같이 참여할 것을 부탁하라고 말하는 것입니다. 만일 그가 모든 형제들의 사랑을 거부하고, 또 교제를 거부한다면 그는 더 이상 우리에게 속한 자가 아니요, 다른 집단에 속한 자인 것입니다. 여기서 '이단'이라고 쓰인 단어는 '이교자'(heretic)가 아니라 '이방인'(heathen), 혹은 '세리'(publican)입니다(이 세리는 자기 백성들을 착취함으로써 로마 정부로부터 돈을 받는 사람이며, 그들의 동료 유대인과는 다른 로마인과 동일한 사람으로 취급되었습니다).

그러면 용서는 언제 효과가 있습니까? 요한은 우리가 다른 사람들과 교제를 나누고 있을 때라고 말합니다(요일 1:7~9). 우리는 하나님과의 교제와 형제와의 교제를 구분해서는 안 됩니다. 요한은 자신이 복음의 메시지를 전해 준 사람들과 교제를 갖기 원한다고 했으며 이런 교제에는 하나님과 그 아들 예수 그리스도가 같이 하신다고 말했습니다. 그러므로 누구든지 이런 교제를 거부한다면 그는 하나님을 거부하는 것입니다. 유다는 제사장 앞에서 죄를 고백했지만 자존심 때문에 형제들 앞에서는 죄를 고백하지 못했습니다. 죄를 고백함으로써 교제를 회복한 사람은 또한 그 교제를 통해서 죄를 깨끗케 하시는 예수 그리스도의 보혈의 효력을 힘입을 수 있습니다. 요한일서 1장 7절부터 9절까지의 말씀은 아주 중요합니다. "저가 빛 가운데 계신 것같이 우리도 빛 가운데 행하면 우리가 서로 사귐이 있고 그 아들 예수의 피가 우리를 모든 죄에서 깨끗케 하실 것이요, 만일 우리가 죄 없다 하면 스스로 속이고 또 진리가 우리 속에 있지 아니할 것이요, 만일 우리가 우리 죄를 자백하면 저는 미쁘시고 의로우사 우리 죄를 사하시며 모든 불의에서 우리를 깨끗케 하실 것이요."

이런 이유에서 교회는 거의 천오백 년 이상을 "성도가 서로 교통(코이노니아)하는 것과 죄를 사하여 주시는 것을 믿습니다."라는 사도신경의 내용을 고백해 온 것입니다. 용서의 효력이 나타나게 하는 것은 바로 교제이기 때문입니다.

텔레비전을 통한 복음전도

신부님도 아시다시피 텔레비전은 이미 매스컴시대의 총아로 군림해 온 지 오래입니다. 그래서 저는 매스컴, 그중에서도 특히 텔레비전 선교에 관심을 갖고 있는 신학생입니다. 그런데 제가 텔레비전 선교에 관심을 갖고 국내외적으로 자료를 수집하고 연구해 온 결과 거기에는 여러 가지 부정적인 면과 긍정적인 면이 있다는 것을 알았습니다. 그래서 저는 텔레비전이 복음전도에 사용될 경우 어떤 결과가 초래될지 심히 의문스럽습니다. 여기에 대한 신부님의 의견을 듣고 싶습니다.

- 김게바 올림

사랑하는 게바 형제에게.

텔레비전에 대한 저의 견해를 물어 주신 형제의 질문 고맙습니다. 그러나 한국에서는 물론 제가 미국에 있는 동안에도 텔레비전은 거의 보지 않았기 때문에 사실 텔레비전에 대한 저의 지식은 다소 시대에 뒤떨어진 것이라고 보아도 좋겠습니다. 그러나 저는 그 동안 텔레비전이 국민들에게 어떠한 영향을 미치고 있는가를 관심 있게 살펴 보았고 또 텔레비전을 주제로 한 토론을 주의 깊게 경청해 본 적도 있습니다. 실제로 저는 이번 미국 방문에서 텔레비전이 미국인들의 생활에 실로 막대한 영향을 끼치고 있다는 사실을 깨닫고 새삼 놀란 적이 있습니다. 이제 사람들이 만들어 낸 문명의 이기(利器) 중에서 가장 큰 영향력을 미치는 것이 텔레비전이라고 보는 견해에 대해서는 아무도 의심을 하지 않는 것 같습니다.

지금 미국의 어린이들은 학교에서보다 텔레비전 앞에서 더 많은 시간을 보내고 있으며 따라서 이들이 텔레비전으로부터 받는 영향은 그들의 일상 대화 내용만 보더라도 잘 알 수가 있습니다. 그들이 일상생활에서 나누는 대화란 주로 텔레비전의 인기 있는 프로그램, 광고, 또는 거기에 등장하는 배우, 인기인들에 대한 이야기들입니다. 그래서 텔레비전을 보지 않는 어린이들은 그들 친구들과의 대화에서 소외당하기가 일쑤인 것입니다.

그래서 이제 텔레비전의 영향력을 너무 과대평가하지 말라고 외치던 사람들조차도 그만 입을 다물지 않을 수 없게 되었습니다. 텔레비전이 일반 대중들에게 미치는 영향이 이렇게 엄청난 만큼 텔레비전을 통한 복음전도자들의 설교내용 역시 일반 교인들에게 놀랍게 영향을 미치는 것입니다.

그러나 이 세상에서 텔레비전보다도 더 큰 영향력을 갖는 것이 있다면 그것은 바로 하나님 그분이실 것입니다. 하나님을 아는 사람은 텔레비전을 보지 않고도 삶의 흥미와 희열을 맛볼 것이며 또 진정 하나님을 사랑하는 사람이라면 그분께서 원하시는 일을 하기 위해 텔레비전을 볼 시간조차도 없을 것이라 생각됩니다. 그렇다고 하나님을 사랑하는 사람들이 텔레비전을 보아야 할 동기나 이유가 전혀 없는 것은 아닙니다. 우리 신실한 그리스도인 백성들은 텔레비전 뉴스를 시청함으로써 세계 도처에 산재해 있는 문제점들을 보고 문제의식을 가질 뿐 아니라 그것들을 위해 하나님 앞에 기도할 수 있으며 또 우리는 그것을 통해 성경 공부도 할 수 있을 것입니다. 요즘 미국에서는 그리스도인들을 위한 텔레비전 프로그램이 점점 늘어가고 있는데 여기에 대해 이야기하기 전 먼저 언급되어져야 할 몇 가지 중요한 내용들을 생각해 보고자 합니다.

먼저 텔레비전과 돈과의 관계에 대해서 생각해 보고자 합니다. 제가 알고 있는 한 텔레비전에 있어서 돈이란 가장 기본적인 문제인 것 같으며 바로 이 돈과 관계된 일들이 갖가지 문제점들을 파생시키고 있는 것입니다. 아마 여러분들은 한 편의 프로그램을 만드는 데 투입되는 돈의 액수를 아신다면 입을 다물지 못할 것입니다. 그래서 이 엄청난 액수의 돈이 어디서부터 나와 어떻게 쓰여지는가를 알게 되면 텔레비전에 얽힌 많은 의문점들을 보다 쉽게 이해할 수 있을 것입니다.

지금 미국에서 시행되고 있는 텔레비전 방송은 거의 대부분이 상업방송입니다. 그런데 이 상업방송이란 단 한 가지 목적, 즉 상품을 팔기 위해 존재한다는 사실입니다. 그래서 텔레비전 회사들은 되도록 많은 광고를 유지하고자 하며 또 기업에서는 그들 회사의 이익을 위해 엄청난 광고료를 지불해 가며 광고에 열을 올리는 것입니다. 그런데 문제는 사실 텔레비전 광고에 등장하는 상품들이 과연 모두 우리 인간의 생활에 필요한 것들인가 하는 문제인 것입니다.

두말할 것 없이 대답은 '아니오'입니다. 우리의 선조들은 그와 같은 상품이 없어도 수십, 수백 년을 살아왔으며 설령 그것들이 현재에 와서 필요해졌다고 하더라도 그것들은 신문이나 전화번호부의 광고 난에나 실릴 정도 이외에 별로 가치 있는 것들이 못되는 것입니다. 그런데도 기업들이나 프로그램 제작자들은 그 상품이 마치 꼭 필요한 상품인양 소비자들을 설득하고 사도록 유도하는 것입니다. 그래서 텔레비전에서 "문명인이라면 이런 정도는 사용해야 합니다."라는 식으로 광고를 하지 않았더라면 소비자들이 아무런 부담 없이 살아갈 수 있는데도 이런 식으로 광고를 함으로 괜스레 소비자들의 마음을 무겁게 하는 것입니다.

　사실 텔레비전 광고가 아니더라도 소비자들은 새로운 상품이 나왔다는 것을 알게 되는데도 광고업자들이 일부러 이를 크게 터뜨려 사람들의 탐심을 자극하는 것입니다. 특히 요즘에 와서는 각 광고업자들이 앞을 다투어 사람들의 마음속에 있는 악한 생각들, 즉 육신의 정욕과 안목의 정욕과 이생의 자랑 들을 충동질하고 있습니다.

　그런데 사실 이것들은 사탄이 우리의 선조 아담을 유혹하기 위해 썼던 계략들이었음을 창세기 3장 6절을 통하여 알 수 있습니다. 무슨 방법이고 간에 인간을 넘어뜨리려는 사탄의 수법은 그때나 지금이나 변한 것이 없습니다. 각 텔레비전 회사들이 많은 광고를 유치함으로 더 많은 돈을 벌려고 하는 노력은 어떻게 해서라도 사람들이 좋아하는 프로그램을 제작하여 자기들의 텔레비전 프로를 보도록 유도하려는 노력으로 나타납니다. 다시 말하면 사람들이 자신들의 채널 프로그램을 보아 주지 않으면 광고 효과가 없을 것이고, 따라서 광고주들은 그들에게 광고를 맡기지 않을 것이므로 수입을 올리지 못할 것이기 때문입니다. 그래서 방송국들은 저마다 시청자들의 인기를 끄는 프로그램들을 제작하기 위해 경쟁을 하고 또 머리를 써서 짜낸 프로그램들을 화면을 통해서 각 가정의 안방까지 배달합니다. 그러면 회면을 통해 가장 인기 있을 것이라고 제작하여 방영하는 프로들은 어떤 것들입니까?

　그것들은 시청자들의 정욕을 불러일으키는 것 즉, 인간의 고상한 본능보다는 동물적인 본능에 호소하는 프로그램을 다투어 제작함으로 도덕을 타락케 하는 것들입니다. 물론 한국의 경우는 훨씬 덜한 편이지만 말입니다. 이런 경우, 대부분의 양심적인 그리스도인들은 그와 같은 외설적인 프로그램 앞에서 떠나든지 아니면 텔레비전을 꺼버리고 말 것입니다. 그러나 대다수의 사람들은 의자에 아교라도 붙어 있는 양 자리를 뜰 줄 모르고 끝까지 그와 같은 퇴폐적인 프로를 시청하고 있는 것입니다. 그러면서 인본주의자들은 도대체 어디서부터 청소년 범죄, 폭력, 비도덕적 사고방식이 야기되는가 하고 고민합니다. 이미 관찰한 대로 어린이들이나 청소년들은 바로 이 텔레비전으로부터 비도덕적인 사상과 행동을 배우고 자신들도 어떻게 이것을 행동에 옮겨 볼 것인가를 궁리하게 되는 것입니다. 이러한 프로그램을 텔레비전으로부터 추방하려거나 적어도 아동들이 잠잘 시간인 심야에 방영케 하려는 학부모와 종교단체의 노력도 있습니다만 이것도 자신들의 인권과 생존권을 침해하려 한다는 몇몇 관계자들의 항의에 부딪쳐 아무런 실효도 거두지 못하고 있는 실정입니다.

아무튼 이와 같은 도덕적 타락 현상은 예수님께서 "멸망으로 인도하는 문은 크고 그 길이 넓어 그리로 들어가는 자가 많고"(마 7:13)라고 말씀하신 대로 어쩔 수 없는 역사의 추세이기도 합니다. 물론 이와 같은 도덕적 타락 현상을 우리가 지적하고 막아야겠지만 우리의 노력으로는 그 부패의 속도는 늦출 수 있겠지만 방향을 바꿀 수는 없을 것 같습니다. 그러므로 우리는 이 세상의 재물이 그와 같은 악한 일들을 위해 쓰여지지 않고 예수님께서 명하신 대로 형제의 궁핍함을 돕고 국내외의 소외된 곳에 전도자를 파송하는 등의 하나님 사업에 돈을 써야 할 것입니다.

그러면 이제 기독교 텔레비전을 살펴 보도록 하겠습니다. 제가 여기서 기독교 텔레비전이라고 할 때 그것은 가장 넓은 의미, 즉 스스로를 그리스도인이라고 자칭하는 사람들이 지원하는 텔레비전까지를 포함하고 있습니다. 일부 기독교계 안의 어떤 지도자들은 이 기독교 텔레비전에 대해서 상당히 비판적이기도 하며 어떤 목사님들은 신랄하게 비난하기도 합니다. 하여튼 지금 미국에는 텔레비전을 통하여 복음을 전하려는 두 가지 형태의 움직임이 있습니다. 그중 하나는 어떤 특정 조직 교회나 교단들이 복음 전도용 텔레비전 프로그램을 만들어서 기존 텔레비전 방송국의 방송망을 통해서 내보내는 경우이고, 다른 하나는 어떤 목사나 혹은 성경교사 또는 독자적인 방송망을 갖고 있는 개인이 텔레비전 전도사업을 하고 있는 경우입니다.

이 중 현재 미국에서 텔레비전 전도의 대종을 이루는 것은 후자입니다. 그런데 막대한 텔레비전 사용료를 지불해야 하는 이 양자들은 그들의 복음사업을 계속하기 위해 어떤 방식으로 재원(財源)을 확보하는가가 문제인데 이것은 곧 이 양자 사이의 구별점이 되기도 합니다. 먼저 독립된 방송망을 가졌거나 아니면 독자적으로 텔레비전 전도를 하는 목사들은 자신들의 프로그램 방영에 들어가는 막대한 경비의 대부분을 시청자들에게 의존하고 있습니다. 그래서 그들은 방송시간 중 상당한 시간을 할애하여 자금지원을 요청한다는 요지의 메시지를 내보냅니다. 이를 두고 조직교회들은 이런 목사들이 교회의 돈을 빼앗아간다고 비난하고 있습니다.

사실 독자적으로 복음을 전하는 목사들이 빠지기 쉬운 함정은 자금의 확보를 위해 복음을 외치되 쉽고 가벼운 섯 즉 일반대중들이 듣기 좋아하고 원하는 것을 말해야 한다는 사실입니다. 그러니 이것은 사도 바울이 디모데후서 4장 3~4절에서 "때가 이르리니 사람이 바른 교훈을 받지 아니하며 귀가 가려워서 자기의 사욕을 좇을 스승을 많이 두고 또 그 귀를 진리에서 돌이켜 허탄한 이야기를 좇으리라."라고 경고한 대로 사람들의 마음속에 있는 사악하고 이기적인 본성을 책망하기보다는 오히려 충족시켜 주는 어리석음을 범하고 만다는 것입니다. 바울 선생의 이와 비슷한 경고를 디모데전서와 그 밖의 몇몇 서신들에서 전해 주고 있는데 이것은 그가 이런 시대가 올 것임을 예견했기 때문입니다.

텔레비전 전도자들이 적극적이고 긍정적이며 또한 그야말로 기쁜 소식을 외치고 있는데 이것은 개교회가 많이 가르치는 고난의 복음을 보충시켜 주는 역할을 하며 따라서 신자들로 하여금 성경이 가르치는 모든 진리를 다 듣도록 해 준다는 장점을 지니기도 합니다. 또 그들은 교회와 격리되어 있는 수많은 사람들에게도 화면을 통하여 접할 수 있는 장점을 지니고 있습니다.

그러나 여기에도 문제는 있습니다. 텔레비전 전도자들과 여러 면에서 경쟁 상대가 될 수 없는 개교회 목사들은 텔레비전을 통한 안방 교회로 그들 개교회 신도들이 빠져나가기 때문에 개교회 목회와 성장에 어려움을 겪는다는 사실입니다. 여기에다가 텔레비전 전도자들은 사람들에게 그들이 살고 있는 개교회에 등록하라고 권하는 일은 몇몇 전도자 외에는 대체로 하지 않고 있다는 것입니다. 그 이유는 사람들이 모두 개교회에 등록하여 다닐 경우 그들이 십일조나 헌금을 모두 개교회에 바칠 것이고 따라서 자기들은 텔레비전 화면에 더 이상 머물러 있을 수가 없게 되기 때문입니다. 이와 같이 부정적인 면은 텔레비전 전도자들이 자칫 그리스도의 몸인 교회를 무시해 버린 채 그 자신의 개인적인 신조들만 가르칠 수 있는 위험을 안고 있는 것입니다.

제가 듣고 알기로는 미국의 몇몇 텔레비전 전도자들은 사람들을 기쁘게 하려 하지 않고(엡 6:6) 말씀을 있는 그대로 가르치고 있다는 것을 알고 있습니다. 또 그들은 회개의 메시지나 말세와 심판의 메시지를 전하며, 또 하나님께서 그들과 함께 하셔서, 병 고침과 그 밖의 기적들을 실로 놀랍게 행하고 있다는 것도 알고 있습니다. 그들은 성경이 가르치고 있는 모든 진리들을 골고루 전하기 때문에 각 다른 계층,

부류의 사람들에게 필요한 복음이 전달되도록 하고 있으며 또 그들은 개 교회로서는 생각하지도 못하는 다양한 프로그램들을 준비하여 보여 주기도 합니다.

그러면 이제 교회가 지원하는 텔레비전을 보겠습니다. 이 개교회의 지원을 받는 텔레비전을 언급할 때, 피할 수 없는 질문 하나가 있습니다. 그것은 상업 방송의 후원자들이 상품 판매를 위해 경쟁하듯, 교회들이 또한 많은 시청자들을 확보하고 또 거기에 따라 오는 재정적인 지원을 얻기 위해 경쟁을 하지 않을까 하는 의문입니다. 물론 너무 비약적인 생각이요, 따라서 반드시 그렇지만은 않을 것이라고 대답할 수도 있을 것입니다. 그러나 그런 위험이 도사리고 있다는 데 대해서는 누구도 부인하지 못할 것입니다.

그리고 교회들이 텔레비전 전도를 지원할 때는 교회의 재정 중 전도비를 사용하여 지출하게 되므로 시청자들의 눈치를 보지 않고 그들의 비위에 거슬리는 내용도 가르칠 수 있다는 것입니다. 이것은 교회의 역할과 사명을 신장시켜 준 좋은 실례임이 분명합니다. 하지만 여기에도 각 교회마다 균등한 기회가 주어지지 않으므로 다소 불공평한 점도 있을 수 있다는 것입니다.

다시 말해서 재정력이 좋은 큰 교회 목사들만 텔레비전에 설 수 있게 된다는 것입니다. 그래서 여기에 관련해서 교회가 해결해야 될 것은 텔레비전 복음전도에는 몇몇 큰 교회 목사들에게만 기회를 주어야 할 것인가, 아니면 재정력은 없지만 작은 교회의 유능한 목사들에게도 기회를 주어야 할 것인가, 하는 문제도 상당히 깊이 생각해 볼 필요가 있습니다.

저는 텔레비전 전도가 어떤 형태로 실시되든지 간에 하나님의 뜻을 성취하는 길에는 단 한 가지의 방법이 있다고 믿습니다. 그것은 텔레비전 사용에 들어가는 막대한 재정을 오직 하나님에게만 의존하는 방법입니다. 저는 최근 미국의 어떤 유명한 복음전도자가 그가 하던 텔레비전 복음 활동을 계속하기 위해 돈을 빌려 쓰다 큰 빚을 지곤 곤욕을 치르는 것을 보았습니다. 또 물질이나 여자관계로 실패하는 전도자도 보았습니다. 그래서 저는 이 문제에 대하여 성경이 어떻게 말하고 있나를 살펴보았습니다.

저는 성경을 읽고 또 읽었지만 이 문제에 관한한 성서가 가르치는 윤리는 "오직 하나님께만 의지하라."는 것이었습니다. 물론 이 같은 대답은 너무 비현실적이어서 뭔가 손에 붙잡을 수 없는 비구체적인 제안이라고 할 것입니다. 그러나 무엇이든 하나님의 뜻이라면 해야 되고 또 그를 끝까지 의지하면 결과가 나타나는 것이 하나님의 뜻이 아닙니까? 예를 들면 구약에서 하나님께서 그의 백성들에게 싸우라고 명령하시면 그들의 전력이 아무리 열세에 있어도 하나님께서 싸우지 말라고 하신 싸움을 싸웠을 때는 그들의 전력이 아무리 우세했을지라도 그들은 패하고 말았습니다. 구약은 여기에 대해 계속 반복하여 우리에게 교훈해 주고 있습니다. 저는 바로 이와 같은 성서의 가르침을 오늘날 바로 이 텔레비전 전도에 적용해야 된다고 생각합니다.

즉 텔레비전 전도가 하나님께서 하라고 하신 사업이라면 우리는 돈을 얻기 위해 사람들의 눈치를 살펴볼 필요가 없을 것이라는 사실입니다. 왜냐하면 하나님 당신이 직접 기적적인 방법으로나 아니면 그가 사용하시는 사람들을 통하여 재원을 공급해 주실 것이기 때문입니다. 그러므로 하나님의 사업을 한다면서 빚을 지는 행위는 분명히 성경의 가르침이 아니며 따라서 하나님의 섭리 방법이 아니라고 생각합니다.

만약 하나님께서 재정의 지원을 끊어 버리신다면 하나님의 또 다른 뜻이 있는 것으로 알고 중단해야 된다고 생각합니다. 그렇지 아니하고 자신의 뜻대로 그와 같은 일을 계속하고자 하여 빚을 지게 된다면 그것은 육신의 일일 뿐 아니라 "아무에게 아무 빚도 지지 말라"(롬 13:8)는 성경의 가르침을 무시하는 일이 되고 마는 것입니다.

또 한편 청지기 사상을 지니고 있는 일반 신자들이 해외 선교 혹은 그 밖의 복음전도를 위해 그들의 교회, 교단에 기꺼이 헌금을 바치는 것처럼 텔레비전 전도를 위해서도 동일하게 헌금을 할 수도 있다고 봅니다. 그러나 그러한 종류의 헌금 이야기가 전파매체를 통하여 공식적으로 서론되어서는 아니 될 것입니다. 우리 주님께서도 아무것도 염려하지 말고 오직 모든 일에 기도와 간구로 너희 구할 것을 감사함으로 하나님께 아뢰라고 말씀하십니다. 그러면 우리의 하나님께서 그리스도 예수 안에서 영광 가운데 그 풍성한 대로 우리의 모든 쓸 것을 사람이 아닌 하나님께서 채우시리라고 말씀하시고 계십니다. 이와 같은 성경의 원칙들을 15년 동안이나 실천해 온 저희 예수원 식구들은 시간이 지남에 따라 이것이 하나의 이론이 아니라 초월적인 하나님의 법칙임을 깨닫고 있습니다.

저는 지금까지 제가 알고 있는 범위 안에서 텔레비전에 관한 몇 가지 내용들을 이야기해 보았습니다. 텔레비전을 통한 복음전도가 부정적인 면과 긍정적인 면을 모두 지니고 있는 것이 사실입니다. 그러함에도 불구하고 텔레비전이 조직적인 성경 공부를 통하여 전도는 물론 신자들의 신앙 증진에 큰 몫을 하고 있으며 또 많은 프로그램을 통한 다양한 수준으로 이용되고 있습니다. 그러므로 텔레비전을 통한 복음전도에 부정적인 면만 삭제된다면 그것이 사용되지 말아야 될 이유는 없는 것입니다. 좋은 기독교 프로그램이 있는 한 하나님께서는 그것을 사용하실 것이며 그가 원하시는 때까지 계속 인도해 주실 것입니다. 그러나 무엇보다도 중요한 것은 우리들 스스로가 성경을 깊이 연구하고 읽어 보다 높은 수준의 복음을 간직하도록 해야 할 것입니다.

가난한 사람을 위한 복음전도

신부님, 저는 누가복음 4장에서 예수님은 왜 하필이면 가난한 사람에게 복음을 전하러 오셨다고 말씀하셨는지 알고 싶습니다. 예수님께서 그렇게 말씀하신 것은 단지 상징이거나 비유인가요, 아니면 글자 그대로 가난한 사람들에게만 복음을 전하러 오셨다는 말인가요? 만약 예수님의 말씀이 문자 그대로라면 왜 오늘날 소위 '자유주의자'라고 일컬어지는 일부의 목사, 신학자들만 가난한 자들에게 관심을 쏟고 있는지요? 또 그 말씀이 비유나 상징이 아니라면 가난한 자들에게 특별히 관심이 많은 자유주의 목사님들만이 올바른 복음사업을 하고 있다는 말이 아닐까요? 만약에 그것도 아니라면 그 가난이란 것은 영적 가난을 말하는 것일까요? 신부님의 조언을 구합니다.

― 박준규 올림

사랑하는 준규 형제에게.

훌륭한 질문이라고 생각됩니다. 먼저 형제는 누가복음 6장 20절에서 예수님께서 하신 말씀을 보시기 바랍니다. "가난한 자는 복이 있나니 하나님의 나라가 너희 것임이요." 많은 자유주의 학자들은 이 말씀을 보고는 마태와 누가가 예수님의 가르침에 대해서 서로 모순된 내용을 전달하고 있다고 꼬집습니다. 그런데 사실은 예수님 당신이 공생애 3년 동안 서로 다른 장소와 상황 속에서 다른 무리들을 가르치셨고 또 많은 비유를 들어 말씀하셨습니다. 이때 예수님께서는 서로 다른 무리들에게 보다 확실한 깨우침을 주시기 위해서 같은 말을 반복하셨을 수도 있었을 것이고, 또 때로는 변화 있게 다른 각도로 가르치기도 하셨을 것입니다. 그리고 제자들이 이 말씀을 기록할 때는 그중 지극히 작은 일부분만을 기록했던 것입니다(요 20:30).

따라서 우리는 약간의 차이가 있는 것으로 생각하고 연구, 비교하여 서로 어떻게 조화되는가를 알아 봐야 할 것입니다. 여기에서 우리는 예수님의 가르치심과 제자들의 증언 기록이 서로 모순된다고 생각할 수는 없습니다. 예수님께서는 진리의 성령이 오시면 내가 너희에게 말한 모든 것을 생각나게 하신다고 말씀하셨습니다(요 14:26). 그러므로 우리는 서로 모순되는 말씀을 대할 때마다 성령의 도움을 구하고 이면(裏面)에 감추어진 뜻이 무엇인가를 생각해야 할 것입니다. 이렇게 볼 때 가난한 자가 하나님 나라를 받을 것이라는 누가복음의 말씀은 기본적인 가르침이 되는 것이며 마태복음은 또 다른 측면에서 설명해 주고 있다고 볼 수 있습니다.

저는 처음 목회를 시작한 후 저희 교회 성도들 중 몇몇은 가난하면서도 얼마나 교만하고 탐욕스러운지 그때야 깨닫기를 '아하, 그저 물질적으로 가난해야 될 것이 아니라 영적으로 가난해야 되겠구나.' 하고 영적 가난의 필요성을 절감한 적이 있습니다. 성경은 히스기야 왕으로부터 요시야까지 살았던 가난한 사람들이 부자들과 똑같이 부패하고 탐욕으로 가득 찼었다는 슬픈 사실을 말해 주고 있습니다. 그래서 예레미야 선지자는 가난한 그들이 만일 권력을 가졌더라도 부자들 못지않은 악한 짓들을 행했을 것이라고 크게 꾸짖고 있습니다.

그러면 이제 형제가 언급한 성경 말씀을 상고해 보기로 하겠습니다. "주의 성령이 내게 임하셨으니 이는 가난한 자에게 복음을 전하게 하시려고 내게 기름을 부으시고….” 이 말씀이 과연 영적으로 가난한 사람들을 말하는 것일까요? 그렇지 않습니다. 그 이유는 간단합니다. 즉 하나님의 은혜를 입지 않고는 아무도 영적으로 가난한 사람이 될 수가 없기 때문입니다.

다시 말하면 영적으로 가난해진다는 것은 그 자체가 하나님의 선물이고 그분의 자비하심의 일부이며 사랑인 것입니다. 따라서 영적으로 가난한 사람들은 이미 복음을 받아들인 사람이기 때문에 사실은 복음이 필요치 않은 사람이라고 할 수 있는 것입니다. 따라서 앞에서 언급한 누가복음의 기록은 다음과 같은 문맥으로 이해하여야 될 것 같습니다. “가난한 사람이 복된 것은 그들이 불의하게 빼앗긴 땅을 천국에서 보상받기 때문이며 기쁜 소식이란 것은 그리스도께서 그들의 모든 죄악을 위해 죽으셨으므로 누구나 탐욕, 이기심을 버리고 영적인 가난한 자가 되면 결국 그들이 하나님의 약속들을 받게 되는 것이다.”라고 말입니다.

그러면 이제는 부자에 대한 의문이 필연적으로 제기됩니다. 성경에 보면 부자들을 위한 기쁜 소식 즉 부자들에게도 복음이 있음을 알려주는 말씀이 있습니다. “약대가 바늘귀로 들어가는 것이 부자가 하나님의 나라에 들어가는 것보다 쉬우니라 하신대 듣는 자들이 가로되 그런즉 누가 구원을 얻을 수 있나이까 가라사대 무릇 사람의 할 수 없는 것을 하나님은 하실 수 있느니라”(눅 18:25~27). 이 말씀대로 성경에는 부자이면서도 하나님의 능력으로 천국에 들어간 몇몇 사람들의 예가 기록되어 있습니다.

자기의 소유로 예수님과 제자들을 섬긴 부자 여인들(눅 8:1~3), 예수님의 무덤을 준비하였을 뿐 아니라 배를 사서 일단의 사도들을 당시의 세계 끝으로 알려진 영국으로 가게 하였고 또 그곳에서 자신의 돈으로 교회를 세웠던 아리마대 요셉, 초대 예루살렘 교회를 도왔고 당시 최초의 선교여행비를 대 주었으며 일설에 의하면 그 때문에 자신은 가산을 몽땅 잃어 버리고 말아서 육체노동으로 연명했던 바나바(행 4:36~37; 고전 9:6), 예수님을 영접하자마자 자신의 소유 절반은 포기하고 토색했던 사람들에게는 4배나 갚겠다고 약속했던 삭개오, 이런 사람들은 부자이면서도 하나님의 은혜로 가난해졌던 사람들입니다. 또 이들은 성령의 놀라운 능력으로 자신의 소유물을 아무것도 자기의 것으로 여기지 아니하고 소유의 모두 또는 거의 대부분을 포기했던 사람들입니다.

당신은 은행에서 일을 하며 거액의 돈을 만지면서도 겨우 생활비 정도의 보수만을 받는 은행원들을 알고 있을 것입니다. 하나님께서 부르신 사람들은 바로 그와 같은 사람들입니다. 그들은 단지 천국 은행에서 봉사하고 있는 청지기로서 하나님의 돈을 관리하는 것이며 자신은 적은 봉사료만을 받아 검소한 생활을 꾸려나가는 사람들인 것입니다. 나그네 된 성도들을 위해 자기의 집을 내어 놓은 가이오도 이와 같은 사람이었습니다(요삼). 그래서 사도 요한은 하나님께서 그를 축복해 주시도록 간구하였습니다. 이러므로 자신의 편안한 생활을 위해서 재물을 원하는 사람은 하나님의 종이 아니라 재물의 종인 것입니다.

우리는 예수님께서 오병이어로 오천 명을 먹이시던 장면을 보고 그 많은 사람들이 도대체 어디서 왔으며 왜 그들은 일을 하지 않고 예수님을 따라다니며 때로는 며칠씩이나 예수님과 함께 있었는가 하는 의문을 품게 됩니다. 어떤 사람들은 그날이 바로 공휴일이어서 그와 같이 많은 무리들이 모였을 것이라고 설명합니다. 그러나 성경을 보면 예수님께서는 휴일에는 늘 예루살렘에 계셔서 모세의 율법대로 절기를 지키셨다고 말하고 있습니다. 따라서 그 무리들은 당시의 정황과 성경 내용으로 봐서(마 20:1~8) 헤롯 시대의 지주(地主) 증가로 인하여 일터에서 쫓겨난 노동자들이었을 것으로 생각되는데 이들이 예수님을 따라다니며 예수님의 가르침을 들었을 것입니다. 만약 그렇다면 무리들은 예수님께서 당시 사회의 경제적 불평등에 종지부를 찍고 어떤 위대한 혁명을 일으켜 줄 것을 기대했음이 분명합니다. 이것은 그들이 예수님을 그들의 왕으로 삼으려 했던 사실을 보아도 잘 알 수 있습니다(눅 19:11; 요 6:15).

아마 형제는 복음서가 가난한 사람들 또는 노동자들에 대하여 가진 관심이 얼마나 컸던가를 알면 깜짝 놀랄 것입니다. 여기 그 구절들이 있습니다. 추수할 일꾼의 비유(마 9:38), 수고하고 무거운 짐진 자(마 11:28), 일 없는 품꾼(마 20:1~8), 삯일 하는 종(막 1:20; 눅 15:17), 일꾼이 그 삯을 얻는 것이 마땅하니라(눅 10:7), 추수한 품꾼(약 5:4), 가난한 자들에게 주라(마 19:21, 26:9; 막 10:21), 가난한 자들을 청하라(눅 14:13) 등 이외에 제가 알고 있는 구절들만도 이십여 군데가 있습니다. 또 복음서가 아닌 사도 서신들을 보아도 장사를 하거나 땅을 가진 사람들보다는 가난한 사람들에게 더 많은 관심을 보이고 있음을 알 수 있습니다.

바울은 사도들이 가난하였지만 많은 사람들을 부요케 했다고 깨우쳤고(고후 6:10), 예수님 또한 자신이 부요한 자로서 우리를 위하여 가난하게 되셨으니 우리도 그를 따라야 한다고 말씀하고 있으며(고후 8:9; 빌 2:4), 야고보는 부자에게는 아첨하고 가난한 자는 멸시하는 자들을 책망하면서 "하나님께서는 세상에 대하여는 가난한 자를 택하사 믿음에 부요케 하신다."라고 강조하고 있습니다(약 2:5). 그러면 이와 같은 가난한 사람들에 대한 관심의 결론은 무엇입니까?

관심 그 자체로 끝나 버리는 것일까요? 우리는 마태복음 6장 19~21

절에서 예수님께서 말씀하신 천국 비유를 읽고 위로를 얻을 수 있습니다. 그 비유의 결론은 "오직 너희를 위하여 보물을 하늘에 쌓아두라 거기는 좀이나 동록이 해하지 못하고 도적질도 못하느니라."라고 한 말씀입니다. 그렇습니다. 사람들이 아무리 많은 돈을 일반 시중 은행에 저축하였을지라도 천국은행에 저축한 것이 없으면 훗날 주님과 우리가 마주 앉아 회계(會計)할 그날에는 돌이킬 수 없는 부끄러움을 당하고 말 것입니다.

위에서 제가 열거한 모든 성경 구절들을 보면 하나님께서는 분명히 가난한 자들이 당하는 곤경에 대해 관심을 가지신다는 것이며 따라서 그것은 자유주의 그리스도인들의 견해가 옳을 수도 있겠으나 가난의 문제를 해결하려는 그들의 현실주의적인 수단과 방법에 문제가 있습니다. 선한 양심만을 가지면 된다고 하지만 그것이 그렇게 되는 것은 아닙니다. 또 훌륭한 인격과 뛰어난 지성도 가져야 하겠지만 그것보다도 성령의 인도하심에 따라 적용해야 하는 하나님의 지혜가 우선적으로 필요한 요소인 것입니다. 그래서 사도들이 구제를 맡아 일할 사람들을 뽑을 때 다른 것보다도 먼저 성령과 지혜가 충만한 자를 선택했던 것입니다(행 6:1~3).

사실 우리가 아무리 좋은 계획을 가진다 하더라도 지혜가 없으면 그 계획이 실패작으로 끝나 버리고 말 것입니다. 가난한 사람들에 대한 문제 해결의 방법도 마찬가지입니다. 그것이 우리 눈에 아무리 아름답게 보일지라도 그 속에 하나님의 성령께서 주시는 지혜가 없으면 인간의 지혜를 따라 행하고 마는 것입니다. 그러므로 하나님의 방법도 알지 못하고, 성령의 충만함도 받지 못한 채 가난한 자, 직업을 잃은 자, 착취당하는 자, 약한 자에 대하여 관심을 갖는 사람들은 결국 인본주의의 길을 걷고 마는 것입니다.

준규 형제, 그러면 이제 '가난'이란 말에 대해서 한번 생각해 보기로 하겠습니다. 첫째 저는 가난이란 하나님의 뜻이 아니라고 봅니다. 또 저는 그것이 우리가 하나님의 법을 어겼다거나 뜻대로 살지 않았기 때문에 받는 벌이라고도 생각하지 않으며, 그렇다고 잘사는 것을 하나님의 축복만으로도 보지 않습니다. 둘째, 신구약 성경을 통틀어 연구해 보면 가난이란 것은 강자의 횡포, 즉 약자를 수탈한다거나 아니면 하나님의 기본법이며 최후 생존 수단인 토지를 빼앗김으로 야기되는 문제임을 알 수 있습니다. 셋째, 하나님께서는 교회와 그 아들 예수 그리스도를 통해서만 그 가난의 문제를 온전히 해결해 주신다는 것입니다.

그러면 하나님께서 해결하시는 방법은 무엇일까요? 첫째, 그것은 예수님께서 세상을 심판하신 후 의와 평화의 왕국을 건설하실 때 해결됩니다. 둘째, 탐심을 버리고 하나님께 순종하는 회개한 양심을 가짐으로 해결할 수 있습니다. 셋째, 하나님께서 주시는 새로운 마음(겔 36:26~27)으로 가난한 자들을 서로 도와 주며 물건을 나누어 가질 수 있습니다(행 2:44, 4:32). 특히 세 번째 '서로 도와주며'의 방법으로 가난한 자들도 실제로 땅을 가질 수 있고(행 4:34) 권력도 얻을 수 있다는 사실을 알 수 있습니다(행 8:27, 10:1).

뿐만 아니라 이를 통하여 우리는 주의 은혜의 해(눅 4:19)를 선포할 수 있는 구체적인 사업도 실시해 볼 수 있습니다. 특히 요즘에 와서는 이와 같은 실제적인 계획들을 생활 속에서 이루어 가는 많은 단체와 사람들을 보게 됩니다. 그들은 토지를 공동으로 경작하거나 공장을 차려 공동 작업을 함으로써 생활하고 있습니다. 저는 이와 같은 생활이 약한 자의 토지를 수탈치 못하도록 법을 제정하는 것만큼 중요한 일이라고 봅니다.

저는 여기서 또 한 가지 의문을 제기하고 싶습니다. "그러면 가난한 사람들은 과연 복음을 충분히 듣도록 허락되었는가?"라고 하는 사실입니다. 저는 가난한 사람들에 대한 교회의 장벽이 아직도 너무 두텁다고 생각합니다. 다시 말하면 가난한 사람들에 대한 교회의 관심이 너무나 적을 뿐 아니라 그들을 받아 줄 자리가 없다는 것입니다. 그래서 교회로부터 소외당한 이들은 자기들끼리 파벌을 만들거나 아니면 공산주의로 전향해 버리고는 교회의 적이 되기까지 하는 것입니다. 이와 같은 현상은 야고보 사도가 이미 초대 교회 때부터 경고한 것이지만(약 2:2~3) 유감스럽게도 오늘날까지 교회 내에서 악순환처럼 반복되고 있는 사실입니다. 만약 그리스도의 교회가 하나님의 율법대로 성도의 교제를 나누고 또 교회가 힘을 얻을 때 하나님의 법을 올바로 실천했더라면 7세기의 이슬람교나 20세기 초반의 공산주의가 일어나지도 아니했을 것입니다. 그러므로 이슬람교의 발생과 공산주의의 대두는 하나님의 법을 그대로 준행치 못한 그리스도 교회에 직접적인 원인과 책임이 있다고 보겠습니다.

그러면 지금 우리는 어떻게 해야 할까요? 첫째 우리는 가난한 자들에게 복음을 전할 일꾼이 필요합니다. 아직도 세계 인구의 95퍼센트는 가난한 사람들입니다. 교회가 절대 다수인 이들을 외면해 버린 채 세계 복음화를 외친다면 허공에다 고함치는 결과 이외에 무엇을 더 얻겠습니까? 둘째 우리는 가난한 사람들에게 복음을 전하기 위해서는 바울, 바나바, 마가, 실라, 디모데 등 선배 전도인 들이 보인 본을 받아야 할 것입니다. 그들은 가난한 자들을 위해 복음을 전할 때 그들 스스로가 일하고 벌면서 복음을 전했습니다. 셋째, 우리는 아리마대 요셉, 바나바, 삭개오, 부자 여인 등과 같이 복음 전도를 위하여 재산까지 버릴 수 있는 부자들이 필요합니다. 넷째, 우리는 가난한 자들에게 복음을 전할 수 있도록 그들의 아들, 친구, 친척 들을 지원해 줄 사람이 필요합니다. 그리고 이 네 가지 사실보다 더욱 필요한 것은 복음을 가지고 가는 일꾼들이 그들의 학벌과 가문이 아무리 훌륭하다 할지라도 자신을 비워 종의 형체를 가지신 그리스도의 겸손을 가져야 한다는 사실입니다(빌 2:5~11). 저는 조금 전에 세계 인구의 95퍼센트가 가난한 사람들이라고 했습니다. 그런데 실제 전 세계 교회가 그들의 재정을 가지고 사용하는 대상은 5퍼센트 밖에 되지 않는 부자들을 위해서라고 합니다. 그리고 그 이유 중의 하나는 목사들을 비롯한 교역자들에게 보수를 지급하는 전통 때문이라는 것입니다.

사실 부자들이라야 교역자들에게 보수를 지불할 수 있지 가난한 사람들은 할 수가 없는 것입니다. 형제는 데살로니가전서 2장 9절을 주의 깊게 읽어 보십시오. "형제들아 우리의 수고와 애쓴 것을 너희가 기억하리니 너희 아무에게도 누를 끼치지 아니하려고 밤과 낮으로 일하면서 너희에게 하나님의 복음을 전파하였노라." 여기에 나타난 그대로 바울과 그의 선교 동역자들은 복음을 전하는 동안 그들 스스로가 밤낮으로 일을 하여 자신들의 먹을 것을 벌었습니다.

그리하여 복음을 전한다는 구실로 조금이라도 교회에 짐을 지우거나 부담을 주지 않았습니다. 그리고 사도행전 20장 33~35절에 보면 사도 바울은 그 자신뿐 아니라 그의 동역자들까지 도와 주기 위해 천막 기술을 사용하여 돈을 벌었다는 것을 알 수 있습니다. 이와 같이 바울이 복음 전파를 위해 사용한 선교 방법은 그 후 조지 뮬러나 허드슨 테일러에 의해 전수되었는데 이것은 오늘날 '훼이스 메소드'(faith method, 교회의 지원을 받지 않고 자신의 먹을 것을 스스로 벌어가며 복음을 전하는 선교방식)라고 불리어지고 있습니다. 이 훼이스 메소드에 대한 내용은 빌립보서 4장 10~19절에 기록되어 있는데 그중 "나의 하나님이 그리스도 예수 안에서 영광 가운데 그 풍성한 대로 너희 모든 쓸 것을 채우시리라."라고 한 바울 선생의 고백은 훼이스 메소드의 핵심 사상이라고 하겠습니다. 제가 성경에서 알고 있는 한, 바울 선생은 한번도 돈을 요청한 적이 없었고 차라리 죽을지언정 돈을 달라고 하지 않겠다고 말했습니다(고전 9:15). 반면 바울 선생은 비천에 처할 줄도 알고 풍부에 처할 줄도 아는 비결을 배워(빌 4:12) 그것을 사랑하는 그의 동역자들과 나누었고, "아무것도 염려하지 말고 오직 모든 일에 기도와 간구로 너희 구할 것을 감사함으로 하나님께 아뢰라"(빌 4:6)라고 권면과 함께 용기를 주고 있습니다.

그렇습니다. 우리의 아버지는 하나님이십니다. 산천초목이 다 우리들의 아버지의 것이며, 금, 은도 다 하나님 아버지의 것입니다. 그러므로 우리가 아버지께서 명한 그 일 즉 가난한 자들에게 복음을 전한다고 한다면 무엇을 주시지 않겠습니까? 조지 뮬러의 영향을 받아 약 1백 년 전 중국 내지선교(內地宣敎)를 시작한 허드슨 테일러는 돈을 구걸한다는 인식을 주지 않기 위해 절대로 선교 헌금이나 자금을 구하지 않았습니다. 그런데도 하나님께서는 그의 중국 내지선교를 축복해 주셔서 수많은 사람들을 회개할 수 있도록 해 주셨을 뿐 아니라 그들의 영향력이 전 중국 본토와 외국에까지 미치도록 하셨습니다. 중국 출신의 유명한 신학자 워치만 니도 바로 이 중국 내지선교의 모범과 형제 선교단(brethen missionaries)의 영향을 받아 교역자들이 무보수로 일할 것과 훼이스 메소드의 방법을 가르쳤습니다. 죽의장막이 열려지고 있는 요즘 우리는 훼이스 메소드로 중국 내지선교를 담당했던 선교사들의 눈부신 열매들을 점점 뚜렷하게 보고 있습니다.

저는 최근 O.M.S. 출신의 선교사로 중국을 다녀온 킬보른 목사가 쓴 보고서를 보았는데 그의 보고에 위하면 지난 30년 동안 보수를 받는 목사가 전혀 없었음에도 불구하고 중국 교회는 여전히 번창하고 있다는 내용이었습니다. 실로 중국 교회는 우리가 우려했던 것보다는 훨씬 생기 있게 살아 있었던 것입니다. 지금 중국에는 상해에만도 2백여 개가 넘는 가정 교회가 있다고 하며 교회가 사라졌다고 생각되던 1949년에 있었던 숫자의 4배가 되는 기독교인들이 있을 것이라는 추측입니다.

이와 관련해서 한국 교회를 한번 생각해 볼까요? 만약 한국 교회가 1949년에서 1979년까지 30년 동안 받았던 중국 교회의 박해를 당했다고 가정해 봅시다. 그 속에서도 한국 교회가 그때의 4배만큼 성장할 수 있었을까요? 만약 모든 교역자들이 노동을 강요당하고 목사 안수까지 못 받게 됐다고 생각해 보십시오. 한국 교회가 이처럼 자랐겠습니까? 하나님께서는 허드슨 테일러가 시작한 훼이스 메소드를 기뻐하셨고 그를 통하여 중국 교회를 축복하셨던 것입니다. 제가 특별히 하나님께 감사하고 있는 것은 오늘날 한국 교회의 교역자들과 선교사들이 바울처럼 그들의 쓸 것을 하나님께만 간구하고 얻는 훈련을 착실히 쌓아가고 있다는 사실 때문입니다. 저는 이것이야말로 가난한 자에게 복음이 전해지는 길이라고 믿으며 동시에 이 시대 세계 복음화를 위하여 하나님께서 원하시는 선교방법이라고 믿고 싶습니다.

만약 우리가 이와 같은 하나님의 뜻에 순종하여 우리의 마음을 준비하기만 하면 하나님께서는 우리들을 사용하셔서 참된 복음이 가난한 모든 사람들에게 들려지도록 하실 것이며 그리고 바로 그날 우리 주님께서 다시 오시는 그때에 물질뿐 아니라 영으로 가난한 모든 사람들에게 그의 왕국을 허락해 주실 것입니다.

준규 형제, 그러므로 우리는 그때까지 그리스도께서 가난한 우리를 위해서 피흘려 주신 그 사랑의 복음을 진실된 성도의 상호교제(코이노니아)를 통하여 아름답게 실천하며 이것을 통하여 가난한 모든 사람들에게도 천국의 향취를 맛볼 수 있도록 해 줍시다. "나의 하나님이 그리스도 예수 안에서 영광 가운데 그 풍성한 대로 너희 모든 쓸 것을 채우시리라"(빌 4:19).

선교사가 되기 위한 자격

저와 아내는 앞으로 세계 선교는 우리나라가 맡아야 할 사명인 것을 확실히 깨달을 수 있었습니다. 그러므로 "성령이 너희에게 임하시면 너희가 권능을 받고 예루살렘과 온 유대와 사마리아와 땅 끝까지 이르러 내 증인이 되리라."라고 지시하신 예수님의 말씀은 바로 저를 비롯한 우리 한국의 젊은이들이 영접하고 또 순종해야 할 말씀이라고 생각되어집니다. 그런데 신부님, 제가 알고 싶은 것은 어떠한 곳에서 우리를 필요로 하고 있으며 어떻게 그곳으로 가서 일을 시작하며 또 우리는 어떻게 준비하고 선교사가 되기 위해서는 어떤 특별한 자격을 갖추어야 하는지 알고 싶습니다. 반드시 신학교를 졸업해야 하는지요? 신부님은 한국에서 태어나서 줄곧 이곳에서 선교활동을 하셨으니까 앞으로 선교 일선에서 일하게 될 저 같은 젊은 선교 후보생들에게 좋은 도움말을 주시리라 생각되어 이 편지를 드립니다.

 - 김요셉, 마리아 부부 올림

요셉, 마리아 부부에게.

당신들이 예수원을 떠날 때는 얼마나 섭섭했는지 모릅니다. 그러나 우리 주님께서 현재의 위치에서 당신을 사용하고 우선 함께 있는 가족들에게 복음을 전할 수 있도록 하시니 한편으로 기쁘기도 합니다. 복음이 예루살렘으로부터 전파되었으므로 우리들도 가장 가까운 이웃인

가족들에게 먼저 복음을 전해야 함이 마땅한 일인 줄 압니다. 사도 바울도 스데반으로부터 깊은 감동을 받긴 했지만 그의 집안 친척 중에서 안드로니고와 유니아로부터 많은 전도를 받았음을 성경을 통해 짐작할 수 있습니다(롬 16:7). 또 로마로 이민 간 바울의 친척 헤로디아는 바로 바울 자신의 전도로 진실한 크리스천이 되었다고 전해집니다.

그러면 당신이 질문한 내용에 대해서 차례대로 대답해 보겠습니다. 먼저 어떤 지역에서 당신들을 필요로 하는가에 대해서 말씀드리겠습니다. 실제로 당신들을 필요로 하지 않는 곳은 아무데도 없습니다. 아직까지 세계 인구의 반 이상이 그리스도를 믿지 않고 있으며 U.F.M.I.(Unevangelized Fields Mission International) 같은 선교단체에서는 아프리카, 아시아에서는 물론 유럽에서까지 선교 활동을 벌여야 할 판이니까요. 현재 기독교가 가장 빨리 성장하고 있는 곳은 인도네시아와 아프리카 지역인 듯합니다. 그곳은 얼마 안 가 자국 국민들이 자체적으로 복음을 전할 수 있을 것으로 기대됩니다.

그러나 그들도 외국 선교사들의 도움을 환영하고 있는 것 같습니다. 인도, 파키스탄, 방글라데시, 중국 및 일본은 엄청난 인구를 가지고 있으면서도 정작 복음을 전하기에는 상당히 어려움을 안고 있는 지역입니다. 물론 중국 교회의 경우는 한국 교회만큼이나 놀라운 성장도를 보이고 있습니다. 그러나 전체적인 중국 인구의 숫자가 너무 엄청난 까닭에 결과를 놓고 보면 한강에 참기름 한 방울 붓는 격에 지나지 않습니다. 일본 교회도 드디어 부흥의 기미가 보이는 듯합니다. 그러나 그들 역시 전체 인구수에 비하면 가뭄에 콩 나는 격이라 자기 나라를 복음화시키려면 수십 년은 더 걸려야 될 것 같습니다. 그 외의 동남아 국가들도 필히 복음이 전해져야 할 곳들임은 두말할 나위가 없습니다. 남미 지역은 유럽과 마찬가지로 한때는 기독교가 강하게 뿌리를 내렸으나 르네상스와 더불어 시작된 인본주의가 이곳에 침투하여 지금은 그 과도기 과정을 마치고 완전히 자리를 잡은 상태에 있으므로 실상은 기독교가 명맥만을 유지하고 있을 뿐입니다. 그러나 이들 지역 중 어떤 곳에서는 진실로 성령이 충만하여 살아 움직이는 교회도 있어 앞으로 얼마간은 복음사업을 계속 펼쳐나갈 수 있을 것으로 전망됩니다. 하지만 그들조차도 성령 충만한 외국 교회로부터 도움을 기다리고 있는 형편입니다.

그럼 두 번째 질문, 어떻게 그곳으로 가서 일을 시작할 것인가에 대하여 알아 보겠습니다. 원하는 나라에 파송 받는 가장 보편적인 방법은 선교단체나 기관을 통하는 길입니다. 현재 미국을 비롯한 각국에는 단일 교회들이 연합한 교회연맹체가 선교기관을 만들어 두고서 선교 후보생들과 동역을 원하고 있습니다. 해외선교회(O.M.F.)가 그런 일을 하고 있고 Y.M.(Youth with a Mission), O.M.(Operation Mobilization)라는 곳은 좀 특수한 선교 사업을 펴는 기관인데 이것은 무한한 가능성을 가지고 있는 선교매체이기도 합니다. 예를 들어 말레이시아, 인도네시아, 중국, 아프리카 등 이교(異敎)국가들은 대부분 문맹률이 높고 문화 수준이 낮기 때문에 외국으로부터 도움(기술이나 문화원조)을 많이 바라고 있는 실정입니다. 또 국제무대에서의 낙후성을 면하기 위해 국제어인 영어를 많이 보급하고자 노력하고 있습니다. 이런 점을 이용하여 '교양과 선교'라는 단체에서는 전문적인 지식이나 기술을 가진 평신도 직업인들, 즉 교사, 의사, 간호원, 기술자 등을 훈련시켜 그와 같은 이교 국가에 파송하고 있습니다. 이 같은 선교 방법은 정부가 공식적으로 기독교를 인정하지 않는 회교나 공산국가 등에 복음을 전할 수 있는 훌륭한 방법이기도 합니다. 위클리프 성경 번역회(Wycliffe-JARS, Waxhaw, NC 28173 U.S.A.)에서도 아주 훌륭한 선교 사업을 펴고 있습니다. 이곳에서는 성경을 아직 번역되지 아니한 새로운 언어들로 옮겨서 그 사용지역으로 보급하는 일을 하고 있습니다. 한국의 젊은이들은 어학적인 재능을 가진 사람들이 많으므로 아마 이 방면에 쓰임을 받았으면 좋을 듯합니다. 그러나 이것도 결코 쉬운 일은 아닙니다. 언어가 사용되는 지역으로 들어가 그들과 함께 살며 그들의 토속어를 완전히 배워야 하는 어려움이 있기 때문입니다.

 선교기관을 통하지 않고도 훨씬 효과적인 선교 방법이 있기도 합니다. 사도 바울도 그가 어떤 선교기관을 등에 업고 선교 사업을 한 것은 아니었습니다. 교회사를 일괄해 보더라도 선교 업적상 중요한 일을 한 분들은 거의가 이름이 알려지지 않았고 따라서 칭송도 받지 못하고 있는 까닭은 그들이 사업차 머물러야 하는 곳마다 거기서 복음을 전하고는 떠나 버렸기 때문입니다.

 그래서 아일랜드, 스코틀랜드의 켈트족에게 처음으로 복음을 전한 사람이 누구인지는 지금도 아는 사람이 없습니다. 아리마대 요셉일 거라는 설이 맞다고 하더라도 그가 알려진 바로는 유일한 인물일 뿐 나머지는 모두 장사차 그곳에 왔다가 복음을 전한 사람들이었습니다. 오늘날 한국 사람들 중에도 각종 사업차 장기 여행을 떠나야 하는 크리스천들이 많이 있습니다. 그들의 직업이 무엇이든지 간에 그들은 모두 자기가 가는 지역의 평신도 선교사가 되어야만 할 것입니다. 바울의 동역자였고 직업도 같았던 천막제조업자 아굴라, 브리스길라 부부도 로마에서 추방을 당하여 고린도로 옮겼을 때 그곳에서 훌륭한 선교사가 되었습니다(행 18:2~5). 그 후 그들은 천막 공장을 에베소로 옮겨 다시 기반을 닦았는데 여기서도 나중에 그곳으로 온 바울의 선교업무를 헌신적으로 도왔습니다. 또 이들 부부는 로마행 재입국 허가가 나자 그곳에 돌아와 로마 교회의 두 기둥이 되었습니다. 이 로마 교회의 경우도 누가 교회를 세웠는지 모르고 있는 까닭은 장사차 혹은 공직 수행차 부득이 그곳에 머물러야 했던 무명의 평신도 크리스천에 의해서 차츰 형성되어졌기 때문입니다. 그러므로 오늘날도 무슨 형태로든지 해외에 나갈 길이 있으면 크리스천에게는 그것이 선교사로 파송받을 수 있는 절호의 기회인 것을 잊지 말아야 합니다.

그럼 세 번째 질문, 선교사가 되기 위해 무엇을 준비해야 하는가에 대한 답변입니다. 두말할 나위 없이 언어가 가장 기본적인 구비조건입니다. 아랍어권에 들어갈 사람들은 기본 아랍어를 습득하는 것이 최우선적인 일입니다. 가서 배울 수도 있겠으나 일단 가고 보면 당장 해야 할 일들 때문에 체계적으로 공부할 수 있는 짬을 낼 수가 없습니다. 반면 떠나기 전 그 나라 언어의 기초문법, 회화만이라도 배우고 간다면 빠른 시일 안에 언어의 장벽을 허물 수 있을 것입니다. 요즈음은 세계 어느 나라를 가더라도 영어를 말할 수 있어야 그 나라 지방 언어도 쉽게 배울 수 있습니다. 그러나 현재 한국의 학교에서 가르치고 있는 영어는 같은 영어라도 홍콩, 마닐라, 싱가포르, 런던, 미국의 일부 지역 등에서 사용되는 그것과는 조금 차이가 있습니다.

그래서 '교양과 선교'라는 기관에서는 그들 한국인 선교사들 모두 앤아버의 미시간 대학교에서 기본적인 영어교육을 우선적으로 시키고 있습니다. 이 기관의 국제 담당 간사인 로버트 라이스 목사는 "하나님께서는 우리 인류에게 새로운 세계 공용어를 가지도록 요구하시지 아니할 것이다. 왜냐하면 이미 국제어가 되어 버린 영어가 그와 같은 구실을 하고 있기 때문이다. 그러나 유감스럽게도 영어가 이 세상에서 가장 어려운 언어이다."라고 하며 선교 후보생들에게 영어 공부의 필요성을 역설했었던 적이 있습니다. 그러므로 만약 여러분이 특히 기술 언어학적(technical linguistic approach)인 방법으로 영어를 마스터

할 수 있다면 훨씬 유능한 선교사로 쓰임 받을 수 있을 것입니다. 왜냐하면 세계 어느 나라를 가도 영어보다 더 어려운 언어를 찾아볼 수가 없기 때문입니다.

언어 문제는 그렇다 치더라도, 선교사가 되기 위해 과연 신학을 공부해야만 할 필요가 있을까? 요셉 형제, 당신은 "주 예수를 믿으십시오 그러면 구원을 얻을 것입니다. 회개하고 예수 그리스도의 이름으로 세례를 받고 죄 사함을 얻으십시오 그러면 성령을 선물로 받을 것입니다"(행 16:31, 2:38)라는 말을 전하기 위해 신학을 공부해야 할 필요가 있다고 생각합니까? 성경을 보기로 하겠습니다. 성경에 보면 신학을 배우고 가르치는 것은 교사들의 직분이었습니다. 그런데 이 교사의 직분이 신학을 가르쳤다는 말은 예루살렘 교회를 제외하고는 안디옥 교회에서 처음 언급되고 있는 이야기입니다.

즉 안디옥 교회에서 가르치는 일이 시작된 것, 다시 말해 교사가 생겨나고 신학을 공부한 것은 바나바가 바울을 데리고 온 다음의 일입니다. 그러므로 바나바가 바울을 안디옥으로 데려와 평신도들을 가르치기 전에 교회는 이미 세워져 있었고 성도들이 신학적으로 훈련받게 된 것은 그 다음의 일이었던 것입니다(행 13:11, 11:25 참조). 다시 말해서 교회는 선교사들에 의해서 먼저 개척되고 굳건히 서고 난 다음에 비로소 신학을 가르치는 교사가 필요한 것입니다. 결론적으로 교회는 성서적인 바탕에서 믿음을 실천하며 책이 아닌 생활 가운데서 신학과 믿음으로 배우는 사람들이 만드는 조직체인 것입니다.

미국에는 전문적인 성직자나 신학자를 만들지 않고 평신도 선교사를 양성하는 선교기관들이 몇 군데 있습니다. 그중 가장 알찬 기관 중의 하나는 '베다니 선교회'(Bethany Missionary Fellowship)인데 우리 예수원은 이곳으로부터 많은 영적 도움을 받고 있습니다. 이 선교회의 회원들은 그들 특유의 공동생활과 집단농장 및 공장 속에서 실천적 신학을 배우고 있으며 또 이곳으로부터 파송 받은 선교사들은 그들이 거주하는 나라에도 동일한 공동체를 형성하여 그 나라 선교전략의 본부로 삼고 있습니다. '크라이스트 포 더 네이션스'(Christ for the Nations)라는 단체도 좋은 프로그램을 가지고 선교사들을 훈련시켜 각국에 파송하고 있습니다. '크리스천 봉사대'(Christian Service Corps)란 기구에서는 영농 기술자, 간호원, 교사, 그 밖의 전문직 기술자 들을 훈련시켜 선교 대상국에 기술원조와 함께 복음을 전하도록 꾀하고 있습니다.

선교사의 자질에 대해서는 뭐니뭐니해도 성령의 은사 능력(행 1:8; 고전 12장)과 성령의 열매(갈 5:22~23) 맺음이 가장 중요한 필수 요건입니다. 물론 이 모두를 다 겸비해야 할 것이지만 제 개인적인 의견으로는 후자를 더 강조하고 싶습니다. 왜냐하면 사람이란 실수를 하게 마련이고 선교지에 나가서 조금만 부주의하다 보면 자만심에 빠지거나 혹 큰 호의나 은혜라도 베풀어 주는 태도를 취하게도 됩니다. 그러면 피선교국의 사람들은 금방 이를 알아차리고 그 다음부터는 마음 문을 닫아 버리고 말게 될 것이며 그런 가운데서 그가 아무리 큰 능력을 행한다 할지라도 받아들이지 않음은 물론 오히려 무슨 신비 종파나 미신 따위로 몰려 버리고 만다는 것입니다.

이런 점으로 볼 때 겸손, 온유, 친절, 오래 참음, 이 네 가지 성령의 열매는 무엇보다도 필요한 선교사의 자질이라고 강조하고 싶습니다. 만약 여러분이 선교사 지망생이라면 여러분 속에 이와 같은 자질이 있나 없나를 시험해 볼 수 있습니다. 선교사로 파송 받는다 생각하고 깊고 외진 시골로 가서 생활해 보십시오. 공부를 많이 한 목회자들 중 많은 분들이 시골로 오지만 그들이 불식간에 취하는 고자세로 인하여 자신들과 예수님이 똑같이 외면당한다는 사실을 참고로 하시면 좋겠습니다.

사랑하는 요셉 형제, 당신은 새서울교회의 앨버트 조 목사님을 알고 있죠? 하지만 그가 현재의 교회로부터 초빙을 받아 오기 전 산간벽지, 그것도 한번 찾아 가기도 힘들 뿐 아니라 끼니도 제대로 못 때우는 곳에서 무려 20년간이나 목회를 하셨다는 사실을 알고 있는지요? 그런 점에서 보면 목사님과 사모님은 사도 바울에 못지않은 험한 목회 사업을 감당하셨던 분입니다. 사모님은 그야말로 원시적인 생활여건 속에서 자녀들을 길러야 했고 그 때문에 그의 첫 아들은 개척한 교회에다 장사 지내는 아픔마저 겪어야 했습니다. 또 나머지 자식들은 모두 근처의 벽지 초등학교와 중학교를 보내야 했습니다. 그가 지금 성공적인 목회를 하고 참목자 상으로 인정을 받고 있는 것도 공부를 많이 하였기 때문이 아니고 인내를 쌓을 수 있었기 때문입니다.

오늘날 소수의 목사님들이 그와 같은 시골 교회에서 몇 년을 보내지만 고달픈 생활을 끝까지 인내하지 못하여 철수해 버리는 연고로 아직도 산간벽지 마을은 복음화의 대열에서 탈락되고 있는 실정입니다. 그러므로 누구든지 자신이 해외선교에 부름을 받았다고 생각하는 사람은 강원도나 경상도, 전라도의 산가벽지에 들어가 자신의 자질, 인내력을 시험해 보는 것도 좋을 줄 압니다. 아직도 그런 곳에는 교회가 없어 개척이 필요한 곳이 얼마든지 있을 뿐 아니라 한국의 오지(奧地)에서 견뎌내지 못할 사람이라면 해외에 파송을 받는다 하더라도 사정은 마찬가지일 것입니다. 선교사로서의 모범이 될 만한 분들은 이외에도 슈바이처, 리빙스턴 같은 인물들을 꼽을 수 있지만 그러나 역시 선교사의 표상으로 본받아야 할 분은 사도 바울입니다.

그가 선교사로서의 사명을 진실되게 감당하였는가에 대해서 도전을 받았을 때 그가 자신의 자질에 대해서 기술한 내용을 읽어 보십시오. 먼저 고린도후서 4장을 주의깊게 읽고 난 후 11장에 와서 5절부터 계속 읽어 보시기 바랍니다. "내가 비록 말에는 졸하나…내가 수고를 넘치도록 하고 옥에 갇히기도 더 많이 하고…여러 번 자지 못하고 주리며 목마르고 여러 번 굶고 춥고 헐벗었노라…이 외의 일은 고사하고 오히려 날마다 내 속에 눌리는 일이 있으니 곧 모든 교회를 위하여 염려하는 것이라 누가 약하면 내가 약하지 않더냐 내가 부득불 자랑할진대 나의 약한 것을 자랑하노라"(고후 11:23~30). 여기서 마지막 29, 30절을 다시 한번 읽어 보십시오. 바울 선생이 강조하고 있는 것은 '사랑'입니다.

그의 사랑, 즉 선교사가 가져야만 할 사랑은 어찌나 강한지 자신의 속이 눌릴(torment) 지경이라고 말하고 있습니다. 즉 사도 바울은 자기가 당한 육체의 고난은 아무것도 아니로되 새로 입교한 신자나 새로이 개척된 교회가 혹시 어떻게 되지 않을까 염려하는 그 일 때문에 더 괴롭다고 말하고 있습니다. 요셉 형제는 여기에 대해 어떻게 생각합니까? 오늘날 교회가 귀가 가렵도록 '사랑'을 이야기하지만 선교사 바울이 가졌던 사랑을 실천해야 한다고 생각하지 않습니까? 자기가 개척하였거나 시무하는 교회의 성도가 어려움과 고통 중에 있을 때 그로 인한 근심 때문에 속이 눌리는 아픔을 겪는 교역자들이 늘어 가야만 될 줄 압니다. 바울 사도는 그와 같은 근심의 도가 너무 지나쳐 기도하지 않을 수 없었고 불가불 고난의 삶을 살아야 했으며 결국은 순교까지 당해야만 했습니다. 똑같은 근심이 예수님으로 하여금 골고다의 십자가를 지도록 하지 않았습니까?

이제 마지막으로 선교사의 기본적인 자질에 대해서 결론적으로 말해 보겠습니다. 고린도후서 12장 9절 이하를 읽어 보십시오. "내게 이르시기를…사도의 표된 것은 내가 너희 가운데서 모든 참음과 표적과 기사와 능력을 행한 것이라." 여기서도 마지막 12절을 눈여겨 보십시오. 바울 선생은 사도의 첫 번째 자질로서 '오래 참음'을 들고 있습니다(사도는 '보내심을 받은 자'란 뜻으로 곧 선교사를 뜻한다). 그러므로 요셉 형제, 당신이 해외 선교에 대한 분명한 소원이 있다면 무엇보다도 오래 참는 훈련부터 쌓아야 할 것임을 기억하십시오.

저는 마지막으로 한 가지 사과의 말을 드리고 이 글을 마칠까 합니다. 과거 세계 선교를 담당했던 우리 서양의 선교사들은 서양 문명을 그대로 옮겨 놓으면 그것이 선교였다고 생각했습니다. 그래서 선교지에다 제국주의의 표시인 온갖 화려함, 물질적 부(富), 안일주의, 백인 우월주의를 은연중 내세우고 다녔고 어떤 이들은 식민주의의 앞잡이가 되기도 했습니다. 그들은 화려한 집에서 노예를 부리고 번쩍거리는 자가용을 굴리고 다니며 소위 선교 사업을 한다고 하였습니다. 저는 우리 선배 선교사들이 저지른 실수와 죄에 대하여 눈물로 회개하며 한국의 젊은이들에게 사과하는 바입니다. 그리고 부디 한국의 젊은이들만은 우리의 지나간 잘못을 본받지 말고 저 위대한 선배 바울 선교사의 길을 좇아가기를 기도합니다. 그래서 세계 선교 역사상 새로운 장, 빛나는 한국판 사도행전을 기록해 보시도록 하십시오.

"그러므로 너희는 가서 모든 족속으로 제자를 삼아 아버지와 아들과 성령의 이름으로 세례를 주고 내가 너희에게 분부한 모든 것을 가르쳐 지키게 하라 볼지어다 내가 세상 끝 날까지 너희와 항상 함께 있으리라 하시니라"(마 28:19~20).

선교사의 두 가지 유형

　신부님, 제가 재차 이 편지를 드리는 것은 지난 편지에서 조금 언급된 것이지만 겨우 암시 정도로 그친 것이어서 좀더 구체적으로 알고 싶어서입니다. 저는 조지 뮬러, 허드슨 테일러, C.T. 스터드와 같은 훌륭한 선교사들을 알고 있습니다. 하지만 그들이 직업을 가짐으로써 자비량(自備糧)을 했다거나 또는 어떤 교회 단체로부터 파송을 받아 그들로부터 보조비를 받았다고는 들어본 적이 없습니다. 다만 매일매일의 일용할 양식과 그 밖에 선교에 필요한 비용들을 오직 하나님에게만 맡겼다고 들었습니다. 그래서 우리가 만약 이 같은 선배 선교사들을 본받아 오직 하나님의 기적만을 믿고 선교여행을 떠난다고 하면 신부님은 어떻게 생각하십니까? 제 생각에 그것이 일종의 하나님을 시험하는 것이 되지 않을까 두렵기까지 하답니다. 지난날의 훌륭한 선교사들께서 세계선교를 위해 하나님께 의지한 그러한 방법이 오늘날에도 가능한지 신부님의 의견이 듣고 싶습니다.

　　　　　　　　　　　　　　　　　- 요셉, 마리아 부부 올림

　요셉, 마리아 부부에게.
　너무나 좋은 질문을 주셔서 대단히 기쁩니다. 제 자신이 이 문제에 대해서 자주 생각을 해오고 있었습니다. 그리고 그때마다 저는 '한국에는 왜 중국에서 내지선교를 담당했던 허드슨 테일러나 세계 전도대(world-wide evangelization crusade)운동을 일으킨 스터드(C.T.Studd) 선생과 같은 선교사가 없을까?' 하고 여러 번 생각해 보았습니다(실은 한두 명의 세계 전도대(W.E.C.) 출신의 선교사가 머물렀던 적이 있었으나 잠깐 체류하다가는 다른 곳으로 옮겨갔다).

그 이유는 오늘날 한국에 이루어진 선교 양상이 1백 년 전 허드슨 테일러가 있을 당시 영국의 그것과 아주 흡사한 이유 때문인 것 같습니다. 당시 영국의 각 교회, 교파는 독자적으로 선교사들을 파송하여 조직적으로 그들을 관리하고 지원을 해 주었습니다. 그래서 교단의 파송을 받지 않고 개별적으로 선교사로 떠나는 사람은 거의 없었습니다. 그러나 허드슨 테일러가 영국을 떠나 중국 내지선교를 시작한 후로 중국 교회에는 그와는 대조적인 선교형태가 나타나기 시작했습니다. 즉 허드슨 테일러가 오랫동안 선교 사업을 펼쳤던 곳이기도 한 중국 교회는 지금까지 모진 박해를 무릅쓰고 견뎌왔는데 이곳에는 누구하나 보수를 받는 사람도 없지만 모든 크리스천이 전부 선교사라는 자각을 가져왔습니다.

그래서 이들은 누구의 도움도 바라지 않고 오직 하나님의 기적만을 기대하고 그보다 더 깊은 내지(內地)에 들어가 복음을 전했던 것입니다. 이런 덕분으로 그들은 대부분 필요한 만큼 채워 주시는 하나님의 놀라운 기적을 체험하기도 했습니다. 그래서 저는 허드슨 테일러와 같이 교회의 보조를 바라지 않고 오직 하나님의 기적을 믿고 나가는 선교방식이 중국 본토에 실시된 것은 하나님의 섭리였다고 믿습니다. 왜냐하면 그 이후 오늘날까지 중국 교회에는 모진 핍박이 계속되어졌고 그러한 핍박 속에서도 선교사로 남아 있기 위해서는 그와 같이 하나님을 의지하는 방법밖에는 없기 때문입니다. 그러나 한국 교회는 아직까지 그런 가혹한 환난은 당하지 않았습니다.

위에서 잠깐 언급한 대로 허드슨 테일러가 영국에 머물면서 중국 내지선교부를 창설한 당시와 오늘날의 한국 교회가 당면한 시기는 너무나 닮은 감이 있습니다. 그래서 얼마 있지 않으면 각 교단별로 많은 선교사들을 파송할 것입니다. 물론 그들도 매달 선교비를 받기로 작정하고 떠나게 됩니다. 그러면 여기서 허드슨 테일러가 있을 당시 영국 교회의 정황들을 잠시 살펴보기로 하겠습니다.

당시 영국의 모든 교회들은 해외에서 수고하는 선교사들을 지원하고 있었습니다. 당시의 영국 정부가 제국주의 노선을 걷고 있었으나 영국 교회는 그들과 식민지 관계를 맺고 있는 국가들에게 선교사들을 파송하는 양심은 버리지 않았습니다. 그리고 얼마 후에는 식민지뿐 아니라 식민지적 야망이 없는 제3국에도 선교사들을 파송했습니다. 그래서 각 교회들은 저마다 해외 선교부를 설치하였고 또 여러 지역에서의 다양한 선교 활동을 지원해 주기 위해 모든 교회로부터 선교헌금을 갹출받기도 했습니다. 이렇게 영국 교회가 저마다 해외 선교에 열을 올리고 있을 때 하나님으로부터 중국의 내지를 선교하라는 소명을 받은 사람이 바로 허드슨 테일러였습니다.

그러나 그에게는 큰 문제가 가로놓여 있었습니다. 당시 중국과 맺은 조약은 해안 변경을 제외하고 내지로 입국하는 것은 불법으로 명시하고 있었기 때문입니다. 영국 교회도 이것이 불법적인 선교이므로 내지 입국을 허락하지 아니했습니다. 그러나 테일러는 내지에 있는 사람들도 복음을 들어야 하기 때문에 자신을 내지로 파송해 줄 것을 요청했습니다. 이에 대하여 교회는 교회대로 조약을 맺은 지역은 기꺼이 파송해 줄 것이지만 조약을 맺지 않은 곳은 결코 갈 수 없다고 맞섰습니다. 여기서 조지 뮬러의 이야기를 해야 되겠기에 잠시 언급하겠습니다.

잘 아는 대로 조지 뮬러는 독일에서 태어나 영국으로 건너온 후로는 그 곳에서 고아원을 하라는 성령의 인도함을 받았습니다. 마침 그가 살았던 브리스톨 시에는 길거리 여기저기에 고아들이 즐비했습니다. 그러나 뮬러는 고아원을 경영하기 위해 교회에 소속되거나 대인 접촉을 벌이지 않았습니다. 그는 다만 몇 명의 사람들만 알고 있었고 그들조차도 뮬러가 작은 고아원 하나나 도와 줄 수 있을까 의심했습니다. 그러나 뮬러는 하나님께서 매일매일 고아들을 먹여 주실 것이라 믿었고 또 진지하게 기도했습니다. 이 결과 그는 수천 명을 양육시키는 고아와 믿음의 아버지가 되었습니다. 조지 뮬러는 그가 기르고 있는 수천 명의 고아들을 먹이기 위해 한번도 외부의 도움을 구한 적이 없었습니다. '고아들을 위한 구호 성금'이란 명목으로 교회 또는 그 밖의 사회기관에 도움을 호소할 수도 있지만 그는 결코 이를 허락하지 아니했습니다. 이것은 그가 도움을 청하는 것은 빚을 지는 행위이므로 로마서 13장 8절 말씀을 어기는 것이라 생각했기 때문입니다. 또 그가 영국 국교의 멤버가 되기만 했더라도 거액의 보조금을 지급받을 수도 있었습니다. 그러나 그는 돈을 얻고 구하기 위해 조금도 인간적인 도움을 바라지 아니했습니다. 대신 그는 골방으로 들어가 무릎을 꿇고 기도했습니다. 그리고 하나님께서는 그때마다 기적같이 그의 기도를 들어 주셨고 그로 인해 뮬러의 고아원에 있는 어린이들은 일반 가정의 자녀들보다도 더 풍성히 먹을 수 있었던 것입니다. 이같이 하나님만 믿고 의지하는 조지 뮬러의 믿음생활이 그의 말년에 세상에 알려지자 많은 사람들이 감동을 받았는데 그중에서도 특히 많은 감동을 받고 "옳다, 바로 이것이로구나." 하고 무릎을 친 것은 바로 허드슨 테일러였습니다. 그때 그는 중국의 내지로 파송받기 위해 선교부와 맞서고 있었습니다.

조지 뮬러에게 크게 영향을 받은 테일러는 "만약 하나님께서 나를 중국 내지선교를 위해 불러 주셨다면 거기서도 내게 필요한 모든 것을 채워 주실 것이다."라고 깨달은 것입니다. 그러고 나서 그가 친구들에게 한 이야기는 너무도 유명합니다. "하나님의 방법 안에서 하나님의 때에 이루어지는 일은 결코 부족함이 없다." 여기서 힘과 용기를 얻은 그는 결국 소원대로 독자적으로 중국 내지로 들어갔습니다. 그리고 그 후로는 어떤 모양으로든지 인간의 도움은 단 한번도 구하지 않았으며 그런데도 불구하고 그가 세운 중국 내지선교부는 수백 명의 회원을 거느린 대선교 기구로 성장했습니다.

　그런데 내지선교 역사가 50년째 접어들었을 때는 중국 대륙 선교사상 가장 큰 위기를 맞이했습니다. 전쟁이 일어나는 바람에 내지, 외지 할 것 없이 모든 선교사들이 상해로 피신을 하지 않으면 안 되었습니다. 선교비도 없이 내지선교에 열을 올리고 있던 선교사들은 피신할 배삯이 없어 상해에 도착 후 주기로 하고 우선 몸을 담보로 맡긴 채 배를 예약하였는데 마침 그때 본국으로부터 돈이 송금되어 와서 무사히 피신할 수 있었습니다(이 돈은 전쟁이 나기 한 달 전 이미 영국에서 배편으로 송금된 것이었다). 그리고 이 돈으로 그날 이후 계속 상해로 피신해 오는 다른 선교사들의 배삯은 물론 그들이 머물 수 있는 자택도 빌릴 수 있었습니다. 그리고 중국 땅이 워낙 방대한 탓으로 몇 명의 선교사들이 어디서 어떤 형태로 피신해 올지도 몰랐지만 그들이 빌려둔 방의 수는 나중에 도착한 선교사들의 숫자와 너무도 일치하였습니다. 하나님께서 특별히 보내 주시는 이 돈은 전쟁이 끝날 때까지 계속 되다가 전쟁이 종식됨과 동시에 끊어지고 말았습니다. 전쟁이 끝나자 선교사들은 각자 그들의 임지로 돌아갔는데 얼마가 지나자 또 다른 위기가 닥쳤습니다.

즉 1929년 미국의 증권시장이 붕괴되자 세계 대공황이 닥치게 되었고 이 변고로 중국에 있던 모든 선교 단체들이 극심한 재정난에 허덕이게 된 것입니다. 공황은 2차 세계 대전까지 계속되었는데 이렇게 되자 교파나 교단으로부터 파송받아 온 선교사들은 부득불 그들의 봉급 중 30 혹은 50퍼센트씩 삭감된 액수를 받아야 했고 어려운 생활을 견디지 못한 대부분의 선교사들은 본국으로 귀국하는 갸날픈 모습을 보여야만 했습니다. 나중에 이들은 다시 중국으로 가는 것이 허락되지 않아 본국에서 직장을 찾아 헤매야 했습니다. 한편 내지선교회 출신의 선교사들에게는 전쟁과 공황이라는 이 위기가 하나님의 기적을 체험하는 놀라운 계기가 되었습니다. 즉 하나님께서 그들을 아는 교회와 사람들의 마음을 움직여서 그들이 평소에 쓰는 선교비용보다 더 많은 돈을 구할 수 있었고 뿐만 아니라 3백 명이나 되는 새로운 선교사들이 동참하게 된 것입니다.

중국 내지선교회(C.I.M.)가 중국의 내지를 선교한 반면 세계 전도대(W.E.C.)는 아프리카 내지를 선교한 훌륭한 선교 기구입니다. 이 기구의 설립자인 스터드(C.T.Studd)는 영국의 유명한 육상선수였다가 선교사로 부름을 받고는 중국 내지선교에 참여했던 인물입니다. 그는 중국에 있을 동안 건강이 극히 악화되어 본국으로 돌아와 요양 중에 있었는데 선교에 대한 불타는 소원은 그로 하여금 곧 자리에서 일어나도록 했습니다. 재기한 스터드는 이번에는 아프리카 선교에 열렬한 소원이 생겨 아프리카 내지에 선교 기지를 마련코자 했습니다. 그래서 영국의 성공회, 장로교 할 것 없이 많은 교파, 선교부의 문을 두드리며 아프리카로 갈 수 있는 길을 열어달라고 부탁했습니다. 그러나 그때마다 건강이 좋지 않다는 이유로 거절당하기만 했습니다. 그러던 어느 날 그는 친구들에게 "죽고 또 죽어도 나는 가고 말 거야."라고 외쳤습니다. 이에 친구들은 누가 후원자가 되어 길을 열어 주고, 계속적인 지원을 해 주느냐고 반문했습니다. 그러자 그는 "3인 선교회라는 단체지. 그들의 재정력은 누가 감히 넘볼 수 없을 정도야."라고 대답했습니다. 성부, 성자, 성령을 두고 한 말입니다. 결국 그는 사위와 함께 아프리카로 들어가는 데 성공했고 하나님께서는 그를 놀랍게 사용하셔서 엄청난 구령사업을 하게 하셨습니다. 그 후 그는 단 한번도 영국으로 돌아가지 않고 그곳에서 일생을 마쳤습니다. 병석에 누워 있던 그의 부인 스터드 여사도 "녹슬어 죽느니보다 차라리 닳아서 죽자."라며 자리에서 일어나 아프리카로 갔는데 거기서 남편의 선교 사업에 동참하기를 원하는 젊은이들을 맡아 그들이 영적으로 성숙하여 남편의 사업에 도움이 되도록 키워 주는 영적 어머니 역할을 잘 감당했습니다.

내 기억으로 그녀는 40년을 더 살다가 주님께로 부름을 받았습니다. 이렇게 하여 아프리카 내지선교회는 드디어 '세계 전도대'란 세계적인 선교 기구로 자랐고 지금도 성령의 능력과 하나님만을 의지하는 그들 특유의 선교 자세로 전 세계에 선교사들을 보내고 있습니다.

사도 바울의 선교 방법과 그의 선교비 조달 방법을 오늘 이 시대까지 전해 준 앞의 위대한 선교사들은 예수원에 있는 우리들에게도 많은 영향을 주었습니다. 그래서 우리들도 역시 그와 같은 선교 자세로 임했을 때 부족함이 없이 채워 주시는 하나님의 기적을 체험하고 있습니다. 우리들은 우리들의 가족이나 친지들에게도 경제적 도움을 요청한 적은 한번도 없었고 어려운 상태에 있다는 내색도 해 본 적이 없습니다. 그러나 하나님께서는 15년 동안이나 우리의 필요한 모든 것을 공급해 주셨습니다.

그래서 만약 한국의 젊은이들이 "하나님의 때에 하나님의 방법으로 이루어지는 모든 일은 결코 부족함이 없다."라는 진리를 믿고 또 교회나 어느 단체로부터 도움을 받고자 하는 생각을 버릴 수 있다면 하나님께서는 이 마지막 때에 셀 수도 없는 한국의 젊은이들을 사용하셔서 세계를 복음화하실 수 있을 것입니다. 덧붙여 말씀드리고 싶은 것은 각 교회가 자체의 선교사를 파송하는 것은 지극히 당연한 일입니다. 그리고 파송받은 선교사가 적절히 지원을 받고 있는지 늘 관심을 가져야만 합니다. 허드슨 테일러도 교단으로부터 파송을 받아 지원을 받는 선교사들을 비난하지 아니했습니다.

그의 요지는 "선교사가 교단의 지시, 감독을 받지 않거나 순종을 하지 않으면 지원을 요청할 권리도 없다."라고 한 것입니다.

그러므로 이제 우리들은 선교사에 두 가지 유형이 있음을 알 수 있습니다. 그 하나는 교회의 파송을 받아 교회의 지시에 따라 선교하는 정규 선교사가 그것이고, 또 하나는 군대로 말하면 비정규군과 같은 것인데 이들은 자원한 자들인 만큼 언제 하나님께서 그들을 내보내시더라도 순종하고 나갈 수 있어야 합니다. 그러므로 누구든지 해외 선교의 소명을 받았다면 어느 유형이 자기의 것인지 분명히 확인해야 합니다. 그리고 자신이 후자 즉 자원하는 비정규 선교사라고 한다면 물질적인 문제에 있어서만은 철저히 하나님께 의지하고 맡겨야 한다는 것입니다. 그리고 선교비를 받는 다른 선교사들을 비난하거나 시기하는 일은 결코 없어야 할 것입니다. 그리고 사도 바울이 그랬던 것처럼 기회가 주어질 때면 언제라도 일을 하여 자신의 일용할 양식 및 선교비도 벌어야 할 것입니다. 바나바도 그의 소유가 다 떨어졌을 때는 바울과 함께 일을 하여 선교비 문제를 해결하였습니다(행 4:36; 고전 9:6). 이러므로 모든 물질적인 문제는 하나님께서 해결해 주실 것을 믿으십시오. 당신을 부르신 그가 먹여 주실 것입니다.

반 마리의 코끼리

산골짜기에서 온 편지

너는 목사의 아들이니까

저의 아버지는 산골에서 목회하는 목사님이십니다. 그런데 제가 고민하고 있는 것은 바로 제가 목사의 아들이라는 사실에 있습니다. 사람들은 하나님께서 제게 두신 뜻을 알려고 하지도 않고 "너는 목사의 아들이니 목사가 되어야 해!"라고 합니다. 그리고 "무엇이 나쁘니까 하지 말라."는 것이 아니고 "너는 목사의 아들이니까 그런 짓은 하지 마라, 목사의 아들이니까 그렇게 하라."는 식의 괴로운 충고를 하곤 합니다. 그렇다면 저는 무엇입니까? 나는 내가 아니고 저의 아버지 '자식'이기만 한가요? 성경에는 목사의 아들이라고 특별히 다른 애들과 틀리다고 한 곳은 아무데도 없지 않습니까?

저는 그런 말을 듣기 전에는 아무런 반항심리가 일어나지 않았습니다. 그러나 그런 말을 계속 듣다 보니 괜히 술을 마신다거나 담배를 피워 '나는 나다'라고 보여 주고 싶은 충동을 느낍니다. 저는 그것이 어리석은 짓인 줄 압니다. 그러나 저는 그렇게 하지 않으면 못 견디겠는걸요. 저는 이런 일 때문에 하나님과 올바른 관계도 맺지 못하고 있습니다.

제게는 또 한 가지 문제가 있습니다. 저는 시골에서 어렵게 목회하시는 목사님들에게는 깊이 감사하고 있습니다. 그러나 도시에서 목회하는 어떤 목사님들에겐 그러한 마음이 일어나지 않습니다. 그리고 도시에 있는 교회에 가보면 성도들의 사랑이 너무나 메말라 있습니다. 그래서 저는 이따금 도시로 와서 예배를 드릴 때가 있어도 나가기가 싫습니다. 저의 마음을 이해하시고 신부님의 훌륭한 조언을 기다리겠습니다.

— 임엘리사 드림

사랑하는 엘리사 형제에게.

있는 그대로를 솔직하게 말해 주어 고맙습니다. 나 자신이 목사의 아들이고 또 나의 자녀들이 역시 형제와 동일한 문제를 가지고 있는 까닭에 형제의 심정을 충분히 이해할 것 같습니다.

엘리사 형제, 나는 형제가 초등학교 6학년 때 있었던 일 한 가지를 기억하고 있습니다. 그때 당신은 뭔가 잘못을 저지르는 바람에 어머니로부터 꾸중을 듣고 있었습니다. 화가 난 어머니는 "너의 아버지는 목사님이시잖아…."라고 야단을 쳤는데 마침 형제의 아버지가 이 말을 듣게 되었습니다. 그때 아버지는 어머니의 꾸중을 중단시키며 "여보, 앞으로는 절대로 그런 말을 하지 마오. 우리가 무슨 일을 해야 할 필요가 있다면 그것은 하나님의 뜻이기 때문이요, 하지 말아야 한다면 하나님의 뜻이 아니기 때문이지, 그 아버지가 누구이기 때문에 해야 되거나 하지 말아야 되는 것이 아니란 말이오." 아버지는 조금 후 약간 가라앉은 목소리로 "하나님께서는 저 아이에게 두신 뜻이 계시고 그 뜻을 이루시고자 하는 것이오. 그러므로 당신은 쟤가 하나님의 뜻을 행하도록 훈계해야 할 것이지 목사인 아버지의 이름을 더럽힐까봐 두려워해서는 아니 될 것이요." 아버지의 말씀을 듣고 난 어머니는 조금 당황하시기는 했지만 곧 깨닫고는 자신의 잘못을 고쳐 주신 형제의 아버지께 감사하는 모습을 볼 수 있었습니다. 나는 형제의 아버지가 하신 말씀은 대단히 옳다고 생각합니다.

엘리사 형제, 당신이 이 땅에 사는 것은 하나님 아버지의 영광을 구하기 위함인 것을 알아야 합니다. 뿐만 아니라 당신이 하나님께 영광을 돌리면 자동적으로 아버지께도 영광을 돌리는 일이 되는 것입니다. 그렇다고 하나님께 영광을 돌리는 것을 아버지를 기쁘게 하기 위한 수단으로 생각해서는 더더욱 아니될 것입니다.

그러나 이같은 성서적인 가르침을 부정하고 반박하는 마귀의 궤계가 학교의 강단에서 가르쳐지고 있습니다. "당신의 인생길은 당신 스스로가 발견하고 당신의 발로 걸어가십시오." "자아(self)를 완성하십시오. 그러면 당신은 무한한 성취감을 맛볼 것이며 아울러 삶의 희열과 보람도 찾을 수 있을 것입니다." 이 얼마나 멋지고 아름다운 말들입니까? 우리들은 이와 같이 부르짖는 인본주의자들의 배후에는 보이지 아니하는, 하늘에 속한 악의 영들에 의한 사주(使嗾)가 있음을 알고 이를 배격해야 합니다. 그러나 믿음이 약하거나 하나님을 알지 못하는 젊은이들은 이런 그럴듯한 사단의 속삭임에 넘어가 얼마나 많이 영혼을 죽여가고 있는지 알지 못합니다.

이것은 우리 주위와 사회 속에 허탈, 좌절, 패배의식 때문에 괴로워하고 있는 사람들의 숫자만 보더라도 잘 알 수 있습니다. 인본주의자들의 가르침이 옳다면 왜 우리 사회 속에 이 같은 온갖 허무주의가 범람하고, 젊은이들은 방황하고 있습니까? 자신의 뜻을 좇아 자아의 완성을 위해 사는 사람은 결국 심한 허탈, 좌절감 밖에 맛볼 수 없다는 것을 잘 증명해 주는 일이 아니겠습니까?

그리고 특히 오늘날 20세기 말을 살아가는 한국인들이 옛날과 비교할 수 없을 만큼 극심한 허무주의, 패배의식 속에서 괴로워하는 이유가 있습니다. 고대 한국의 인본주의에서는 효도를 모든 미덕의 으뜸으로 삼았습니다. 그래서 옛날 사람들은 부모께 효도(왕에게 충성하는 것도 마찬가지임)하는 그것으로 자기의 할 바를 다했다(혹은 자아를 성취했다)라고 생각하였고 또 생의 보람도 느낄 수 있었습니다. 그러나 오늘날의 인본주의는 그렇게 가르치고 있지 않습니다.

'부모에 대한 효도'보다도 '자아의 성취(완성)'를 더욱 중요한 도리로 꼽고 있습니다. 그래서 사람들은 자기의 뜻대로, 모든 것을 자기를 위하여 살아보지만 결국 남는 것은 성취감이나 보람이 아니라 가슴을 텅 비게 만드는 공허감뿐이라는 것입니다. 그러나 이와는 정반대로 자기의 뜻대로 '자아의 성취'를 위한 삶을 포기하고 하나님의 뜻대로 살고자 하는 사람들을 봅시다. 그들은 조그만 일이라도 하나님의 뜻을 묻고 그분의 인도함을 받습니다. 그리고 그들은 그분의 인도하심에 순종하기만 합니다. '네 뜻대로 살라'고 가르치는 인본주의자들이 보기에는 얼마나 우습고 한심스러운 일입니까? 그러함에도 불구하고 '내 뜻'이 아닌 '하나님의 뜻' 대로 사는 사람들의 간증을 들어 보십시오. "이 말로 다할 수 없는 영광스러움, 가슴을 꽉 차게 하는 성취감, 이보다 더 큰 삶의 보람을 또 느낄 수 있을까?" 얼마나 대조적입니까?

　나는 부모에 대한 효도를 모든 덕목(德目)의 근본으로 삼았던 고대 한국의 인본주의가 바로 솔로몬 왕으로부터 나오지 않았나 생각됩니다. 물론 이것은 제 개인적인 생각이요, 좀 편협된 면이 있기는 합니다. 그러나 가능성을 전적으로 배제할 수는 없을 것 같습니다. 당신은 역대하 9장 23절에 "천하 열왕이 하나님께서 솔로몬의 마음에 주신 지혜를 들으며 그 얼굴을 보기 원하여 각기 예물을 가지고 왔으니."라고 하신 말씀을 읽을 수 있을 것입니다.

　이 말씀을 보면 중국이나 한국의 사신들도 솔로몬의 지혜를 듣기 위해 이스라엘로 갔을 가능성은 충분히 있는 것입니다. 그러면 그들이 이스라엘로 가서 솔로몬으로부터 듣고 배워온 지혜가 무엇이었겠습니까? 솔로몬은 그들에게 그가 조상들을 통하여 모세로부터 전해 받은 십계명을 가르쳤을 것입니다. 그리고 십계명의 다섯 번째가 "네 부모를 공경하라 그리하면 너희 하나님 여호와께서 네게 주신 땅에서 오래 살리라 하시니라."인 것입니다. 그러나 이방인들이었던 이들은 '여호와 하나님'이란 말은 이해할 수가 없었습니다. 다시 말하면 중국이나 한국이라는 땅을 그들 나라에 주신 분이 여호와 하나님이었다는 사실을 이해할 리가 없었을 것입니다.

나는 솔로몬조차도 그와 같은 사실을 몰랐을 것이라고 생각합니다. 한편 시편을 읽어 보면 다윗은 하나님께서 이방인들까지도 다스리신다는 생각을 조금이나마 한 것 같습니다. 그러나 여호와 하나님께서 온 천지를 다스리는 유일하신 하나님이란 사실이 완전히 계시되고 알려진 것은 예수님의 오심과 십자가, 부활, 승천, 성령의 오심으로 비로소 이루어진 것입니다.

그러나 그때까지만 하더라도 이를 몰랐던 극동으로부터 온 사신들은 그들이 솔로몬에게서 배운 효사상(孝思想) 즉 십계명의 다섯 번째 계명을 그들이 이해할 수 없는 부분은 걸러내고 '부모를 공경하라'는 다소 기형적인 '효의 사상'을 가르친 것 같습니다. 저는 공자가 솔로몬보다 약 5백 년 후대의 사람이므로 공자의 효도(孝道)사상도 솔로몬으로부터 배워 온 사신들의 영향을 받지 않았나 생각됩니다. 어쨌든 십계명 가운데 다섯 번째 계명이 가르치는 효(孝)의 골자는 육신의 부모 그 위에는 하나님이 계시며 사람이 부모를 공경하는 이유도 그것이 하나님의 명령이기 때문이라는 것입니다.

아무튼 부모를 공경하라는 것이 하나님의 명령인 이상 우리들은 부모를 공경해야 하는 의무를 가지고 있습니다. 그렇다고 이것이 당신의 말대로 목사의 아들이라고 목사가 되어야 하는 의무를 가진다는 말은 아닙니다. 그렇다면 그것은 불공평하기 짝이 없는 일이요, 선한 행위가 아닌 것입니다.

나와 아내도 자식들이 잘못을 저지를 때 꾸중을 하지만 "너는 목사의 아들이니까 그와 같이 하지 말라."라고 훈계하지는 않습니다. 대신 우리들은 그때마다 우리의 가풍(家風, family custom, tradition)을 이야기해 줍니다. 왜냐하면 그리스도인 가정이라면 가풍이라야 거의 대동소이(大同小異)할 것이기 때문입니다. 그리고 우리가 자랑하며 가풍을 가지는 이유는 그것을 따라가면 보다 쉽게 하나님께 영광을 돌릴 수 있기 때문입니다.

　가풍은 기차의 레일과 같습니다. 레일은 우리가 한꺼번에 많은 짐을 먼 곳까지 운반할 수 있는 이점을 가진 편리한 기구입니다. 그래서 레일이 깔려 있지 않은 시골길, 그중에서도 제가 있는 예수원의 산골짜기 길은 리어카도 끌 수 없기 때문에 일일이 지게를 지고 내려와 짐을 운반해야 하는 불편을 겪습니다. 마찬가지로 우리가 그리스도인으로서의 가풍에 따라 모든 것을 행하면 훨씬 편하고도 적은 실수로 하나님께 영광을 돌릴 수 있게 되는 것입니다. 그러나 이와 같은 가풍이 없으면 레일이 없을 때 겪는 불편처럼 하나하나의 결정 사항이나 해야 할 행동이 있을 때 일일이 그것을 위해 시간을 내어 생각을 해야 하고 때로는 상담도 하며 오랜 시간 고민도 해야 하는 것입니다. 기독교적 전통이나 풍습이 서구의 그것과 비교하여 다소 뿌리를 내리지 못한 한국의 교회나 가정들이 많은 시행착오를 겪거나 자주 실수를 하는 것도 대개 그런 이유 때문이 아닌가 생각됩니다.

　그리고 형제의 두 번째 질문도 이해가 갑니다. 그런 말을 하는 마음속의 심정도 어떠한지 알 것 같습니다. 먼저 형제는 언행이 일치하지 않는 위선적인 목사가 있는 교회에 구태여 가야 하느냐고 물었습니다. 성경은 우리가 교회에 나가 예배를 드리는 것에 목사의 설교나 교인들의 태도와는 아무런 관련을 짓지 말아야 한다고 말하고 있습니다. 교회에 나가는 것은 그곳이 하나님의 전이며 그곳에서 하나님께 예배를 드려야 하기 때문인 것입니다. 예레미야 23장을 읽어 보면 우리는 그 시대의 선지자, 제사장, 그 밖의 종교지도자 들이 얼마나 타락하였는가를 볼 수 있습니다. 그러함에도 불구하고 예레미야는 하나님의 성전이 세워져 있는 한 거기에서 계속 예배를 드렸습니다. 교회는 학교나 클럽의 건물이 아닙니다. 그것은 우선적으로 하나님의 집입니다. 그래서 우리는 거기로 가 두세 사람이 예수의 이름으로 모여 예배를 드리게 됩니다.

목사들의 자격에 대한 것은 디도서 1장 6~10절에 잘 기록되어 있습니다. 여기에는 방탕하다 하는 비방이나 불순종하는 일이 없는, 믿는 자녀를 둔 자라야 장로로 세우라고 가르칩니다. 또 이 말씀은 만약 형제가 나쁜 못된 짓을 하게 되면 형제의 아버지가 목사직에서 쫓겨나야 된다는 말일까요? 그렇게 해석할 수도 있을 것입니다. 그러나 이것은 처음의 실수 때문에 빚어지는 또 한번의 다른 실수에 지나지 않는 것입니다. 물론 이것은 제 개인적인 견해입니다. 첫 번째 실수란 교회가 너무 이른 나이에 사람들을 장로로 세운다는 것입니다. 제가 볼 때 오늘날 교회는 감독의 직분, 장로, 교사 들의 역할을 혼돈하고 있는 것이 아닌가 생각됩니다. 만약 오늘날의 교회가 성경의 가르침을 조심스럽게 따른다면 젊은이들이 신학교를 졸업했다고 해서 불과 몇 년 후 바로 목사 안수를 주지 말아야 한다고 생각합니다.

그 대신 그들에게 가르칠 수 있는 교사의 자격만을 주는 것이 더 성서적이라고 봅니다. 그래서 그가 장로나 목사로 세움받을 때는 그들의 자녀들이 다 장성하고 난 후가 되어야 하지 않을까 생각합니다. 그리고 그 나이쯤 되어야 한 아내의 남편으로, 또는 비방받을 것이 없는 자녀를 둔 아버지로서 올바른 평가를 받을 수 있지 않겠습니까(성경에는 목사의 자격에 대해서 바로 언급되어진 것이 없는데 이것은 장로나 감독이 목사의 직분을 포함하기 때문이다)? 물론 그와 같이 시행하는 데는 여러 가지 문제점들이 있을지 모릅니다. 그러나 그렇게 실시했었더라면 형제를 시험에 들게 했던 "목사의 아들이니까…."라는 따위의 소리는 듣지 않았을 것입니다.

　나는 형제의 질문 중에서 다른 여러 불평들도 다 이해할 수 있습니다. 그러나 당신이 불순종하거나 반항하는 일은 옳지 않습니다. 그것은 교만의 죄요, 당신의 생각을 하나님으로 삼는 무서운 거역입니다. 그러므로 형제는 다른 사람이 뭐라고 하든 상관하지 마십시오. 홀로 하나님께 순종하기로 결단을 내리고 규칙적으로 성경을 읽으며 하나님께서 당신에게 두신 뜻이 무엇인지 찾으십시오. 그리고 형제의 주위에 있는 다른 그리스도인들을 격려하고 목사들을 위해 기도해 주십시오. 성도들이 자신들만을 위한 기도나 하고 목사님들을 위한 기도는 하지 않는다면 목사가 사탄의 공격 목표물이 되고 마는 것입니다.

　형제는 왜 목사님들이 본분을 지키지 못하고 교만, 탐욕, 정욕, 명예의 희생물이 되어 탈선하는지 아십니까? 많은 사람들이 그를 위해 기도해 주지 않았기 때문입니다. 당신이 비방하는 그 목사님은 바로 형제가 기도하지 않은 죄로 넘어졌는데 형제가 무슨 염치로 그를 판단하겠습니까? 나는 몰염치한 짓을 하였다가 나중에 그의 교회 회중 앞에서 회개하고 하나님의 용서를 받고 크게 쓰임받는 목사들도 보았습니다.

　엘리사 형제, 우리가 무슨 말을 할 수 있겠습니까? 형제의 아버지를 위해 기도하십시오. 아울러 도시에서 목회하는 목사들을 위해서도 기도하십시오. 하나님은 그들도 사랑하십니다.

하나님이 원하시는 최선의 길

저희 가족과 친구들은 저에게 목회를 위해 신학교에 가서 공부하라고 권하지만 저는 목회 사역에 대한 선천적 재질이 없다고 생각합니다. 오히려 저는 수학이나 과학을 잘합니다. 하나님께서 제게 주신 재능을 살리려면 과학 분야의 학교에 가서 공부해야 할 것 같습니다. 이에 대해 신부님의 조언을 듣고 싶습니다.

— 김기원 올림

사랑하는 기원 형제.

옛 속담에 "선은 최선(best)의 적이다."라는 말이 있습니다. 이는 사탄이 크리스천에게 어떤 악을 행하도록 유혹할 수 없을 때, 그는 우선 하나님께서 그 크리스천에게 원하시는 최선의 길이 무엇인지를 간파하여 그 사람에게 최선의 일이 아닌 어떤 평범한 좋은 일을 하도록 유혹한다는 것을 의미합니다. 이러한 선은 그것이 본질적으로 하나님께 순종하는 행위가 아니기 때문에 불순종의 행위인 것입니다. 그러므로 이는 하나님의 계획에서 볼 때 절대로 선이 될 수 없는 것입니다.

일반적으로 신학교에 가는 것은 좋은 일(선)입니다. 누가 신학교에 가는 일에 대해서 비난할 수 있겠습니까? 그러나 만일 하나님께서 형제에게 과학 공부하는 것을 원하신다면 그것이 최선이지, 신학공부는 최선의 길이 아닌 것입니다. 오늘날 많은 사람들이 하나님의 뜻을 따르지 않고 자기의 고집이나 옳지 않은 조언을 듣고 신학교에 들어가는

데 이것은 선이라기보다 해로운 것입니다. 왜냐하면 이런 사람들을 하나님께서 쓰실 수 없기 때문입니다.

　달리 말하면, 한 사람에게 적당한 것이 반드시 다른 사람에게 그대로 적용되는 것이 아니며, 한 상황에 적당했던 것이 반드시 다른 상황에도 적당한 것이라는 말할 수 없는 것입니다. 이 주제를 말하다 보니 문득 '에파미논다스'라는 소년에 대한 미국의 오래된 우화 한 가지가 생각납니다.

　그 이름은 옛날 그리스의 유명한 군인의 이름을 딴 것이지만 그는 그다지 영리하지 못했습니다. 그의 아버지는 일찍 돌아가셨고, 그의 할머니는 큰 부잣집에서 일했습니다. 그러나 그의 어머니는 조그만 채소밭을 가지고 있어서 집에서 '에파미논다스'를 돌보며 지냈습니다. 그래서 '에파미논다스'는 토요일만 되면 할머니를 보려고 그 부잣집으로 갔습니다. 어느 토요일에 할머니는 노래하는 작은 새 한 마리를 그에게 주며 집에 가지고 가서 어머니께 드리라고 하며 "자, 이 작은 새가 날아가지 않도록 조심해라."라고 말했습니다. 그래서 '에파미논다스'는 그 작은 새를 너무 꼭 쥐고 갔기 때문에 집에 도착했을 때는 이미 죽어 버렸습니다. 어머니는 그에게 그렇게 가지고 온 것은 잘못이었다고 설명해 주었습니다. "에파미논다스야, 작은 새를 가지고 올 때에는 그렇게 하는 것이 아니란다. 작은 새를 모자 속에 넣어 네 머리 위에 얹고 오면 새는 움직일 수도 있고 숨을 쉴 수도 있지만 날아갈 수는 없지 않겠니?" 하고 말했습니다. '에파미논다스'는 "알겠어요. 다음에는 꼭 엄마가 가르쳐 주신 대로 하겠어요." 하고 대답했습니다.

　다음 토요일에 '에파미논다스'는 할머니를 찾아가서 즐겁게 놀았지만, 새가 어떻게 되었는지에 대해서는 할머니께 말씀드리지 않았습니다. 그가 떠나올 때 할머니는 그의 어머니께 또 다른 선물을 보냈는데,

이번에는 커다란 버터케이크였습니다. 그 버터케이크를 가지고 걸으면서 '에파미논다스'는 말 잘 듣는 아이가 으레 그렇듯이, 전에 어머니가 하신 말씀이 생각나 그대로 행했습니다. 그는 버터케이크를 그의 모자 속에 넣고는 그것을 머리 위에 얹었습니다. 그리고 모자를 적당하게 단단히 잡아 내렸습니다. 그러나 햇볕이 쨍쨍 내리 쪼였고, 또 집까지 오는 길이 멀었으므로 그만 버터가 녹기 시작했습니다. 결국 버터가 그의 목을 타고 등에까지 흘러내렸고, 눈까지 덮게 되어 매우 불편했음에도 불구하고, 그는 길을 따라 터벅터벅 걸어오면서 잘 참아 내었습니다. 그가 집에 도착하여 어머니가 가르쳐 준 대로 선물을 가져왔음을 보여 주려고 모자를 벗었을 때, 그만 버터케이크는 하나도 남아 있지 않았으며, 모자도 못쓰게 되어 버렸습니다. 그러나 어머니는 "괜찮다, 애야. 울지 말아라. 버터를 집에 가져올 때는 그렇게 하는 게 아니란다. 버터는 커다란 나뭇잎에 싸서 우물에 넣어 충분히 차게 한 후 가지고 와야 한단다."라고 말했습니다. '에파미논다스'는 그 이야기를 듣고 나서, "어머니, 알겠어요. 다음에는 엄마가 말씀하신 대로 하겠어요. 나뭇잎에 싸서 우물 속에 넣어 차게 해서 가져올게요. 엄마, 꼭 그렇게 하겠어요." 하고 다짐했습니다.

 다음에 또 할머니를 찾아갔을 때 할머니는 역시 선물을 주셨습니다. 그래서 그는 어머니의 말씀대로 그것을 나뭇잎으로 잘 싸서 우물 속에 넣어 충분히 차갑게 했습니다. 그러나 그 선물은 버터케이크가 아니라 작고 귀여운 강아지였습니다. 그 작은 강아지는 찬 우물 속에 들어가 잘 견딜 수가 없어서 발버둥쳤지만, '에파미논다스'는 아직 불충분한 것 같아 강아지가 발버둥치는 것을 멈출 때까지 꼭 붙잡고 있었습니다. 그리고는 아주 자랑스럽게 그것을 어머니께로 가져갔습니다. 집에 도착하여 가져간 것을 풀었을 때 가엾게도 강아지는 죽어 있었습니다.

그러나 이 불쌍한 '에파미논다스'는 이를 이해할 수 없었습니다. 왜냐하면 그는 이제까지 조심스럽게, 그리고 어머니의 말대로 순종해 왔기 때문이었습니다. 어머니는 그를 위로하며, "에파미논다스야, 강아지는 그렇게 가져 오는 것이 아니야. 끈으로 강아지를 잘 매어서 길로 끌고 와야 하는 거야." 하고 말했습니다. "아, 알겠어요." 에파미논다스는 말했습니다. "기억하겠어요. 다음번에는 끈으로 잘 매어서 길 위로 끌고 올게요." 그러고 나서 그는 다락에 있는 그의 방으로 올라가서 그 사실을 잊지 않기 위해 다시 반복하여 "끈으로 매어 길을 따라서 끌고 와야지, 끈으로 매어 길을 따라서 끌고 와야지." 하고 말했습니다. 한 주일이 또 지나자, 그의 어머니는 '에파미논다스'를 할머니께 보낼 때 산나물 한 광주리를 보냈습니다. '에파미논다스'가 할머니와 즐거운 시간을 보내고 집으로 돌아오게 되었을 때, 할머니는 갓 구운 케이크를 어머니께 드리라고 주셨습니다. 이번에도 '에파미논다스'는 어머니의 말씀을 잊지 않고 끈을 조금 달라고 했습니다. 부잣집에서 나와 거의 안 보일 만큼 왔을 때 '에파미논다스'는 바위 위에 앉아서 케이크를 광주리 속에 넣고는 그것을 끈으로 묶었습니다. 그리고는 그의 어머니가 말씀하신 대로 잘 끌고 갔습니다. 얼마 있지 않아 광주리는 돌멩이에 채이고, 또 울퉁불퉁한 길에서 이리저리 튀었습니다. 그러나 '에파미논다스'는 끈을 꼭 잡은 채 줄곧 터벅터벅 걸어갔습니다. 그는 똑바로 앞만 보고 걷느라고 그만 케이크가 조각이 나고 부스러기가 되어서 길에 떨어지는 것을 알지 못했습니다. 집에 도착했을 때 그가 집에 가져온 것은 약간의 케이크 부스러기와 먼지 외에는 빈 광주리뿐이었습니다. 불쌍한 그의 어머니는 땅에 주저앉아 울고 말았습니다. 결국 그녀는 눈물을 앞치마로 닦으면서, "에파미논다스야, 다음에 할머니께 보낼 것이 있는데 내가 가지고 가겠다. 더 이상 문제를 일으키지 말고 너는 집에 남아 있어라."라고 말했습니다. "예, 어머니, 알겠어요." 하고 '에파미논다스'는 더 이상 아무 말도 하지 않았습니다.

다음 토요일 그의 어머니는 주일날 교회 앞마당에서 있을 저녁 식사를 위해 버찌 파이를 굽느라고 오전 동안을 바쁘게 지냈습니다. 왜냐하면 부흥회가 있어서 원근 각지의 많은 사람들이 모일 예정이었기 때문입니다. 그녀는 파이를 다 굽고 나서 그것을 식히기 위해 다락으로 올라가는 계단 위에 쭉 놓았습니다. 그리고는 깨끗한 보자기로 덮고 나서 "에파미논다스야, 할머니에게 갔다가 어둡기 전에 돌아올 것이다. 넌 착한 애니까 집 잘 보고, 개가 집안에 들어와 파이 냄새를 맡지 않도록 해라. 그리고 너도 파이를 먹으면 안돼. 꼭 계단을 올라가야 할 경우에는 파이를 조심해서 밟아야 한다. 알겠니?" 하고 설명했습니다. 그의 어머니는 길을 떠났고, 그는 집에 남았습니다. 그런데 그는 어머니가 말한 대로 파이를 조심스럽게 하나하나씩 한가운데를 밟기 시작했습니다.

이 이야기는 하나의 우화 이상의 의미를 갖고 있습니다. 이는 성령의 인도함을 받지 않은 교회 안에서 일어나는 일들에 대한 비유입니다. 교회나 개개의 기독교인들은 때때로 새로운 상황에 처하여 어떻게 대처해야 할지 모르는 경우를 너무나 종종 맞습니다. 만일 그들이 성령의 인도를 간구하고, "너희 중에 누구든지 지혜가 부족하거든 모든 사람에게 후히 주시고 꾸짖지 아니하시는 하나님께 구하라 그리하면 주시리라"(약 1:5)는 말씀을 믿는다면, 성령께서는 각 상황에 대처할 수 있는 방법을 말씀해 주실 것입니다. 그러나 우리는 너무나 과거에 옳았던 것이나, 책에서 읽은 것이나, 다른 상황에 있는 다른 사람의 경험에 비추어서 해보려고 하나 대체로 실패하고 맙니다. 일상생활에서 성령의 인도함을 받지 않고는 우리는 에파미논다스와 같이 어리석은 자가 될 수밖에 없습니다. 많은 기독교인들이 성령받기를 간구합니다만 그들은 성령께서 기분을 좋게 하거나, 기쁨을 채워 주거나, 신유의 능력을 주거나, 기적을 행하거나, 예언하게 하는 것으로만 생각합니다. 그러나 예수님께서 요한복음 14, 15장에서 성령에 대하여 가르쳐 주신 것 중에 첫째 되는 것은 성령께서 우리에게 지혜를 주시고 인도하신다는 것입니다. "보혜사 곧 아버지께서 내 이름으로 보내실 성령 그가 너희에게 모든 것을 가르치시고 내가 너희에게 말한 모든 것을 생각나게 하시리라"(요 14:26). "…진리의 성령이 오시면 그가 너희를 모든 진리 가운데로 인도하시리라"(요 16:13).

성령께서 각 기독교인들에게 주기를 원하시는 지혜 없이 우리는 하나님의 뜻을 알 수가 없습니다. 우리는 많은 선한 일들을 시도할 수는 있으나, 하나님께서 진정 원하시는 최선의 일은 하지 못하게 되어 선한 일일지라도 실패로 끝을 맺게 됩니다.

또한 주변의 친구와 친척들이 신학교에 가라고 권유한다고 하셨는데, 기독교인은 모든 사람이 그 판단이 틀릴 수 있다는 사실을 알아야 합니다. 이러한 일에 있어서도 주위 사람들이 하는 말을 우선 겸손하게 알아 보아, 그들에 의해서 이끌리지 말고 우리 스스로가 하나님의 인도를 받도록 해야 하는 것입니다. 이러한 상황에 적용되는 또 하나의 유명한 이야기가 있는데 아마 형제님도 들었을 줄 압니다(물론 이에 대한 예수님의 중요한 가르침도 설명할 것입니다). 그것은 '벌거벗은 임금님'이라는 이야기입니다.

어느 허영심 많은 임금님이 있었는데 그는 날마다 자신의 옷에 대해서만 생각했습니다. 어느 날 두 재봉사가 그에게 와서 세상에서 제일 좋은 옷을 지어드리겠다고 제의했습니다. 그들은 그 옷은 신비한 옷이라서 어리석은 사람은 볼 수가 없고, 현명한 사람만이 볼 수 있는 옷인데, 임금님은 장관과 신하 중에서 누가 현명하고 누가 어리석은지 알 수 있게 되므로 나라를 다르시는 일을 걱정할 필요가 없다고 했습니다. 물론 이 옷은 매우 비싸지만 아름다움에 비하면 값은 아무것도 아니라고 했습니다.

임금님은 두 재봉사가 옷을 지을 때 아무것도 볼 수 없음을 알고 심히 당황했습니다. 그러나 그는 자신이 어리석은 사람이라는 것을 남에게 알리기 싫어서 그것을 볼 수 있는 척하며 그 옷을 만든 재봉사를 칭찬했습니다. 그리고는 국무총리와 장관들을 불렀습니다. 그들도 모두 하나같이 옷감이 뛰어나게 아름답고 우아하며 임금님이 입으면 매우 아름다울 것이라고 했습니다. 드디어 새 옷이 완성되어 그것을 임금님이 입었을 때, 그는 그것을 볼 수 없었을 뿐만 아니라, 촉감을 느낄 수도 없어서 더욱 당황했습니다. 그러나 자기의 위신 때문에 이 부끄러운 비밀을 숨기고 신하들 중에서 누가 지혜롭고 누가 우둔한지 알아보기 위해 준비된 큰 시가행진 장소로 나갔습니다. 물론 모든 사람들이 임금님의 새 옷이 굉장히 아름답다는 것을 이미 다 들어서 알고 있었기 때문에 길 양편에는 임금님의 옷의 아름다움, 우아함, 고상한 색상, 뛰어난 짜임새 등에 대해서 칭찬하는 군중으로 가득 차 있었습니다. 그러나 임금님이 칭찬하는 군중들에게 자기의 옷을 보이면서 얼마를 지났을 때, 줄의 맨 끝에서 갑자기 작은 아이의 외치는 소리가 들려왔습니다. "그렇지만 엄마, 임금님은 옷을 전혀 안 입었잖아?" 숨이 멎는 듯한 조용한 순간이 지나자 모두가 사실을 알았습니다. 그들은 모두 아는 체하고 있었으나 사실은 아무것도 보고 있지 못했던 것입니다. 이 사실이 처음에는 귓속말로 퍼지기 시작해서 나중에는 와글와글 떠드는 소리로 변했습니다. "임금님은 옷을 하나도 걸치지 않았대." 임금님은 갑자기 얼굴이 빨갛게 변하고 눈치 빠른 신하 한 사람이 외투를 얼른 입혔습니다. 임금님은 창피를 톡톡히 당하고 말을 달려 궁전으로 돌아왔습니다.

우리는 너무나 자주 '모두'가 그렇게 말한다는 말을 듣는데 그것은 그렇게 말을 하지 않으면 자신이 어리석든지, 사악한 사람임을 드러내는 것이라고 누군가가 모두를 설득시켰기 때문입니다. 따라서 모든 사람이 신학교에 가야 한다고 해도 그 말만 믿어서는 안 됩니다. 왜 그들은 그렇게 말합니까? 아마 그들이 다른 말을 한다면 그들은 불신자나 경건하지 못한 사람처럼 보일 것 같기 때문일 것입니다.

만일 그들이 진실로 성령의 감동으로 말을 해 주고 있다면 형제도 역시 강력한 성령의 인도를 받을 것입니다. 바울이 예루살렘으로 가려 할 때 모든 예언자들이 어떻게 가지 말라고 했습니까? 그들은 모두 결박과 환란이 그를 기다린다고 예언했습니다(행 20:23). 이것은 확실히 맞았습니다. 그러나 그들은 모두 바울에게 가서는 안 된다고 했는데 이것은 잘못된 것이었습니다(행 21:13~14). 사실 그것은 사랑하는 사람에게 너무나 큰 고통이었기 때문에 그들은 하나님의 뜻이 이루어지는 것을 진실로 원하지 않았던 것입니다.

이에 관련하여 훨씬 더 심각한 문제가 있습니다. 그것은 하나님께서 형제가 신학교에 가는 것을 원치 않으시는 이유입니다. 그것은 신학박사와 신학교와 임금의 새 옷에 대한 문제입니다. 예수님께서 심하게 꾸짖으신 사람은 술고래나, 간음자나, 살인자나, 가난한 자를 착취하는 욕심쟁이가 아니라 바로 신학박사들이었습니다. 그리고 예수님은 그들을 허영심 많은 임금님과 정직하지 못한 장관들과 같은 부류로 취급하여 꾸짖으셨습니다. 그들은 하나님의 진리보다 사람들로부터 영광을 구했습니다. 사도 바울과 같이 사람들로부터 명예를 구하지 않는 신학박사는 극히 적습니다. 그러나 너무나 많은 사람들이 사람들로부터 영광을 얻기 위해 박사학위를 취득했습니다. 요한복음 5장 39절에 있는 예수님의 가르침을 보면 오늘날의 신학박사들에게 말씀하시고 있습니다. "너희가 성경에서 영생을 얻는 줄 생각하고 성경을 상고하거니와… 너희가 서로 영광을 취하고 유일하신 하나님께로부터 오는 영광을 구하지 아니하니 어찌 나를 믿을 수 있느냐"(요 5:39, 44).

이 신학박사들은 하나님께로부터 오는 영광보다도(요한복음에서 예수님께서 여러 차례 영광에 대해 말씀하신 것을 볼 수 있는데 이것은 그의 십자가에 달리심을 뜻한 것이었습니다. 이것이 영광에 대한 주님의 생각이었습니다) 사람으로부터 받을 수 있는 칭찬에 더욱 관심이 많습니다. 그래서 그들은 소경입니다. "너희가 소경되었더라면 죄가 없으려니와 본다고 하니 너희 죄가 그저 있느니라"(요 9:41)라고 예수님께서 말씀하셨습니다. 새 옷을 본다고 한 장관들도 죄가 있으며, 그들이 볼 수 없는 것을 어리석은 자라고 불리울까 두려워서 보인다고 한 학자들도 죄가 있습니다. 이것이 예수께서 그의 제자들을 신학교에 보내지 않은 이유입니다. 바울과 바나바가 신약 교회에서 신학교 교육을 받은 유일한 사람들일 것입니다. 바울이 신학교에서 배운 것을 잊는 데 만 14년이 걸렸다는 것을 우리가 알고 있습니다(갈 2:1).

사랑하는 형제님, 만일 성령께서 신학교에 가라고 하시거든 가십시오. 그리고 임금님의 새 옷 문제에 대해서 남의 말을 듣지 말고 스스로가 판단하시기 바랍니다. 만일 성령께서 신학교에 가라고 하시지 않으시거든 선이 최선의 적이 되지 않도록 무엇을 할 것인지 물으시기를 바랍니다. 아마도 최선은 '과학'인지도 모릅니다. 예수님을 위한 과학자가 되시기를 바랍니다.

"너의 행사를 여호와께 맡기라 그리하면 너의 경영하는 것이 이루리라"(잠언 16:3).

산골짜기에서 온 편지

반 마리의 코끼리

저는 요즘 교회가 진리의 어느 한면만을 지나치게 강조하는 것에 대해서 별로 좋지 않게 말하는 사람들을 많이 보았습니다. 그런데 제가 알고 있는 미국 속담에 "빵 반 조각은 없는 것보다는 낫다."라는 말이 있습니다. 이처럼 제 생각에도 비록 교회가 하나님에 대한 진리의 절반만을 강조하더라도 전혀 없는 것보다는 낫다고 생각을 합니다. 이러한 저의 생각이 올바른 것인지요?
- 주 안에서 김지원 올림

사랑하는 지원 형제에게.

보내 주신 편지는 잘 받아 보았습니다. 나는 지원 형제가 궁금하게 생각하는 점을 잘 이해할 수 있습니다. 그렇습니다. 우리가 빵에 관해 말할 때는 그 반 조각은 없는 것보다 낫다고 하는 것이 사실입니다. 그러나 진리에 대해 말할 때는 그렇지가 않습니다.

만약 어떤 사람이 형제에게 코끼리를 반으로 잘라서 주었다고 가정해 봅시다. 그 코끼리 반 마리가 없는 것보다 낫겠습니까? 비록 코끼리를 기르는 데에 많은 돈이 들더라도 산 코끼리는 당신에게 유익을 줄 것입니다. 서커스단에 팔면 돈을 벌 수가 있으니까요. 그러나 반으로 잘려진 코끼리는 분명히 죽은 코끼리일 것이며 그것을 파묻기 위해 구덩이를 파는 데만 해도 엄청난 돈이 들 뿐 아니라, 그 죽은 코끼리의 썩는 냄새는 십리 밖에서도 코가 진동할 것입니다. 이런 코끼리 반 마리는 차라리 없는 것보다 못한 것입니다.

그럼 형제는 '그렇지만 그것은 어리석은 생각이야. 코끼리 반 마리를 줄 사람이 어디 있겠어?' 하고 생각할지 모르겠습니다. 그러나 나는 반쪽 진리란 말은 곧 코끼리 반 마리와 같다고 생각합니다. 죽은 코끼리가 악취를 풍기고 또 묻기도 힘들 듯이 진리의 절반이란 말은 곧 거짓말입니다. 그것을 거짓말이라고 믿지 않는 사람들이 흔히 거짓말하는 것을 피하기 위해 반쪽 진리만을 말하지만 그 결과와 목적은 사람을 기만하는 것일 뿐입니다. 이것이 하나님의 진리를 반쪽만 얘기하는 요즘의 교회를 보고 내 자신이 답답해지는 이유인 것입니다.

이곳 동양에는 오랜 세월 동안 음양사상이 전해 내려왔습니다. 어떤 기독교인들은 음양이 미신적인 것이라고 하기도 하며 심지어 태극기에도 음과 양이 상징적으로 내포되어 있기 때문에 그것을 비난하기도 합니다. 그런 기독교인들은 성경을 주의하여 사려 깊게 읽지 않은 까닭입니다. 창세기 1장 27절에 보면 하나님께서 말씀하시길 "하나님이 자기 형상 곧 하나님의 형상대로 사람을 창조하시되 남자와 여자를 창조하시고…."라고 했습니다. 여기서 남자와 여자는 음과 양을 가리킵니다. 그렇다면 '하나님이 형상대로'라고 했다고 해서 하나님께서 여자 아니면 남자입니까? 그렇지 않습니다. 하나님의 본성은 완전하기 때문에 그는 능동적이고 수동적인 양면을 모두 가집니다. 우리가 동양철학에서 음과 양이라 부르는 능동적인 것과 수종적인 것, 남성적인 것과 여성적인 것, 외면적인 것과 내면적인 것의 양면을 서로 조화시켜 우주 전체를 이루어 가시는 분입니다. 우리가 알고 있듯이 어떤 사람이 지나치게 양(陽)을 많이 지니게 되면 그는 열이 과도하여 급기야는 죽게 됩니다. 반대로 지나치게 음(陰)을 많이 지니면 냉랭해져서 또한 죽게 되는 것입니다. 불완전하며 불균형의 상태 속에서 완전하게 되도록 하나님께서 꾀하신 것이 바로 죽음입니다.

그런데 이런 상극적인 요소에 반해 예외가 있는데 그것은 라오디게아적인 상태입니다. 라오디게아의 교회는 "덥지도 차지도 않아 미지근하여 내 입에서 너를 토하여 내치리라"(계 3:16)라고 했습니다. 미지근하다는 것은 음도, 양도 아닌 상태를 말합니다. 미국 사람들은 흔히 아주 뜨거운 차나, 아니면 차가운 차를 좋아합니다. 차지도 덥지도 않은 미지근한 차는 싫어합니다. 널리 알려진 디저트로 아이스크림과 브랜디로 만든 것이 있습니다. 브랜디에 불을 붙이면 알코올 성분은 타지만 브랜디의 향은 여전히 남아 있으며 뜨거운 것과 찬 것을 동시에 맛보게 됩니다. 그러나 만약 미지근하게 되어 나오면 아무도 손대지 않을 것입니다.

우리가 교회에서 가장 관심을 갖는 진리를 다룸에 있어서도 음과 양의 두 면을 분명히 나타내야만 합니다. 어느 한 면만을 나타낸다면 그것은 우리를 거짓말쟁이로 만들고 우리는 더 이상 크리스천일 수가 없습니다.

근본적인 문제는 예수 그리스도가 누구인가 하는 것입니다. 그는 하나님입니까? 아니면 사람입니까? 약 1600년 전의 교회에 있어서 예수를 단지 인간이라고 말하는 사람은 그리스도인이 아니라 인본주의자라고 단언했습니다. 또 성육신을 부인하면서 예수가 인간이 아닌 하나님이라고 말하는 사람들도 하나님을 사기꾼으로 만든다고 비난했습니다. 음은 그리스도의 인성이며, 양은 그리스도의 신성입니다. 이 둘이 하나가 될 때 사람들은 진리를 알게 되는 것입니다. 그러나 수세기가 지난 지금까지도 예수가 단지 인간일 뿐이었다고 말하면서 아주 신식으로 믿는 사람들이 있습니다. 그리고 또한 아주 이상한 것은 자신들을 보수주의자들이라고 생각하면서 예수님의 신성만을 믿는 그 옛날의 이단의 생각을 거의 동일하게 따르는 사람들도 있습니다. 나는 종종 크리스천들이 "예수님은 하나님이셨다. 따라서 나는 하나님이신 예수님께서 행하신 본을 따를 능력이 없다. 나는 단지 인간일 따름이기 때문이다."라고 말하는 것을 들었습니다. 빌립보서 2장 7절에 예수는 "오히려 자기를 비워 종의 형체를 가져 사람들과 같이 되었다."라고 했으며, 요한복음 14장 12절에 예수께서는 제자들에게 "나를 믿는 자는 나의 하는 일을 저도 할 것이며"라고 했습니다. 즉 우리가 성령을 받았을 때에 "나는 인간일 뿐이다."라고 말할 수가 없는 것입니다. 우리 역시 그리스도의 성품에 동참하는 자로서, 성령께서 우리 속에 내재하기 때문에 인성과 함께 또한 신성도 가지는 것입니다. 이 말은 모든 인간이 신성을 지닌다는 말과는 다릅니다. 인간이 죄를 회개하며 죄 사함을 받고 성령을 선물로 받기 전에는 하나님의 본질 즉 신성을 가질 수가 없는 것입니다(행 2:38).

어떤 교회들은 그리스도의 인성만을 봄으로써 인간성, 인간 사회, 또는 사회적인 문제, 윤리에만 많은 관심을 갖게 됩니다. 그러나 그들은 말씀 속에서 나타나는 하나님의 초자연적인 계시에 유의하지 못하기 때문에 그들의 윤리적인 견해란 뭐든지 소위 말하는 '세속인 세계'에 있는 것에서만 비롯되어집니다. 그들은 또한 그리스도의 피와 물과 성령으로 거듭나는 체험을 하지 못합니다. 또한 성령을 소유하지 못하기 때문에 윤리적인 문제에 있어서 선한 뜻을 가지고 있음에도 불구하고 올바른 판단을 내리지 못하게 됩니다. 오늘날 우리 사회의 문제들의 절반 가량이 무엇이 옳은지를 몰라서가 아니라 그 옳은 것을 행할 능력이 부족하기 때문에 생기는 것입니다. 이런 문제에 관해서는 로마서 7장에 잘 나타나 있습니다.

반면에 어떤 교회는 그리스도인의 인성은 무시하고 신성만을 강조합니다. 그런 교회들은 기도, 교회의 일, 하나님 나라에 가는 것, 재림 예수를 맞을 준비, 개인적인 문제(특히 질병에 관한 문제)를 해결하는 것 등만을 중시하여, 그들의 가르침에는 어떤 윤리적인 차원이 없는 것입니다. 그러니까 그런 교인들이 기도는 열심히 하며 주일 성수하고, 새벽 기도회에는 빠지지 않으면서 매일매일의 생활 속에서는 이기적이고 비윤리적인 삶을 살아갑니다. 그러니까 불신자들이 말하기를 "저런 사람이 예수 믿는 사람이라면 내가 예수 믿지 않는 게 다행이다."라고 하는 것입니다. 그들은 흔히 이 세상의 불의나 부조리가 무엇인지 전혀 모르고 그런 불의를 지속시키는 데 바쁩니다. 이것은 이사야 선지자가 이사야 58장 3~8절에 말한 것과 예레미야 선지자가 예레미야 7장에 말한 것과 같은 것입니다.

이런 죄로 인해 하나님은 예루살렘을 멸망시켰고, 북아프리카의 교회를 이슬람교도에 의해 없어지게 했으며, 현재 교회의 절반이 공산주의에 의해 무너지게 한 것입니다. 국가와 교회 사이의 조화를 이루는 데 있어서도 또 다른 상극적인 요소가 있는데 그것은 자유와 질서의 음양입니다. 어떤 사람들은 기독교라 하면 먼저 자유를 생각하며, 질서는 성령과 관계없는 것으로 오해하기도 합니다.

또 어떤 사람들은 훌륭한 질서에만 관심이 있을 뿐이어서 그곳에는 자유나 성장이나 발전에는 조금의 여지도 없다고 생각합니다. 이러한 오해들로 인해서 기독교의 많은 교파들 사이에는 서로 종종 오해를 하는 경우가 생기고 오늘날 우리나라의 젊은이들과 나이든 사람들 사이에 오해를 유발시키게 되는 것입니다. 그러므로 이 어떤 경우에서도 코끼리 반 마리는 차라리 없는 것보다 못하다는 것에 비유할 수 있겠으며 지나치게 경직된 질서나 혹은 극단적인 자유는 위험합니다.

음양에 대한 훌륭한 동양적인 사고방식은 -성경적 개념으로 표현하자면- 적어도 우리에게 남들을 이해할 수 있게 해 주고, 우리가 처한 환경 속에서 무엇이 가장 좋은지를 발견할 수 있도록 해 주며, 이런 일들은 참된 노력과 예의를 지키며 조용하게 대화할 수 있게끔 해 주는 것입니다.

이 문제에 관해서 특별히 체험을 한 이 나라의 젊은이들에게 하고 싶은 말은 어느 한 나라에서 균형과 조화를 이루는 것이 다른 나라에서도 그렇다고 할 수는 없다는 점입니다. 그 나라의 경제 상태, 대외 관계, 그리고 이웃 나라들, 이 모든 것들을 종합해서 계산하여야 한다는 것입니다. 그런 점에서 나는 미국이 기독교 국가로서의 중요성을 잃은 지 이미 오래 되었다고 생각하며, 음양의 원칙을 전혀 이해하지 못했기 때문에 만족할 만한 균형을 이루지 못하였으며, 다른 나라에게도 기독교 국가로서 모본이 되기에 부족하다고 생각합니다.

그리고 또 다른 면에서 조화와 균형을 이루어야 할 부분이 있는데 그것은 하나님의 말씀과 성령 사이의 균형입니다. 예수님 당시의 바리새인들은 성경을 가지고 있었고, 성경에 나타난 말씀들을 믿었으며, 또한 그들은 위대한 학사들이었으나, 성령이 하시는 일을 받아들이지 않았습니다. 그들은 결국 예수님을 십자가에 못 박았습니다. 오늘날에도 성경을 믿으면서 가르치고는 있지만 성경 자체만을 강조하는 교회들이 있습니다. 그러나 그들은 자기네들의 학문과 전통에 근거하여 성경을 해석하며, 누구도 자기들의 전통에서 훈련받지 않은 사람들은 함께 일하지도 않을 뿐더러 성령께서 하시는 역사를 완강히 거부합니다.

한편 이런 극단적인 면에 대해 성령의 역사, 예언, 환상, 꿈이나 전적으로 감정적인 모임 등을 강조하는 사람들이 있습니다. 그들은 무엇보다도 감동이나 감화를 중요시합니다. 그들은 성경을 연구하고 공부하는 것은 귀찮아 하며 어떤 표적이나 신기한 것을 원합니다. 그러나 이런 것들은 얼마 못가서 궤도를 이탈해 버리고 맙니다.

하나님은 우리가 성령 충만하기를 원하시며, 말씀에서 진리를 찾고, 성경을 올바르게 알아서 성령의 인도하심에 따라 말씀을 해석하며, 그 말씀에 순종하며, 성령에 의해 인도되는 교회를 원하십니다.

성경은 가지고 있으면서도 능력이 없는 교회는 기차가 레일 위에는 있으나 움직이지 못하는 것과 같고, 반대로 능력은 있으나 성경을 모르는 교회는 레일 위를 지나치게 빨리 달려서 레일에서 탈선하는 기차거나 혹은 모래 위에서 바퀴를 헛 굴리는 기차와 같은 것입니다.

사랑하는 형제여!

하나님의 계획이나 하나님의 진리를 반만 알고서 강조하는 것은 진리가 없는 것이나 마찬가지입니다.

그러한 것은 오히려 이단보다도 더욱 하나님의 일을 그르치고 또 욕되게 하는 일입니다. 우리 모두가 음과 양, 인성과 신성, 예수 그리스도 안에서의 자유와 질서, 그리고 진정한 인간과 하나님 사이의 균형을 이루기 위해 기도합니다.

"여호와여 주의 도로 내게 가르치소서 내가 주의 진리에 행하리니 일심으로 주의 이름을 경외하게 하소서"(시 86:11).

산골짜기에서 온 편지

성경에 나타난 성직의 개념

신부님, 성경에는 여러 가지의 성직(聖職)에 대한 기록이 있습니다. 예를 들어 '전도자', '교사', '목자', '감독' 등인데 이들의 차이점은 무엇입니까? 그리고 현재 우리가 사용하고 있는 '목사'와 '전도사'의 칭호는 어떤 관계가 있습니까?
- 회덕에서 기찬 드림

기찬 형제 안녕하십니까?

보내 주신 편지는 잘 받아 보았으며 좋은 소식들을 듣고 기뻤습니다. 또한 유익한 질문을 주셔서 감사합니다.

형제의 질문은 성직에 관한 것입니다. 그러나 이것은 간단한 답이 없습니다. 왜냐하면 교회가(어느 교파이든지) 성경 말씀을 그대로 받아들이지를 못해서 성직자들이 자기의 직분이 무엇인지, 자기가 가야 할 길이 무엇인지 잘 알기 어렵게 되었기 때문입니다.

예를 들자면 어떤 교파는 감독이 없고, 어떤 교파는 장로가 없고, 또 어떤 교파는 예언자를 인정하는 법이 없거나 혹은 교사가 없습니다. 이는 성경 단어를 고쳐서 뜻을 고친 것과 같습니다. 예를 들어 한국어 성경 에베소서 4장 11절에 보면 '사도, 선지자, 복음 전하는 자, 목사, 교사'라고 되어 있지만 원래 헬라어에는 '선지자'와 '예언하는 자'의 구별이 없습니다. 그런데 역시 한국어 성경 고린도전서 14장 29절~32절에서는 '예언하는 자'라고 하고 37절에서는 '선지자'라고 하여서 원어에는 구별이 없는 곳에 구별을 만들어 놓았습니다.

그리고 '목사'라고 하는 말도 성경 원어에는 없습니다. '전도사'라고 하는 말도 없지요. 구별 없이 언제든지 '목자'라고 합니다. 다만 현재 교회가 전도사가 되고 목사가 된다는 서열을 마련해 놓은 것뿐입니다. 많은 사람들이 1978년부터 이전보다 매우 강조하는 것이 있는데 그것은 교회가 계속 부흥하려면 에베소서 4장 11절 말씀대로 성직에 대한 사상을 고쳐야 한다는 것입니다. 이 문제에 대해 좀더 살펴봅시다.

에베소서 4장 11절에서는 특별히 5가지 성직에 대해 말하고 있습니다(디모데전서 3장의 감독 집사, 디도서 1장의 장로, 로마서 12장의 7가지 직분과의 관계는 별도로 하고). 우선 이 5가지만 살펴봅시다.

첫째로, '사도'가 무엇입니까? 제가 속한 성공회에서는 분명히 사도를 주교(감독)라고 합니다. 그러나 성경을 자세히 보면 사도들은 나가서 돌아다니며 말씀을 전하는 선교사였던 것을 알 수 있습니다. 예루살렘 교회를 감독했던 야고보를 사도라고 하지는 않았습니다. 감독은 한곳에 가만히 앉아서 한 교회나 한 지방을 다스리는 사람이고, 사도는 나가서 개척하는 사람인 것 같습니다. 사도라고 하는 말은 '보냄을 받았다'는 뜻으로 언제든지 둘씩둘씩 보냄을 받았으며 그중에 우두머리 한 사람이 있었습니다.

그러나 현대 교회는 사도의 직분을 위하여 신학교를 갓 나온, 경험도 없고 나이도 어린 사람들을 '전도사'라는 이름을 붙여서 한 사람씩 홀로 개척하러 보냄으로써 그들을 가엾게도 이리 속으로 던지는 습관이 있습니다.

제가 보기에 사도들은 콩의 새싹과 같습니다. 새싹은 무엇입니까? 콩나무의 시작이 아닙니까? 떡잎에서 그 나무가 필요로 한 모든 양분이 나오다가 뿌리가 내리고 줄기가 올라가 일반 잎사귀가 난 다음엔

떡잎이 떨어지고 콩나무가 그냥 계속하여 자라납니다. 두 사도들이 나갈 때 그들은 교회가 필요로 하는 성직, 권세, 능력, 지식, 지혜 등을 다 갖고 있어서, 그 모든 것을 새로 믿기 시작한 사람들에게 빨리 넘겨줌으로써 몇 달 안 지나 사도들이 다른 지방으로 가더라도 교회는 스스로 자라날 수 있는 것입니다.

둘째로, '선지자'가 있습니다. 이 단어는 '예언하는 자'나 '대언자'(출 7:1)라는 말과 한가지입니다. 하나님을 대신하여(혹은 다른 사람 대신 예를 들어 '대사'와 같은 뜻) 말하는 사람입니다. 성경을 보면 예언자의 일은 성직이지만 학교에 가서 배운 것으로 된 것도 아니고 교회의 안수를 받고 사람을 통해 임명받은 것도 아닙니다. 직접 하나님으로부터 사명을 받고 일하는 사람입니다. 교회가 그를 인정하든지, 안 하든지 관계가 없습니다. 그러나 대부분의 교회들이 예언자는 교회의 다스림을 받는 직분이 아니기 때문에 좋아하지 않고 현대엔 예언자가 없다고 한다든가 혹은 우리의 목사들이 예언자라고 주장합니다. 그러나 월급 받는 예언자는 '발람'의 길로 가는 사람입니다(민 22:5~24, 25, 31:16; 신 23:4~5; 수 13:22, 24:9~10; 미 6:5; 벧후 2:15; 유 11; 계 2:14).

교회사를 보면 선지자들이 권세 있는 자들에게 주의 말씀을 전할 때 그들이 이를 듣기 싫어하여 두 가지 방법을 취했던 것을 알 수 있습니다. 하나는 그 선지자를 핍박하고 할 수만 있으면 죽이는 것이었고, 또 하나는 그에게 영광과 물질을 주어 월급쟁이로 만든 후(가령 명예 박사학위를 주는 것과 같은) 그 선지자를 부패시키는 방법이었습니다. 마찬가지로 현대 교회에도 예언자의 입을 막기 위해 명예 박사학위와 월급을 잘 줍니다.

셋째로, '복음 전하는 자'입니다. 그냥 있다고 하는 것이 아니라 하나님께서 교회에게 주신 선물이라고 하였습니다. 이 단어 evangelist는 성경에 세 번밖에 안 나옵니다. 사도행전 21장 8절과 에베소서 4장 11절, 그리고 디모데후서 4장 5절의 세 곳입니다. 굳이 높낮이를 말하자면 복음 전하는 자가 선지자보다는 낮고 목자보다는 높다고 봅니다.

빌립이 한 일은 사마리아인들에게 전도하고, 에디오피아 여왕의 신하에게 전도하고(물론 신하가 혼자 여행하는 법이 없고 재무장관으로서 큰 무리의 군대와 섬기는 자들과 함께 갔으므로 다 함께 빌립의 전도를 받아 에디오피아 교회의 시작이 되었지요), 아소도에서부터 가이사랴까지 전도한 것 등입니다(행 21:8). 이 한 사람의 '복음 전하는 사람'을 통해서 두 민족이 그리스도를 믿게 된 것을 볼 때 참으로 그 직임, 그 사업이 얼마나 중요한 것인가를 알 수가 있습니다. 사실 사도들이 하는 일과 큰 차이점이 없는 것 같습니다.

넷째로, 전도자 다음에 '목자'가 나옵니다. 성경을 살펴 보면 목자는 주로 다스리는 사람을 말합니다(사 56:11; 렘 23:4; 겔 34:2~23). 로마서 12장 8절에도 다스리는 사람에 대한 말이 있고 고린도전서 12장 28절에도 다스리는 사람에 대한 말이 나오는데 그 서열이 앞에 있지도 않고 뒤에 있지도 않고 가운데에 위치합니다. 또한 다스리는 사람, 가르치는 사람, 개척하는 사람, 복음 전하는 사람 등이 따로따로 되어 있습니다.

디모데전서 3장 5절에 보면 감독도 다스리는 힘이 있어야 한다고 말합니다. 다스리는 일에 대한 성경의 가르침은 깊이 연구할 만한 문제인데도 이에 관심을 갖고 연구하려고 하는 사람은 많지 않은 것 같습니다.

베드로전서 5장 1절~4절에 보면 장로도 목자의 역할을 하는 것이 분명하며, 여기에 함께 경고의 말씀이 기록되어 있습니다. "양 무리를 치되…자원함으로 하며 더러운 이를 위하여 하지 말고…주장하는 자세를 하지 말고 오직 양 무리의 본이 되라." 모든 교회의 다스리는 사람들이 다 이와 같은 목자가 된다면 얼마나 좋겠습니까?

　서열을 이야기하자면 다스리는 자는, 로마서 12장과 고린도전서 12장에 언급된 예언하는 자는 물론 사도와 가르치는 자, 능력을 행하는 자, 구제하는 자(집사에 대한 말이라고 생각합니다) 및 서로 돕는 자보다 아래 순서입니다. 그러나 에베소서 4장 11절에는 교사보다 먼저 나옵니다. 왜 교사가 마지막으로 나왔을까요? 역사적인 순서를 생각하여 마지막으로 나왔습니다. 사도행전 13장 1절에서 보니 교회는 약 20년 동안 교사 없이 발전했습니다. 그러다가 마침내 하나님께서 교사들을 허락하셨고 그들 중에 둘을 택하여 사도로 보내셨습니다.

　다섯째, '교사'입니다. 다른 4가지 성직은 특별한 교육 없이 성령의 능력과 교회의 경험으로 자신의 직분을 다할 수 있지만 교사는 학교에 다니며 교육을 받은 사람이어야 합니다. 야고보서 3장 1절 말씀에는 선생 된 사람들이(원어는 교사와 같은 단어) 더 큰 심판을 받을 것이니 "많이 선생이 되지 말라."라고 되어 있습니다. 그러나 현대 교회는 선생, 즉 교사가 얼마나 많은지 모릅니다.

　제가 성경 말씀 자체에만 관심이 있기 때문에 형제의 질문에 대해 정확하게 이렇다 할 대답을 드릴 수가 없군요. 전도사라는 단어가 성경에 없으니 전도사의 책임이 무엇이다라고는 꼬집어 말할 수가 없는 것입니다. 그러나 베드로전서 3장 15절에 보면 평신도는 언제든지 자신의 소망에 관하여 이유를 묻는 자들에게 대답할 말씀을 예비해야 될 책임이 있다고 말합니다.

　또 로마서 12장 3절과 고린도전서 12장 7, 11, 18, 27절, 14장 26절, 에베소서 4장 7절에 보면 각 사람은 각기 자신의 직분이 있다고 기록되어 있습니다. 따라서 평신도들은 하나님께 자신의 직분이 무엇인지 알아 보고(약 1:5), 그 직분대로 행할 것이며, 남들이 그의 직분을 잘 행하는지 잘못 행하는지는 비판하지 말아야 합니다. "남의 하인을 판단하는 너는 누구뇨 그 섰는 것이나 넘어지는 것이 제 주인에게 있다"(롬 14:4)는 말씀이 있지 않습니까?

박사, 목사, 전도사, 신부, 사제, 부제 등 성경에는 나오지 않는 단어들을 아는 것이 중요한 것은 아닙니다. 다만 각 사람과 각 교회가 하나님의 뜻대로 자신의 직분, 자신의 사명을 깨달아 이루는 것이 중요한 일입니다. "성도를 온전케 하며 봉사의 일을 하게 하며 그리스도의 몸을 세우기 위해." "우리가 다 하나님의 아들을 믿는 것과 아는 일에 하나가 되어 온전한 사람을 이루어 그리스도의 장성한 분량이 충만한 데까지 이르리니"(엡 4:13). 그리고 온 세상에 나가서 제자를 삼는 일을 할 것뿐입니다.

덧붙여서 한마디 더 하겠습니다. 성경에는 그런 말이 없지만 제가 생각하는 것은 각 교인이 일 년에 한 사람씩만 전도하고 일 년 동안 가르치면서 교회와 구역 예배를 함께 다니게 되면 교회는 일 년에 배가 될 뿐만 아니라 참된 제자, 그냥 '신자'가 아니라 누가복음 14장 26절~33절의 말씀과 같이 행하는 자도 많이 생기게 되어 예수님께서 우리 한국 교회에 대해 부끄럽게 생각하지 않으실 것입니다.

성령과 교회

나는 이 글에서 교회는 성령의 인도와 깨우침을 무시하고는 존속할 수 없다는 점을 말씀드리고자 합니다. 즉 교회가 성령을 무시할 때, 적게는 신자가 성령 안에서 살지 못할 때, 오는 결과가 얼마나 비참한 것인가를 하나의 이야기로 설명하고자 하는 것입니다.

― 주 안에서 대천덕

아주 멀고 먼 옛날에 초인(superman) 한 사람이 살고 있었습니다. 그에게는 유령(ghost)이 가장 가까운 친구였습니다. 사실상 이 유령이 없었더라면 그는 결코 초인이 될 수 없었을 것입니다. 그 혼자만으로는 그다지 현명치 못했던 것이지요.

초인이 아주 어렸을 적에, 그는 친구 유령에 대해 많은 관심을 가지고 항상 그에게 충고와 도움을 청했었습니다. 그리고 이와 같은 방식으로 그는 초인이 되어 가고 있었습니다. 왜냐하면 유령은 결코 실수를 하지 않았기 때문입니다. 유령은 항상 그에게 꼭 해야 할 일과 또 그 일을 하는 방법 등을 일러 주었고 그것은 나중에 보면 늘 아주 옳은 일이었음이 판명되곤 했었습니다. 유령은 초인에게 악당들(협박자, 공갈자)의 무리를 폭로하도록 시켜 그 방법까지 가르쳐 주었으며, 따라서 악당들은 그런 초인을 막아 낼 재간이 없었습니다. 초인은 항상 그들보다 한발 앞서 있었던 것입니다. 이것은 초인이 아주 어렸을 때의 일이며, 악당들은 오랫동안을 이와 같은 형세에 몰려 있었습니다.

예, 그렇습니다. 이 악당들은 자기네들이 이 어린 초인을 제거할 수 없다는 것을 알고 여간 놀라지 않았습니다. 그들이 초인을 완전 KO 시켰거나 죽였다고 생각하여 의기양양해 있을 때면 초인은 오히려 이 전보다 더욱 커지고 강해져 있곤 했습니다. 이렇게 되자 악당들은 초인이 늘상 이야기해 오던 유령이란 친구가 정말로 실재할지도 모른다고 생각하기 시작했습니다.

그러나 악당들은 그 유령을 실제로 눈으로 볼 수가 없었기 때문에 유령에게는 손을 댈 수가 없었습니다. 그래서 그들은 초인과 유령을 떼어 놓기로 결정하고 회의를 소집했습니다. 악당 두목이 말했습니다. "상대편을 싸워서 이길 수 없을 때라면 반대로 그의 편이 돼라(If you can't lick them, join them)는 옛말이 있다. 우리는 여태껏 잘못 싸움을 해왔다. 우리가 이 녀석과 싸우면 싸울수록 그는 더욱더 강해지기만 하고, 그가 그 유령에게 의지하면 할수록 그는 더욱 현명해지기만 한다. 따라서 이제는 그와 싸우는 일은 그만두어야겠다. 방법은 간단하다. 앞으로는 그에게 우리가 그의 친구라고 말해 주는 것이다. 그의 곁에서 그와 함께 사이좋게 지내는 거지. 우리가 그에게 즐겁고 화평한 때를 보여 주면 그는 얼마 안 있어서 곧 유령을 잊게 될 것이다. 알겠는가?"

악당 두목은 이 일을 수행키 위해 부하 동지들에게 각각 일을 분담시켰습니다. 그리하여 그중 하나가 초인에게로 가서 말했습니다. "저어, 사실 나랑 내 동지들은 그간 우리가 당신에게 얼마나 못되게 굴었는지를 이제 겨우 깨달았습니다. 이제부터는 당신의 편이 되고 싶습니다. 더 이상 두목을 위해서는 일하지 않으렵니다." 이 말을 들은 초인은 이렇게 막강한 악당들이 자기 편으로 넘어 오고 있음에 대해 깊이 감동하여 어찌해야 될지를 몰랐습니다. 그는 흥분하여서, 그 일에 대해 유령에게 물어 보는 것도 잊어 버렸습니다. 그런데 초인은 유령에 대해서 그때까지도 거의 알아채지 못했던 점이 있었습니다. 그것은 아무리 타당한 질문이라도 초인이 유령에게 그것에 대해 물어 보지 않았을 때는 아무 말도 안 해 주고, 오직 초인이 그것에 대해 물어 볼 때에만 유령이 그 질문에 대해 답해 준다고 하는 사실이었던 것입니다. 다시 말해서 만약 초인이 유령에게 이 악당들이 정말 믿을만 한지 안 한지를 알 수 있는 방법에 대해 물어 보았더라면 유령은 그에게 잘 대답해 줄 수 있었을 것입니다. 그러나 초인은 묻지를 않았습니다.

첫 번째 악당이 채 말을 끝내기도 전에 그 다음 악당이 앞으로 나서서 말했습니다. "아이구 저런, 당신 옷은 형편없이 낡은 누더기로군요. 훌륭한 옷은 한번도 입어 본 적이 없으신가요?" 이렇게 말하고 악당은 가엾게도 어리둥절해진 초인의 팔을 잡고서 '브룩스 브라더즈'(Brooks Brothers, 유명한 남성의류 상점)로 달려가 초인의 머리 끝부터 발 끝까지 모든 것을 골프용 '트위드복'(tweeds, 트위드라는 천으로 만든 옷의 일종)으로 치장해 주었습니다.

그들이 초인을 훌륭하게 단장시키고 나자 마자 세 번째 악당이 큰 소리로 "자, 이제 크고 맛있는 스테이크와 한 통의 맥주를 마시러 가는 것이 어떻겠습니까, 선생님?" 하고 물었습니다. "잠자코 있어, 멍텅구리 친구야, 이분은 맥주를 마시지 않아." 첫 번째로 말했던 악당이 팔꿈치로 동료의 옆구리를 쿡 찌르면서 말했습니다. 그리고는 초인의 팔을 잡고 '리츠카텐'(Rits Carlten, 유명한 음식점 이름) 식당으로 데려가서 '필레미뇽'(filet mignon, 소의 부위 중 가장 연하고 맛있는 부분으로 만든 최상급 비프스테이크) 요리를 주문하는 것이었습니다.

이처럼 일은 착착 진행되어 나갔습니다. 악당들은 초인이 그들이 하던 나쁜 짓을 분쇄하여서 그들로 하여금 세상 빛을 보게 해 준 것에 대해 정말로 감사하다며, 또 그런 그들의 감사함을 보여 주기 위해 악당 두목이 비워 놓고 간 아파트를 빌려 주겠노라고 말했습니다. 그들 말로는 악당 두목이 사업차 멀리 떠났다는 것이었습니다. 그리하여 초인은 악당 두목의 아파트로 이사해 갔으며 그곳에서 하버드식 억양으로 말하는 법을 배우기 위해 '링거폰 코스'(Linguaphone Course, 어학 실습용 레코드 상표이름)를 샀습니다.

어느 날 초인이 꼭지가 금으로 된 지팡이를 팔 밑에 끼고 한껏 멋을 내며 큰길을 거닐고 있을 때, 옛 친구 하나가 모자를 기울이면서 "안녕하십니까? 선생님." 하고 공손히 인사를 했습니다.

"안녕하시오, 친구, 뭘 좀 도와드릴까요?" 초인이 훌륭한 하버드식 억양으로 대답했습니다. 그러자 그 옛 친구는 "당신은 당신의 옛 친구들을 전혀 기억치 못하는군요. 그 옛날 우리가 악당들의 나쁜 소행을 무찌르고자 싸우던 때에 선생님과 나는 가끔씩 공원에서 신문지를 덮고 잠자곤 하지 않았습니까. 그때에는 우리 이름으로 5센트짜리 동전조차도 없었지요."라고 말했습니다.

"아니 저런, 이거 잭크 아니오? 하마터면 못 알아 볼 뻔했소. 그런데 대체 이게 어쩐 일이오? 어째서 당신은 수지맞는 일을 찾아서 일하지 않소? 알다시피 시대는 이미 변했소." 초인은 약간 의아하다는 듯이 물었습니다.

"시대가 변했다 그겁니까?" 옛 친구는 쓸쓸하게 말했습니다. "그것은 당신에게 있어서나 그렇죠. 아마도 우리 나머지 사람들에겐 그렇지가 않을 겁니다. 당신이 모르고 있는 사이에 악한 소행은 여전히 활개를 치고 있었습니다. 그들이 당신에게 무어라고 말했는지는 몰라도 당신에게 아첨하는 새 동료들이란 자들은 당신이 모르고 있는 사이에 여전히 자기들의 악당 두목을 위해 일을 꾸며왔던 겁니다. 당신이 그 두목의 집을 소유했을 테지만 벌써 두목은 마이애미에서 저택을 사들여 그곳에서 당신의 전화를 도청하고 있었습니다. 네, 그래요. 시대는 바뀐 것 같습니다. 그러나 그것의 주된 차이점은 예전엔 당신이 악의 일들과 싸웠으나 이제는 그들의 무리와 합세했다는 점이지요. 자, 그럼 안녕히 계십시오. 초인 선생님, 재미 많이 보십시오." 옛 친구는 이렇게 말하고는 휑하니 가버렸습니다.

초인은 즉시로 아파트에 돌아와 그의 수석 보좌관에게 전화를 걸었습니다. 그리고는 자기가 지금 막 듣고 돌아온 이야기가 정말 사실인지에 대해 물었습니다. 그런데 더욱더 놀랄 일은 전화에서 들려오는 목소리가 바로 악당 두목의 목소리였던 것입니다. "물론이지요, 친구 양반. 그 말은 모두 사실이오. 나는 바로 마이애미에서 비밀 도청 전화를 하고 있는 악당 두목이란 말이오. 나로서는 이런 가면극에 어느덧 싫증이 나버렸소. 그러니 우리 이제부터 신사답게 거래해 보는 게 어떻겠소?"

그러나 초인은 단호히 말했습니다.

"나는 다시 악한 일을 소탕하는 일로 돌아가겠소." "얼마든지 할 수 있소." 그는 이렇게 덧붙여 말하면서 마음속으로는 지금 있는 이 아파트에서 계속 있으면서 여기서 작전을 지휘하는 것이 좋겠다는 결정을 내렸습니다. 그것은 공원 벤치에서 하는 것보다 훨씬 더 좋았습니다.

초인이 제일 처음 취한 조치는 우선 자기를 속였던 악당들 모두에게 전화하여 자기가 그들과 어울렸다는 사실을 몹시 부끄럽게 생각한다고 말해 주는 것이었습니다. 그러자 악당들은 그를 비웃었습니다. "너희들이 내게 이렇게 할 수는 없을 텐데." 초인은 노발대발하여 소리쳤으나 그들은 더 큰소리로 웃어댈 뿐이었습니다. 그는 곧 이어서 공개

성명서를 내서, 자기는 결코 악의 일하고는 아무 관련도 없고, 사실은 그런 것들을 분쇄하고자 애를 쓰노라고 주장하였습니다. 신문에 그의 성명서가 실렸으나 사설란에는 과연 그가 그런 일을 해낼는지 의심스럽다는 비평이 나 있었습니다.

이제 다음 행동을 할 차례였습니다.

"다음 행동이라…." 그는 다음 차례로 무슨 행동을 취해야 할지 생각이 나지 않았습니다. 그는 과거에 자기가 어떤 방법으로 그 일을 해냈었는지 전혀 기억이 나질 않았습니다. 갑자기 초인은 자기의 모든 영향력이나 명성이나 부(富)가 악당 두목을 대항해서는 아무 쓸모도 없음이 깨달아졌습니다. 그 모든 것이 처음 시작부터 악당 두목에게 속한 것이었으니까요. 그는 옛날의 일이 희미하게 기억에 남아 있었습니다. 그가 가난하여 헐벗고 어리고 제대로 먹지 못하던 때에는 그에게 악당들을 폭로하여 그들을 완전히 패배시킬 수 있는 묘책이 있었던 것입니다. 그런데 과연 어떤 방법으로 그렇게 했었는지 지금은 도대체가 기억이 나질 않았습니다(그는 유령을 까마득히 잊고 있었던 것입니다). 그때 당시에는 힘들고 괴로운 날들이었는데도 지금에 와서는 반 정도만 기억이 날 뿐 마치 꿈만 같이 생각되었습니다. 결국 그때의 그는 보잘 것 없었고, 순수했으며, 그다지 지위가 높지 못했던 깃입니다. 기억해서 뭘 하셌는가! 초인은 오랫동안 만나보지 못했던 그 옛 친구들 생각이 났습니다. 그러나 스스로 그들에게 돌아가 다시 함께 손잡고 일할 수는 없었습니다. 그들이 자기에 대해 어떻게 느끼고 있을지를 생각만 해도 그는 아찔했습니다.

그는 가로수 길을 의기소침하여 터벅터벅 걷고 있었는데 마치 어둡고 우울한 먹구름이 그에게 잔뜩 덮여 있는 것같이 보였습니다. 그런데 그때 갑자기 옛 친구 잭크가 눈앞에 나타났습니다.

"전날에 신문에서 보았는데 당신이 악을 분쇄하러 돌아왔다고 하더군요. 믿을 만한가요?"

초인은 눈을 반짝이며 두 주먹을 꽉 쥐고 "나는 항상 신뢰할 만 하오." 하고 단호히 말했습니다.

"예, 물론 그렇겠지요. 헌데 무엇을 하실 작정입니까?" 잭크가 물었습니다.

"글쎄, 그것이…." 초인이 한숨을 쉬었습니다. "그게 바로 중대한 문제란 말이오."

그리하여 오늘날까지도 그 불쌍한 얼간이 같은 초인은 여전히 그 중대한 문제의 해답을 찾고 있는 것입니다. 그리고 불쌍하게 잊혀진 유령도 여전히 그의 주위를 맴돌고 있습니다. 그러나 언젠가는 초인이 기억을 해내서 옳은 질문을 하기 시작하여, 바로 그 유령에게 묻게 될 것입니다.

지금까지의 이야기는 단지 꾸며낸 이야기가 아닙니다. 이것은 실제로 일어났고, 일어나고 있는 일인 것입니다. 이 초인은 현재 2천 살이며 그의 이름은 바로 '교회'입니다. 그는 성령을 통하여 그가 필요로 하는 모든 권능을 받고, 그의 일을 수행키 위해 필요한 모든 막료들(brains)을 얻게 되는데 그가 이것을 잊었던 것입니다.

그런 거룩한 교제를 유지한다는 것은 성령과의 교제 가운데서 계속 일하고 살아가고 계획해 나가며 행하는 것을 의미합니다. 즉 성령께서 말씀을 주시는 교제를 통해서 이뤄집니다. 그러나 성령께서는 우리가 옳은 질문을 물을 때와 우리가 우리의 생명을 내걸 준비가 되었을 때, 즉 사도 바울이나, 베드로, 유다 그리고 그 밖의 사람들처럼 주님을 위한 귀한 종들이 될 준비가 되었을 때에만 우리에게 말씀을 주시는 것입니다.

산골짜기에서 온 펀지

노동자와 교회

신부님, 초신자인 제겐 현재 공장에서 같이 일하고 있는 친구들이 있습니다. 저는 동료들을 주께로 인도하려고 노력하고 있습니다. 그런데 문제는 제가 친구들에게 전도하면 "교회는 부자들이나 가는 곳이다."라고 하기 때문에 더 할말이 없습니다. 제가 그들을 위해 뭐라고 이야기해 주어야 할까요?

- 성철 올림

사랑하는 성철 형제에게.

당신의 하나님께서 당신을 택하신 줄 알고 계십니까? 그렇다면 좋습니다. 먼저 한 가지 알아야 할 것은 하나님의 나라는 당신의 것이라는 점입니다.

성경 말씀은 "하나님이 세상에 대하여는 가난한 자를 택하사 믿음에 부요하게 하시고 또 자기를 사랑하는 자들에게 약속하신 나라를 유업으로 받게 아니하셨느냐"(약 2:5)라고 말씀하고 있습니다. 그리고 예수님께서도 말씀하시기를 "주의 성령이 내게 임하셨으니 이는 가난한 자에게 복음(좋은 소식)을 전하게 하시려고 내게 기름을 부으시고 나를 보내사…"(눅 4:18), "너희 가난한 자는 복이 있나니 하나님의 나라가 너희 것임이요"(눅 6:20), "수고하고 무거운 짐 진 자들아 다 내게로 오라 내가 너희를 쉬게 하리라"(마 11:28)라고 하셨습니다.

이러한 말씀처럼 당신이 노동을 하고 또 무거운 짐을 지고 있습니까? 그렇다면 그 무거운 짐을 예수님 앞에 내려 놓으십시오. 쉼이 있을 것입니다. 예수 그리스도는 당신과 당신의 친구들을 환영하고 있기 때문입니다.

교회란 당신의 친구들이 말한 것처럼 부자들만의 기관입니까? 당신은 내게 "죄송하지만 저희들이 교회에 나갔더니 아무도 반겨 주지 않더군요. 듣기에는 부자만이 장로나 집사가 될 수 있고 공부를 많이 한 사람만이 지도자가 될 수 있다던데요." 하고 당신 친구들이 말한 내용을 적어 보냈습니다. 친구여, 정말 미안합니다. 하나님께서는 오래 전부터 그와 같은 일들이 생길 것이라고 경고하셨습니다. 그리고 그런 일은 절대로 있어서는 안 된다고 말씀하셨습니다.

성경 말씀에 보면 "너희는 도리어 가난한 자를 괄시하였도다"(약 2:6)라고 하셨고 예수님께서도 "화 있을진저 너희 부요한 자여 너희는 너희의 위로를 이미 받았도다 화 있을진저 너희 이제 배부른 자여 너희는 주리리로다 화 있을진저 너희 이제 웃는 자여 너희가 애통하며 울리로다"(눅 6:25)라고 말씀하셨습니다.

그렇다면 왜 예수님의 교회가 그렇게 부자들에게 아부하게 되었습니까? 그것은 삯꾼 목자 때문입니다.

예수님께서는 이에 대해 "나는 선한 목자라 선한 목자는 양들을 위하여 목숨을 버리거니와 삯꾼은 목자도 아니요 양도 제 양이 아니라 이리가 오는 것을 보면 양을 버리고 달아나나니 이리가 양을 늑탈하고 또 헤치느니라 달아나는 것은 저가 삯꾼인 까닭에 양을 돌아보지 아니함이나 나는 선한 목자라 내가 내 양을 알고 양도 나를 아는 것이 아버지께서 나를 아시고 내가 아버지를 아는 것 같으니 나는 양을 위하여 목숨을 버리노라 또 이 우리에 들지 아니한 다른 양들이 내게 있어 내가 인도하여야 할 터이니 저희도 내 음성을 듣고 한 무리가 되어 한 목자에게 있으리라"(요 10:11~16)라고 말씀하셨습니다.

　친구여, 특별히 "이 우리에 들지 아니한 다른 양들이 내게 있어 내가 인도하여야 할 터이니." 하는 말씀은 당신의 친구들에게 하는 말씀이 아닙니까? 그러므로 사람들에 대해 너무 신경 쓰지 마십시오. 예수님만이 당신 친구들의 참된 목자가 되시며 그렇기 때문에 지금도 그들을 부르시고 계시다는 것을 아십시오.

　그러면 어떻게 그들이 우리의 참된 목자 되시는 예수님을 만날 수 있을까요? 예수님은 "두세 사람이 내 이름으로 모인 곳에서는 나도 그들 중에 있느니라"(마 18:20)라고 말씀하셨고 또 그의 양들은 그의 목소리를 알기 때문에 그를 따르고 이렇게 되면 그들은 영원한 생명을 얻을 수 있습니다. "아무도 내 손에서 빼앗아 갈 수 없다."는 말씀처럼 영원히 멸망치 않을 것입니다.

　그러면 어떻게 하면 될까요?

　첫 번째로 모여야 합니다. 친구들 한두 사람이 같이 예수의 이름으로 모여 선한 목자 되신 예수 그리스도의 음성을 듣기 원하는 마음으로 하나님께 기도하십시오. 그리고 성경 말씀을 읽으시고 무슨 뜻인지 서로 이야기를 나눈다면 예수님께서는 그의 성령을 통해 그 뜻을 가르쳐 주실 것입니다.

　나의 제언이 틀린지 옳은지 걱정이 된다면 다음 말씀을 기억하십시오. "사람이 하나님의 뜻을 행하려 하면 이 교훈이 하나님께로서 왔는지 내가 스스로 말함인지 알리라"(요 7:17).

　형제들이 참으로 예수님의 음성을 듣기 원하고 하나님의 뜻대로 살고 싶으시다면 예수님께서 진리의 성령을 보내 주셔서 당신이 충분히 이해할 수 있도록 도와 주실 것입니다. 예수님은 또 이런 약속을 하셨습니다. "그러나 진리의 성령이 오시면 그가 너희를 모든 진리 가운데로 인도하시리니…"(요 16:13)라고 말입니다. 이 말씀에서 우리가 주의해야 할 점이 있는데 이 말씀을 보면 '모든 진리를 한꺼번에 알려 주시겠다'고 하시지 않으시고 '모든 진리 가운데로 인도하시겠다'고 말씀하셨다는 점입니다. 이 말씀은 한 가지씩 깨닫는 대로 나가다 보면, 다시 말해서 인도하시는 대로 나가다 보면 다음 것을 깨닫게 되어 결국 한 걸음씩 앞으로 나가면서 모든 진리 가운데로 닿게 되겠다는 말씀입니다.

두 번째로 성령을 받아야 합니다. 이제는 진리의 성령님께서 당신과 당신의 친구들을 인도하실 수 있도록 그리고 특별히 성령을 받기 위해서 기도해야 합니다. 예수님께서 말씀하시기를 "너희가 악할지라도 좋은 것을 자식에게 줄 줄 알거든 하물며 너희 천부께서 구하는 자에게 성령을 주시지 않겠느냐"(눅 11:13)라고 하셨습니다.

만일 누구든지 예수를 믿는 것과 성령을 받는 일이 복잡한 것이라고 한다면 그 말은 믿지 마십시오. 오직 예수님의 말씀을 믿으십시오. 예수님께서 "…이것을 지혜롭고 슬기로운 자들에게는 숨기시고 어린아이들에게는 나타내심을 감사하나이다. 옳소이다. 이렇게 된 것이 아버지의 뜻이니이다"(눅 10:21)라고 말씀하셨습니다. 같이 일하는 친구 두서너 명이 함께 모여서 예수님의 이름으로 성령을 받도록 구하고, 성경 말씀을 같이 보면서 성령님께 무슨 뜻인지 가르쳐 주시기를 구하신다면 예수님께서 보내 주신 성령님께서 한걸음 한걸음씩 모든 진리 가운데로 형제들을 인도해 주실 것입니다.

그렇다면 이제는 노동자와 교회의 문제를 다뤄 보십시다. 교회란 부자들만의 기관같이 보이지만 실상은 결코 그렇지 않습니다. 우리가 생각해야 할 것은 교회란 예수님께 속한 것이니 그의 지체된 우리 모두에게도 속한 것입니다. 분명코 당신들의 기관이기도 합니다. 아무도 당신들의 기업을 빼앗아 갈 수 없습니다. 그러므로 친구들과 함께 교회에 나가시고 또 공장에서도 계속 그들과 모이십시오. 혹시 하나님께서 당신과 당신의 친구들을 사용해서 그 교회를 새롭게 하실는지도 모를 일입니다.

옛날에 하나님께서는 그 당시 어부로 일하던 베드로, 안드레, 요한, 야고보 등의 사람들을 사용해서 그 시대의 교회를 완전히 새롭게 하셨습니다. 이에 대한 말씀들을 찾아 보십시다.

"그 말을 받은 사람들은 세례를 받으며 이 날에 제자의 수가 삼천이나 더하더라 저희가 사도의 가르침을 받아 서로 교제하며 떡을 떼며 기도하기를 전혀 힘쓰니라 사람마다 두려워하는데 사도들로 인하여 기사와 표적이 많이 나타나니 믿는 사람이 다 함께 있어 모든 물건을 서로 통용하고 또 재산과 소유를 팔아 각 사람의 필요를 따라 나눠 주고 날마다 마음을 같이 하여 성전에 모이기를 힘쓰고 집에서 떡을 떼며 기쁨과 순전한 마음으로 음식을 먹고 하나님을 찬미하며 또 온 백성에게 칭송을 받으니 주께서 구원받는 사람을 날마다 더하게 하시니라"(행 2:41~47).

얼마나 아름다운 이야기입니까? 우리 예수 믿는 사람들의 대부분이 이와 같은 일을 다시 보기를 원하고 있습니다. 형제들과 손잡고 이런 일이 형제가 속한 공장과 교회에 나타나기 위해 하나님의 능력을 구해야 합니다.

사실 노동자들을 이용하는 사람들이나 노동자들을 비호하는 사람들은 언제나 대적하고 다투지만 한 가지 면에서만은 서로 힘을 모았는데 그것이 바로 그리스도에 대해서 거짓말하기로 작정했다는 사실입니다.

예수님 자신도 노동자였습니다. 목수의 가정에서 자라났고 또 일찍부터 가족의 생활문제를 해결키 위해 자신도 목수로서 일을 하셨습니다.

서른 살까지 목수로서 노동하셨으며 별다른 교육도 받으신 적이 없었습니다. 그 후 집을 떠나 제자들을 가르치지 시작했는데 그의 제자들도 주로 노동자였습니다. 그렇기 때문에 그 당시 교회 지도자들이 예수와 그의 제자들을 멸시했습니다. 그러나 하나님께서는 예수님께 성령을 보내주셔서 그 능력으로 많은 놀라운 일들을 행하셨습니다. 마침내 교회 지도자들과 로마의 집권자들은 예수님을 십자가에 못 박아 죽였습니다. 그러나 예수님은 십자가에서 못 박혀 죽으신 지 사흘 만에 다시 부활하셨습니다. 그 후 40일 동안 제자들과 함께 계시다가 승천하셨고 곧 약속하신 성령을 부어 주셨습니다. 성령께서 제자들(주로 노동자들)에게 능력을 주셨을 뿐만 아니라 그들의 마음을 사랑으로 넘치게 하셔서 모든 사람들이 재산과 소유물을 서로 나누게 되었습니다.

이렇게 사랑으로 서로 도와 주면서 예수 그리스도의 교회는 점점 부흥케 되었습니다. 그러자 이에 대해 좋지 않게 생각했던 부자들과 부패한 정치인들은 약 3백 년 동안 교회를 심히 핍박하였지만 그럴수록 하나님께서는 그들에게 용기와 담대함을 주어 교회는 점점 더 커졌습니다.

마침내 주후 313년에 콘스탄티누스 황제가 기독교를 국교로 인정하자 권력자들이 세력을 잡아 볼 심산으로 입교해 교회는 권력자의 기관, 부자의 기관으로 변했습니다. 그때부터 지금까지 그런 사람들은 예수님께서 가난한 사람들에게 하신 말씀은 비유에 불과하다고 거짓말을 하고 있습니다. 그래서 가난한 사람들을 무시해 버리고 또 재산 나누기를 거절하고 자신의 이익 증대만 노려 노동자를 이용했습니다. 이로 인해 많은 노동자나 가난한 자들이 교회를 떠나거나 교회에 나가길 거절하게 되었던 것입니다.

이런 사람들 중에 극단적인 사람들이 공산당을 조직했습니다. 그런데 공산당은 성령이 없으므로 사람의 마음을 바로 잡지 못합니다. 또 강제적으로, 정치세력으로, 폭력으로 일을 하려고 하니까 문제는 더욱 복잡해지고 있는 것입니다.

  문제는 교회가 부패했다고 교회를 떠나거나 교회 지도자들을 비난하는 것으로 해결되는 것이 아닙니다. 초대교회의 신자들처럼 교회의 회복과 부흥을 위해 사랑으로 기도해야 합니다. 이는 교회가 그리스도의 몸이 되므로 교회에 문제가 아무리 많아도 사랑해야지 대적해서는 안 됩니다. 교회와 싸우는 것은 마치 어머니와 싸우는 것과 같습니다. 그러므로 우리는 예수 그리스도께서 처음부터 우리를 불러 주셨다는 사실을 기억하고 교회에 들어가 성령의 능력과 사랑으로 교회를 회복하는 사람이 되어야 하겠습니다.

한국의 기도원과 미국의 수도원

산골짜기에서 온 편지

교회와 국가

신부님, 성경을 읽던 중 한 가지 문제가 발견되었습니다. 그것은 교회와 국가에 관한 문제입니다. 교회는 국가에 대해 어떤 자세를 취해야 하는지 말씀해 주시면 감사하겠습니다.

- 인수 올림

사랑하는 인수 형제에게.

형제는 내게 '교회와 국가'에 대한 문제를 알고 싶다고 했습니다. 마침 내게는 수년 전 이 문제에 관해 몇몇 동역자들이 공동으로 연구한 보고서가 있어서 그것을 알려 드리려고 합니다. 나는 이것이 적절한 것이며 형제의 문제를 풀어 주리라고 생각합니다.

1 교회와 국가의 관계

교회사에 있어서 최초로 야기된 신학적 주 논쟁이었던 아리안 논쟁은 확실히 교회와 국가 사이에서 암암리에 일어난 투쟁이었습니다. 국가는 하나님에 의해 최초로 설립되었고 그것은 교회의 설립보다 시간적으로 앞선다는 생각과 가르침은 4세기 당시에는 아주 일반적인 설이었습니다. 진정한 의미에서 이 '위에 있는 권세'(롬 13:1)는 하나님에 의해 세워졌으며 그것은 성부 하나님을 대표한다는 설이 보편적으로 공인되었습니다. 반면에 교회는 그리스도의 몸이며 성자를 표합니다.

그러므로 만일 성자가 성부를 닮기는 했지만 성부와 본질적으로 다르다는 점이 입증된다면, 그때는 교회가 국가에 종속된다는 논리가 성립되는 것입니다. 한편 성자가 성부와 본질적으로 같은 존재라면 그때는 교회가 국가와 동등한 것으로 간주될 수밖에 없는 것입니다. 겉으로 보기에 그토록 조그만 문제점이 맹위를 떨친 대논쟁으로 비약한 것은 이 논쟁의 심각성을 이해케 합니다. 하여간 이 논쟁은, 성자는 성부와 '본질에 있어서 하나'이며, 그래서 교회는 국가와 동등하다고 선언한 '니케아 신조'가 채택됨으로 잠정적인 해결을 보았으나 그 후에도 수년간 계속되었습니다.

니케아 신조가 채택된 후 얼마 안 있어 로마 황제들은 뒤늦게 그 중요성을 깨닫고 그 신조를 받아들이는 모든 사람들에게 새로운 박해를 가하기 시작했습니다. 그리고 교회에 아리안주의를 강요했습니다. 그러나 평민들 특히 지방의 기독교인들과 감독들의 끈질긴 저항으로 인해 비로소 로마 제국은 니케아 신조를 용인하게 되었고 교회를 통제할 다른 방도를 모색하게 되었습니다. 이것이 어떻게 이뤄졌는가 하는 문제는 또 다른 이야기입니다.

우리는 교회와 국가를 단적으로 분리할 수 없다는 것과 성경 어느 곳에서도 그렇게 해야 한다고 가르친 곳이 없다는 사실을 염두에 두어야 합니다. 만일 한 사람이 누가 권력을 쥐고 그 권력을 계속 지켜 나가든지 간에 침묵을 지킨다면 그는 그 권력을 인정하는 것입니다. 만일 그 권력이 가난한 사람들을 착취하는 데 사용되고 있다면 그는 그 사실에 관해서 만큼은 공범인 것입니다. 반면에 현행 정부와 교회 체제에 대한 선지자들의 공공연한 반대는 자칫 잘못하면 얕은 학생들의 생각을 '반대는 항상 옳은 것이다'라는 결론으로 유도할 수도 있는 것입니다. 문제는 언제 말해야 하고(암 5:13), 누가 말할 것이냐는 것입니다.

외국인이 말해야 합니까? 요나는 니느웨에, 다니엘은 느부갓네살 왕에게 말했습니다(단 4:27). 그러나 시민권을 어떻게 사용해야 합니까? 성경을 자세히 살펴 보면 예수님께서 그의 신적 능력을 자신의 유익을 위해 결코 사용치 않았던 것처럼 어느 선지자도 어떤 특별한 특권을 얻기 위해 자신의 시민권을 사용치 않았음이 밝혀집니다. 바울은 단지 그가 그의 민족에게 더 이상 전도할 수 없다는 것을 알았을 때, 그리고 그가 다른 로마 시민들과 함께 있을 때만(빌립보에서처럼) 그의 로마 시민권을 사용했습니다. 결국 그는 죄수의 몸으로, 묶인 몸으로 로마에 가서 복음을 전하기 위해 그의 시민권을 사용했습니다. 그는 결코 비로마 시민들에게 어떤 우월감을 나타내기 위해 그것을 행사하지 않았습니다(행 16:37, 25:11).

성경에는 교회가 국가로부터 어떤 종류든지 특권을 요구해야 한다는 가르침은 없었습니다. 그리고 성경과 그 뒤에 이어지는 역사는 공히 교회나 성직자에게 주어지는 특권은 신속한 타락의 길이 된다는 점을 아주 명확하게 보여 주고 있습니다. 사실 로마 제국이 박해로 얻지 못했던 것을 교회에 특권을 줌으로써 성취했던 것입니다.

반면에 교회는 국가에 대해 기도할 책임(딤전 2:1~2, 이 서신은 가장 지독한 박해자인 네로가 황제였을 때 쓰여진 것입니다)과 국가에 순복할 책임(롬 13:1~7)을 지닙니다. 한편으로 사도행전 4장 19~20절과 5장 29절은 우리에게 순복할 수 있는 적절한 방법을 제시해 주고 있습니다. 그것은 조용하면서도 겸손하게 자신의 입장을 먼저 밝히고 자신의 행동으로 파생되는 결과를 모면하려고 노력하지 않는 것입니다(행 25:11). 그런데 슬픈 일은 성경이 크리스천에게 그 방법을 제시해 주고 있음에도 불구하고 비크리스천인 마하트마 간디가 그것을 채택했다는 사실입니다. 한 사람이 하나님께 대한 우선적인 순종으로 시민으로서 불순종을 해야 한다면 그는 해당 당국에 순종할 수 없다는 것과 그에 상당하는 처벌을 받을 준비가 되어 있다는 통고를 해야 합니다. 고린도후서 11장 24~25절에서 바울은 자신이 수없이 감옥에 갇힌 것을 제외하고도 9차례의 처벌도 감수했다고 기록하고 있습니다. 리차드 범브란트와 앤드류 형제는 아주 복잡한 현대의 상황 속에서 이러한 문제들을 다루고 있습니다. 다음에 열거되는 성구들을 참고하십시오(벧전 2:12~17, 19~20, 4:15; 벧후 2:10에서 이 주제를 상세히 설명하고 있습니다). 하여간 성경은 통치자의 권위를 무시하거나 그를 헐뜯는 사람들에 대해 줄곧 단호한 태도를 취하고 있습니다.

2 교회와 국가의 정의

성경의 이상적인 국가관은 제사장들의 국가가 되는 것입니다(출 19:6; 벧전 2:9). 그렇지만 실제로 교회는 국가가 아니며 국가 또한 교회가 아닙니다. 그래서 성경은 교회가 그리스도 안에서 그 위치를 남용하지 말라고 경고하고 있습니다(벧전 2:12~17; 갈 5:13; 고전 6:12, 8:9, 10:23 등). 더욱이 주님은 '모든 나라가 거룩하며 모든 백성이 제사장'이라고 가르치고 나서 그가 정해 놓은 구획과 책임을, 그리고 어떤 사람도 하나님께서 정해 놓은 구획을 넘어설 수 없다는 것을 밝히셨습니다(민 16:3, 9~10; 왕하 15:5).

하나님께서는 선지자, 제사장, 그리고 왕, 이렇게 세 가지 근본적인 임무를 제정하셨습니다. 그런데 이 임무들이 서로 혼선을 빚을 때 문제들이 생기는 것입니다. 이 세 가지 역할을 모두 맡으셨던 그리스도조차 이들을 하나로 묶으려 하시지 않으셨습니다. 그는 단지 종려 주일까지는 선지자였습니다. 그러나 그때 그는 왕으로 선포되었습니다. 이는 멜기세덱의 반차를 좇은 제사장직을 그에게 준 것입니다. 그러나 그는 제도상으로 아론의 반차를 좇은 제사장들과 경쟁하기 위해 그의 제사장직을 사용치 않으셨습니다. 그는 단지 십자가 위에 달리셨을 때만 제사장으로서, 희생제물로서 그의 역할을 담당하셨습니다.

통치자와 정치가라고 불리는 어떤 사람들과 각국의 법은 권위의 범위와 일반 시민층의 권리와 특권뿐만 아니라 정부의 운영을 위해 그들이 져야 할 책임의 정도까지 규정해 놓고 있습니다. 시민이 이러한 권리와 책임을 행사하는 방법은 나라에 따라 차이가 있습니다. 그래서 자신이 다른 나라에 거주하면서 모국의 법과 관습을 따라 살려고 한다면 그것처럼 어리석은 일은 없습니다. 그것은 적어도 무례히 행하는(고전 13:5) 것이요, 최악의 경우에는 권위를 업신여기는 것입니다(유 8). 정부의 임무에 대해서는 다음에 언급하기로 하겠습니다.

하나님으로부터 특별한 소명을 받은 두 번째 집단은 제도적 교회의 지도자들입니다. 이들은 하나님의 백성들을 다스리도록 권위로 세워진 사람들로서 회중 안에서 집사, 장로, 교사, 사제, 감독, 총회장 등의 직임을 맡은 사람들입니다. 이들은 임명을 받는데 보통 안수를 받아 직임을 맡습니다. 그들은 하나님 앞에서 사람들을 대표합니다. 그래서 그들은 자신들이 책임지고 있는 단체의 인정 아래 그들이 배운 교리를 가르칩니다. 이런 특수한 위치 때문에 그들이 공적인 문제에 대해 언급할 때면 그들은 단체 전체를 대표해 말하는 것이 되며 단체 전체는 그들의 위치에 위임된 것입니다. 그들은 더 이상 단순히 개인이 아닌 공적인 인물이 되는 것입니다. 다윗은 단지 통치자였기 때문에 그의 개인적인 죄로 인해 전 국민이 처벌을 받게 된 것처럼(삼하 13) 목자의 행동은 그것이 사회적인 것이나 교회적인 것이나 간에 전 사회에 영향을 주는 것입니다(렘 23; 겔 34). 만일 교회의 지도자가 정치에 적극적으로 참여하고 싶은 충동을 느낀다면 그는 직임을 바꿔

야만 합니다. 즉, 그는 교회 안에서의 그의 직임을 사임하고 평신도로서 활동해야 한다는 말입니다(필자는 적극적으로 정치 활동을 하는 동안 교구의 목회 및 봉급을 사양하고 노동으로 생계를 유지했습니다).

　세 번째의 역할은 선지자에 관한 것입니다. 선지자는 교회나 국가나 어떤 조직이나 단체를 위해 말하지 않습니다. 다만 그는 하나님을 대변하는, 국가에 대해서는 평범한 시민이요, 교회에 대해서는 평신도에 지나지 않습니다. 모든 구약의 선지자들 중에 세 사람(예레미야, 에스겔, 세례 요한) 만이 제사장 집안 출신인데, 이 세 사람 중의 어느 누구도 어떤 방법이나 어느 때에라도 제사장이나 교회의 직원으로서 일한 적은 없습니다. 선지자가 평신도라는 사실을 기억하는 것은 참으로 중요합니다. 그는 오직 하나님으로부터 부르심을 받지, 그 어느 단체로부터 부름을 받지 않습니다. 그는 다른 선지자에 의해 기름부음을 받을 수 있지만(왕상 19:16), 성직을 임명받지는 않습니다. 그는 자기의 자유와 생계와 목숨까지 위협을 받지만 -이것은 매우 중요합니다- 그 아무것도 무서워하지 않습니다. 그에게는 정치적 권력도, 경제적 능력도 없으며, 또 그런 것을 구하지도 않습니다. 그의 유일한 능력은 하나님의 말씀입니다. 이것은 불과 같고 반석을 쳐서 부서뜨리는 방망이와 같습니다(렘 23:29). 그리고 칼과 같습니다(엡 6:17; 히 4:12).

　교회의 지도자는 자신이 그것을 좋아하든지 싫어하든지 간에 또 다른 형태의 권력을 갖습니다. 그는 교회라는 큰 조직 속에서의 권위 있는 위치를 가집니다. 그에게는 어느 정도까지는 그를 따르기로 위임한 일단의 신도들이 있습니다. 그는 정치적인 힘이 될 수 있는 능력, 그러니까 민중의 힘을 동원할 수 있는 위치에 있습니다. 그의 이러한 위치 때문에 그가 정치에 대해 말하면, 그의 의도가 어떻든 간에 그는 정치적인 권력에 말려들게 되는 것입니다.

　직업적인 정치가(성경에 의하면 그도 역시 하나님의 임명을 받은 사람입니다)는 교회 지도자가 하나님과 교회를 혼동하여, 그에게 반대하는 어떤 행동도 곧 하나님을 대적하는 일이라고 못 박을 때, 특히 자신의 일에 끼어들어 간섭할 때 그것을 노엽게 여깁니다. 교역자가 "너희는…남의 일을 간섭하는 자로 고난을 받지 말라"(벧전 4:15)는 말씀을 어기고 처벌을 받는다면, 그러면서도 그가 자신의 신앙 때문에 박해를 받고 있다고 주장한다면 그것은 혼이 나고서도 또 모욕까지 듣는 꼴이 됩니다. 만일 하나님의 백성을 가르치는 사람이 선지자처럼 행동하고 말하며 불의 및 타락과 싸우도록 격려해 주는 한 사람의 평신도라도 발견할 수 없다면 그는 직임에서 물러나 교사로서 자신의 실패를 인정해야만 합니다. 그리고 그는 평신도로서 그의 양심이 요구하는 어떠한 형태의 정치적 활동이나, 시민으로서의 반대 활동에 참여함으로써 자신이 모범을 보여야만 합니다. 그러나 자신은 모든 면책 특권이나 보호나 조직의 힘으로부터 물러나야 합니다. 만일 다시 평신도가 된 그를 하나님께서 인도하여 정치단체를 구성하게 한다 하더라도, 그것은 그에게만 국한된 일이므로 그는 정치적 조직으로서 교회를 사용해서는 안 되는 것입니다.

③ 선지자가 말하고 있는 국가의 의무

　성경에서 선지자들의 메시지를 명료하게 규정하고 있는 기본적인 성경 구절은 다른 책들보다도 신명기에 많이 있습니다. 그리스도가 광야에서 사탄에게 시험받으실 때 인용한 세 구절의 말씀이 다 이 책에서 나온 것입니다. 우리 주님께서는 이 책에서 언급되었을 뿐만 아니라 레위기 및 다른 율법서와 시편, 그리고 구약의 예언서를 통해 거듭

거듭 반복되고 있는 하나님 나라의 헌법을 묵상하고 계셨음이 분명합니다.

신명기와 율법서 이후로 우상 숭배에 대한 긴 투쟁이 시작됩니다. 이것은 좁은 의미에서의 그릇된 의식에 대한 투쟁이 아니라, 넓은 의미에서의 그릇된 예배에 대한 투쟁입니다. 즉 여호와 이외의 다른 신을 인정하고 따라서 여호와의 것이 아닌 다른 일련의 법을 지키는 것에 대한 투쟁입니다. 엘리야, 아합, 이세벨, 그리고 나봇의 이야기는 레위기 25장 23절과 많은 참고 성경 구절들(미 2:1~2; 사 5:8 등)에 언급된 것으로써 여호와의 율법과 열왕기상 21장 7절에서 20절에 나타난 옛 바알의 딸에 의해 이스라엘에 도입되었던 페니키아인의 바알의 법 사이의 긴장을 명료하게 보여 주고 있습니다. 이는 여호와의 율법만이 가난한 자의 권리를 보호했기 때문입니다. 안식일을 범하는 것에 대한 비난도 또한 사회적인 이유에서였습니다.

사실 성경에 명시된 최초의 율법은 노동법입니다. 십계명에서 안식일에 대한 법은 오직 노동에 관한 것만 취급했습니다(출 20:8~11). 예배나 어떤 유형의 종교적 의식에 관해서는 아무것도 언급하지 않았습니다(마 12:1~14이나 막 2:27 등은 예수님도 안식일을 역시 이런 차원에서 이해하고 계셨음을 지적해 줍니다). 선지자들의 전 시대를 통해 안식일은 예배의 날이 아니라 휴식의 날이었습니다. 예배는 매일같이 성전에서 드려졌습니다. 안식일 날에 드려졌던 회당 예배가 발전한 것은 불과 에스라 시대 이후부터였습니다.

위의 문제와는 별도로 선지자들은 죄의 문제를 다룰 때 특정한 죄들을 밝혀내지 않고 '죄', '악', 그리고 '주님께서 떠남' 등으로 일괄하여 취급하고 있습니다. 이러한 죄들은 다음과 같은 구절들에 상세하게 명시되고 있는데 이것은 사람이 사람에게 행하여야 할 의무, 즉 하나님의 주재하에 국가가 담당해야 할 영역 등에 관해 언급한 위대한 성경 말씀들입니다.

- 시 72. 정부의 역할에 대한 근본적 정의(삼상 8:10~18은 독재를 반대하고 있습니다. 그러나 8:7과 12장을 비교해 보십시오. 성경의 어느 곳에서든지 이상적인 군주는 선출된 관리가 아니라 하나님으로부터 기름부음 받은 왕으로 표현되어 있습니다. 그래서 민주주의를 선거제도 및 의회제도로써 주장해야 할 성경적인 근거는 없습니다).
- 사 1:17~23, 2:6~8, 3:14~24, 5:7~8, 20~23, 8:19, 10:1~2, 11:4.
- 렘 2:13, 26~28, 34, 5:25~31, 7:5~11.
- 겔 22:2~13, 25~39(변리를 취하는 것이 살인, 간음 등 모든 비루한 부정행위와 함께 분류되어 있는 점을 주목하십시오. 시 15:5; 출 22:25; 레 25:35~37; 신 16:19, 23:19 참조).
- 단 4:27.
- 암 2:6~9, 4:1~3, 5:10~13, 8:4.
- 미 2:1~2, 3:1, 9~11, 6:10~12, 7:2~3.
- 나 3:1.
- 슥 7:9~10.
- 말 3:1~5(비교 약 5:4).

위와 같은 구절들을 주의 깊게 살펴보면 우리들은 선지자들이 다음과 같은 행동을 정죄하면서 하나님의 뜻을 선포하고 있음을 발견할 수 있습니다.

① 과부나 고아, 외국인, 이민자 등을 포함해서 가난한 자들을 압제하는 일.

② 부정직한 사업 경영(저울을 속이는 것), 특히 폭리를 취하는 것

(신학자들은 이 문제, 즉 인류의 절반이 넘는 인도주의적 견해가 폭리를 취하는 것에 대해 성경의 가르침을 문자적으로 따르고 있는 반면 기독교인들은 이 가르침을 무시하고 있다는 점을 해결해야만 할 것입니다).

③ 돈 없이는 재판에서 이길 수 없는 경우.

④ 정부 관리들의 사적 이익을 위한 지위의 남용.

⑤ 무죄한 피를 흘리는 것(이것은 무엇을 의미합니까? 아마도 합법적인 '모함'에 의해 무죄한 사람들에게 유죄 판결을 내리는 것이 아니면 전투 시 비전투원을 살해하는 것, 혹은 낙태 같은 종류의 것입니다).

⑥ 노동력의 착취(7일 동안 하루도 쉬지 못하게 하고 공정한 임금을 지불하지 않는 것을 의미합니다).

⑦ 우상 숭배(탐심, 욕심 등 하나님과 재물을 함께 섬길 수 없다는 하나님의 말씀을 기억하십시오).

⑧ 성적 문란, 탐식, 술취함과 모든 종류의 더러운 행동.

⑨ 선의적인 것에 반대되는 탄압적 독재 정치.

⑩ 마술 행위, 마약 사용(계 18:23과 다른 곳에서 '마술'이라는 단어기 헬리어 '피르미게이이', 즉 '복술'(卜術)이리는 의미로 쓰였습니다).

⑪ 현저한 낭비, 값비싼 옷차림, 허세 부리는 과시.

⑫ 부동산 투기(성경에서 이를 방지하는 아주 상세한 규정들이 명시되어 있습니다. 여호와와 바알 사이에 있는 긴장의 기저에는 이 문제가 개입되어 있습니다. 그렇지만 오늘날도 토지 사용에 있어 성경의 가르침 대로 약간이라도 시행하고 있는 홍콩, 뉴질랜드, 오스트레일리아, 덴마크, 한국 같은 나라들은 최소한도의 실업률과 괄목할 만한 경제적, 정치적 안정을 누리고 있습니다). 성경의 교훈을 무시하는 것은 실업률과 인플레 및 빈곤의 계속적인 증가의 결과를 야기시키는 것입

니다.

⑬ 사욕을 위해 종교를 이용하는 것, 즉 제도적인 교회에 있어서 직업주의(발람의 죄가 이에 속합니다. 벧후 2:14~16; 유 11; 딤전 6:5; 마 21:12~13; 요 12:6 등 참조).

④ 선지자가 어떤 실질적인 역할을 감당할 수 있는가?

성경이 묘사하고 있는 것처럼 신정주의 체제에서 선지자는 왕에게 쉽게 접근하는(다른 사람들이 좀처럼 꾀할 수 없었던) 지위를 가졌습니다. 위대한 선지자들은 언제나 그들이 필요할 때면 왕에게로 나아갈 수 있었습니다. 그들은 결코 자신의 유익을 위해서가 아니라, 이용당하거나 무시당하고 있는 사람들을 돕기 위해 자신들의 지위를 사용했습니다. 열왕기하 4장 13절은 엘리야가 다른 이들을 대표하여 기꺼이 당국에 진언하는 모습을 보여 주고 있고, 8장 6절에서는 한 여인의 재산을 되찾는 것을 돕는 선지자의 영향력을 볼 수 있습니다.

현대적 상황에서 개발도상국의 정의 실현을 위해 일하도록 부름 받은 크리스천들은 공정한 임금과 안식일의 휴무, 그리고 시골의 발전 등을 위해 능동적으로 해야 하는 것은 말할 것도 없고, 성경의 가르침과 일치하는 중개 공학(Inter-mediate Technology)과 토지가치세 같은 문제에 대해서도 잘 알아둘 필요가 있습니다. 또 '팁'과 '뇌물'에 대해 스스럼없이 말하기 이전에 이 둘의 차이점에 관해 이해하고 있어야 합니다. 또한 암시장이 개발도상국의 경제에 미치는 현상을 잘 깨달아서 어떻게 해서든지 그러한 일들을 피해야 합니다(고전 10:25~33 참조).

정부의 긍정적인 업적들, 즉 점차로 감소되고 있는 실업률과 하나님이 보시기에 최급선의 사회문제는 가난한 사람들의 문제이며, 가난한 사람들에게 최급선의 문제는 고용이라는 점을 기억해야 합니다. 점점 증가되고 있는 교육, 건강, 수입, 영양, 의식주 등의 수준 등은 마땅히 치하 받아야 하고 또 장려되어야 합니다. 그런데 한 가지 부가해 둘 것은 크리스천들이 취미삼아 정치에 개입하는 것은 지뢰를 가지고 노는 것과 같다는 점을 기억해야 합니다. 그것은 자신을 날릴 뿐만 아니라 놀이에 참여한 그의 모든 친구들도 날려 버리고 말 것이기 때문입니다.

5 선지자의 사역에 있어서 성령의 역할

선지자는 책을 보고 가르치는 학자는 아닙니다. 그는 성경 안에 기록된 계시와 반대되는 것은 하나도 가르치지 않습니다. 그러나 그는 다음과 같이 되기 위해서 기름부음이 그에게 임하도록 성령님을 의지해야 합니다.

① 그의 말은 능력이 있고 효과적이어야 합니다(렘 23:29).

② 그는 현재의 상황에서 성경을 어떻게 적용시켜야 할 것인가를 알아야 합니다(딤전 1:6~7; 벧전 1:10; 벧후 3:16; 시 119:105 등).

③ 그는 자신의 때를 바르게 간파해야 합니다. 이것은 근본적으로 중요한 것입니다. 예수님의 때에 대한 감각은 요한복음에 반복히여 강조하고 있습니다(요 6:15, 12:13~15, 23, 13:1, 16:12, 17:1 등). 요한복음 16장 21절과 야고보서 5장 7절의 두 비유는 일반적으로 단추 하나 누른 것으로 해결되는 사회에서는 잊혀진 어떤 진리를 담고 있습니다. 즉 자연은 자기 나름대로의 시간표를 가지고 있어서 막 밀어붙일 수가 없습니다. 사람이 추수하기를 바라고 어린아이의 출산을 꾸준히 기다린다는 것이 그가 게을러서가 아닙니다. 추수한 곡식의 질과 출산한 아이의 건강은 기다리면서 무엇을 행했느냐는 것과 직접적으로 관

련됩니다.

　정치학에는 "진보가 이뤄지는 동안에는 어떤 개혁이나 혁명도 일어나지 않고 단지 심각하고 체적된 침체 속에서만 일어난다."는 격언이 있습니다. 그러므로 변화가 있어야 할 때가 무르익었으면 어떤 종류의 변화가 있을 것인가 하는 문제는 농부가 기다리는 동안 무엇을 했느냐에 달려 있는 것입니다.

산골짜기에서 온 편지

북한을 위해 어떻게 기도할까?

신부님, 저희들은 대학과 직장을 다니는 젊은이들로서 일주일에 한 번씩 모여 중보기도의 밤을 가지고 있습니다. 저희들은 조이 도우슨 씨가 소개한 중보기도의 방식을 채택하여 기도해 왔는데 하나님께서 저희들의 기도를 들어 주실 줄 믿습니다. 그리고 저희들은 머지않아 북한을 위한 중보기도의 밤을 특별히 가지려고 하는데 어떻게 기도를 드려야 좋을지 몰라 신부님의 조언을 구하고 싶습니다. 신부님께서도 아시는 바 대로 분단된 남북한의 현실은 우리 모든 국민들의 아픔이며 고통이기에 많은 그리스도인들이 오랜 시간 동안 기도해 왔습니다. 저희가 북한을 위해 어떻게 기도해야 할까요? 신부님의 훌륭한 조언을 기다리겠습니다.

— 세연 올림

사랑하는 세연 형제에게.

대단히 중요한 문제를 제기하여 주셔서 감사합니다. 형제의 질문은 벌써 오래 전에 우리가 생각해 보았어야 될 문제이었던 것 같습니다. 내가 생각하기로는 우리들이 하나님 뜻에 합당한 기도를 하지 않는 것 같군요. 그러나 누군가가 다른 장소에서 하나님 뜻에 합당한 기도를 드린 것이 분명하다고 생각됩니다. 왜냐하면 북한에도 차츰 변화의 기운이 싹트고 있기 때문입니다. 나는 최근 공산권 선교를 주도하는 '오픈 도어즈'에서 발행되는 책자 하나를 받았는데 거기에는 다음과 같은 보고가 있었습니다.

"우리가 공산권에 복음을 전하려는 이 사역을 감당해 가면 갈수록 하나님께서는 이사야 42장 9절의 말씀이 진리인 것을 증명해 주셨습니다. '이제 내가 새 일을 고하노라 그 일이 시작되기 전이라도 너희에게 이르노라.'는 말씀대로 변화가 있기 이전에 하나님께서는 우리에게 변화가 있을 것이라고 미리 말씀해 주셨다는 사실입니다. 중국의 경우도 실제 변화가 일어나기 전 하나님께서는 우리에게 변화가 있을 것을 예고해 주셨습니다.

나는 지금 북한에 변화를 일으키시기 위해서 하나님께서 우리를 준비시키신다고 믿습니다. 그리고 하나님께서는 조만간 북한에도 비 오듯 쏟아 부어지는 성령의 역사가 일어날 것이라고 예고해 주시리라 믿습니다. 그리고 실제 이와 같은 나의 믿음을 증거라도 해 주는 듯 나는 북한 방문에서 이전의 방문에서 결코 느낄 수 없었던 새로운 일들을 느꼈습니다.

즉 이전에는 에베소서 6장에서 바울이 느끼는 것과 비슷한 억압감을 항상 느꼈는데 이번의 방문에서는 분명히 속일 수 없는 새로운 변화가 어디를 가거나 간에 느낄 수 있었는데 이런 변화로 나는 지금 북한이 꼭 중국을 닮아가고 있지 않나 생각됩니다. 그들은 국제적으로 인정을 받으려 하기 때문에 그들을 알아 주는 우방 국가를 두려고 한다는 사실입니다. …〈중략〉…북한이 이렇게 팔을 뻗어 외부와 접촉을 하려 하기 때문에 오히려 자유 진영에 있는 우리들보다도 더 잘 하나님의 은혜에 반응할지 모른다는 사실입니다. 그렇게 되면 우리를 통하여 그들에게 동역하게 해달라고 기도한 그 하나님의 사랑, 즉 북한 당국이 천국이라고 선전한, 메말라 빠진 땅에서 사는 모든 사람들을 위해 십자가를 지신 그 하나님의 사랑이 실제로 우리를 통해 이뤄지게 된다는 사실입니다."

　나는 이것이 그동안 당신이 드렸던 중보기도가 하나님께 상달되었다는 증거이며 당신에게 큰 힘을 얻게 해 주는 활력소가 될 것이라 굳게 믿습니다. 그러나 우리가 하나님의 뜻을 좇아서 효과 있는 기도를 더욱 확대해 나간다면 우리는 하나님께서 닫힌 북한의 문을 활짝 열게 하셔서 중국에서 이루어 주셨던 놀라운 부흥의 운동을 그곳에도 일으켜 주실 것을 또한 굳게 믿습니다. 그래서 나는 어떻게 하면 하나님의 뜻에 맞는 구체적이고도 효과적인 중보기도를 할 수 있는가에 대해 4가지로 나누어 말씀드리고자 합니다.

　첫째로 가장 중요하고도 어려운 것은 '회개'입니다. 요엘 2장 12절은 마음을 다하여 울며 회개함으로 하나님께 돌아오라는 긴 구절로 시작되고 있습니다. 재난으로부터의 구원의 약속과 성령을 부어 주시겠다는 약속은 회개를 좇아서 일어난다는 말인 것입니다. 역대하 7장 14절에도 이방인이나 악한 불신자가 아닌 하나님의 백성들이 사악한 길에서 떠나 스스로 겸비하고 기도하면 그 죄를 사하고 그 땅을 고쳐 주겠다고 말씀하십니다.

　에스겔 14장 1절에서 6절에도 보면 자기 우상을 마음속에 두며 죄악의 거치는 것이 있을지라도 우리가 회개만 하면 거절하지 않고 들어 주시겠다고 하셨습니다. 요한계시록 3장 14절에서 19절에 보면 부유하기 때문에 아무것도 필요 없다고 생각하는 교회(오늘날 한국의 교회는 아닌지?)에 대하여 엄하게 꾸짖으셨습니다. 그런 것들이 하나님께는 곤고하고, 가련하고, 가난하고, 눈멀고, 벌거벗게 보인다고 하셨습니다.

　그러면 이제 우리가 무엇을 회개해야 하는지 알아보겠습니다. 우선 우리가 먼저 알아야 할 것은 예수님은 단 한 분이시며 한 몸이시며 그리고 한 몸의 실체가 바로 교회라고 하는 사실입니다. 그러므로 교회가 언제 어디서 무슨 죄를 짓든지 그것은 교회의 구성원인 우리 성도들의 책임이기 때문에 그것을 회개해야 하는 것입니다. 공산주의 국가나 이슬람교 국가를 위해서 기도할 때는 가난한 사람과 억눌린 사람을 무시했던 교회의 잘못과 성경에서 분명하게 가르치고 있는 경제문제와 토지소유의 문제를 고의적으로 어긴 우리 선조 그리스도인들의 죄를 회개해야 합니다.

이슬람교가 생긴 것도 토지문제 때문이었습니다. 많은 공산주의 국가나 사회주의 국가가 생긴 것도 그렇고 아프리카나 아일랜드에서 일어나는 대부분의 유혈사태도 토지문제 때문입니다. 토지에 대하여 하나님의 계명을 어겼던 대부분의 사람들은 바로 그리스도인이었습니다. 12개국의 기독교 국가가 회교도화 되었는데 그 이유도 하나님의 토지법을 위반하고 지주에 의하여 가난한 사람들이 압박을 받을 때 교회는 방관만 했기 때문입니다. 한때는 기독교 국가였던 이 나라들이 지금은 공산주의나 사회주의 국가가 되었습니다. 그러므로 우리의 완고한 고집일랑 버리고 하나님의 계명을 지키고 그 계명을 완성시키도록 하기 위하여 우리는 철저하게 회개해야 할 것입니다. 그리고 이제 우리 성도들이 저지른 죄악에 대하여 애통해 합시다. 이슬람교나 마르크스주의를 만들어 낸 우리 자신들이 비난을 달게 받읍시다.

4백 년 전에 회개하라고 외치던 침례주의자들이나 메노파를 박해했던 우리들을 용서해 달라고 간구합시다. 그리고 하나님께서 그 옛날 앗수르와 바벨론을 일으키셨을 때 이스라엘과 유다도 회개하였는데 오늘날 하나님께서 공산주의와 회교를 일으키셨음에도 불구하고 여전히 회개할 줄 모르는 교회의 완악함에 대해서 두렵고 떨리는 자세로 서서 회개합시다. 만약 남들이 회개하지 않는다면 적어도 우리는 회개하지 않는 자들을 위해서 회개하고, 통회하지 않는 자들을 위해서 눈물 흘릴 수 있는 은총을 달라고 간구합시다. 그러나 회개해야 할 또 다른 것이 있습니다.

에스겔서는 마음의 우상에 대하여 말합니다. 오늘날 많은 교인들이 교회에 잘 나가며 하나님을 굉장히 공경하는 것처럼 보입니다. 그러나 그들의 마음은 탐욕과 재물과 부귀와 영화와 교만한 생각으로 꽉 차 있습니다. 소위 문명의 산물이라고 부르는 현대적인 것들에 눈이 멀었기 때문입니다. 그들은 과학을 숭상하고 그것에 쉽게 이끌립니다. 그들은 인간 중심적이고 그들의 모든 가치도 하나님이 아닌 인간 위주입니다. 우리 자신들의 이와 같은 인본주의를 회개하지 않고 어떻게 우리가 인본주의자들을 위해 기도할 수 있겠습니까? 물론 외국의 교회는 한국교회보다 훨씬 인본주의적이고 사치성도 강합니다.

그러나 한국 교회는 그보다 더 나쁜 것을 더 많이 가졌을 수도 있습니다. 그리고 교회들은 결국 주님 품 안에 있는 한 몸이라는 사실입니다. 그리고 우리는 우리를 위하여 몸을 상하신 주님을 위하여 헌신해야 하며 곳곳에 있는 우상들이 없어지도록 통회해야 합니다.

요한계시록은 우리의 미지근한 믿음을 경고하고 있습니다. 세계 각처에서 마귀를 좇는 공산주의자들이나 인본주의자들이 오히려 더 열심이고 열정적임을 봅니다. 거기에 비하여 모든 성도들은 무관심하고 냉랭하기만 합니다. 그러므로 우리는 열성이 부족한 내 자신과 많은 교회의 독선적인 자만심을 놓고 또 회개해야 합니다. 우리가 이런 것들을 놓고 울며 기도할 때 하나님은 우리의 기도를 들어 주십니다.

우리 한국 사람들은 주님께서 행하시지도 가르치시지도 않으셨던 잔인한 행위에 대해서도 회개해야 합니다. 그것은 귀신들린 사람들이 우리에게 보내졌을 때 우리는 귀신들이 그 사람의 몸에서 나와 김일성의 몸 안으로 들어가라고 외쳤던 것을 회개해야 함을 말합니다. 예수님께서는 결코 그와 같이 잔인한 행동을 하시지 않았습니다. 만약 김일성이 더욱더 잔인해지고 자기가 하나님인 것처럼 행동한다면 그것에 대한 책임도 우리에게 있는 것입니다. 우리는 이제 우리 자신 속에 있는 이와 같은 잔인함과 증오심에 대해서도 회개해야 할 것입니다.

둘째는, '용서'입니다. "네가 죄를 범하였을 때 참고 기도하며 용서를 빌면 하늘에 계신 너의 아버지께서도 너를 용서할 것이나 용서를 빌지 않으면 아버지께서도 용서치 않으리라." 이럼에도 불구하고 우리는 지금 북한과 김일성에 대해서 용서해야 할 것이 너무나 많이 있습니다. 그리고 성경의 어느 곳을 보아도 누구는 용서하고 누구는 용서하지 말라는 부분은 아무데도 없습니다. 아니 성경은 원수까지 사랑하여 미워하는 자를 위해서 기도하라고 말씀하십니다.

그러나 그것이 전부는 아닙니다. 마태복음 5장 23절과 24절에 보면 만약 우리의 형제가 우리와 대적하면 그 형제와 화해하라고 하십니다. 여러분들이 자신에게 북한이 우리와 대적하는지 어떤지 곰곰 생각해 본 적이 있습니까? 그들은 한반도를 배신한 사람은 바로 우리라고 생각합니다. 물론 그들은 근본적으로 잘못 생각하고 있습니다. 그러나 성경은 형제의 허물을 들추어 내지 말고 화해하라고 하십니다. 지금 당장 북한과 화해하는 일이 불가능하다는 것이 사실입니다. 그런데 사실은 남북대화가 그처럼 무의미하게 끝나 버린 것은 우리 그리스도인들의 마음속에 진정으로 화해하고자 하는 소원이 없어서가 아닌지 한 번 생각해 보아야 되지 않겠습니까?

그리고 일단 재물을 제단에 바쳐야 하지 않겠습니까? 우리는 우리의 은사와 십일조를 자랑하고 있으며 또 많은 헌금을 내기 때문에 하나님의 축복을 받을 것이라 생각합니다. 그러면서도 우리는 형제가 우리에게 화를 내면 그와 다시 화해할 생각은 하지 않습니다. 우리가 다 북한에 갈 수 없으나 우리는 적어도 빨리 화해할 수 있는 기회를 주시도록 기도할 수는 있습니다. 그리고 만약 화해할 기회가 지금 당장에 온다면 우리는 마음의 준비가 되어 있습니까? 혹시 우리의 자존심과 거만함으로 그들을 경멸하지는 않으려는지요.

셋째로, 우리가 진실로 회개하고 용서하고 나서야 비로소 '중보기도'를 시작할 수 있습니다. 디모데전서 2장 1절에서 6절에 보면 선한 사람뿐만 아니라 모든 사람을 위해 중보기도를 하라고 요구하십니다. 로마서 8장 26절과 27절을 보면 성령께서 우리의 중보기도를 도와 주신다고 했습니다. 왜냐하면 예수님께서 친히 성도들을 위해서 중보자가 되셨기 때문입니다.

그러므로 우리는 북한에 있는 성도들을 위해서 기도해야 합니다. 그들이 고난을 받을 때 우린 사치스럽게 생활합니다. 만약에 통일이 된다거나 그들이 우리나라를 방문했을 때 우리를 보고 어떻게 느낄지 생각해 봅시다. 그들은 그들이 받는 고통에 대해서 남한의 성도들이 얼마나 기도가 부족하고 무관심한지를 보고 깜짝 놀랄 것입니다. 그들은 먹을 것도 부족한데 필요 이상의 벽돌을 찍고 횟가루 반죽을 만드는데 돈을 낭비한 우리들을 보고 무엇이라 말하겠습니까? 그리고 만약 통일이 되었다고 생각해 봅시다. 우리는 그때 북한 성도들이 가지고 있지 못하던 성전을 지어 주고 그동안 먹지도, 쓰지도 못했던 생활필수품을 사줄 만한 돈을 가지고 있을까요? 한국 교회가 오늘날처럼 재물을 허비해 버린다면 앞으로 북한의 형제들을 도와 줄 가능성은 아주 희박합니다. 자, 그러므로 이제부터라도 우리 자신들을 부인하고 기회가 오면 그들에게 돈을 나누어 줄 수 있도록 재물을 아껴 씁시다. 그리고 북한을 선교하는 선교사들에게 되도록 많은 헌금을 드릴 수 있도록 노력합시다.

　또 우리가 중보의 기도를 할 때 반드시 북한의 그리스도인들만이 우리의 기도의 대상이 되지는 않습니다. 디모데전서 2장 1~6절을 보면 북한 당국을 위해서도 마땅히 기도해야 하는 것이 우리의 의무인 것을 알 수 있습니다. 우리는 그들을 위해서 기도할 때 남한 정부가 제의한 평화협상에 능동적으로 반응하여 진실한 남북대화에 임하게 해달라고 간구해야 할 것입니다. 그리고 우리의 기도가 응답되었을 때 우리는 양쪽의 대표들이 정직하고 진지한 태도를 가지고 필요한 업무를 수행하도록 해 주고 또한 하나님께서 그들을 인도하시도록 기도해야 할 것입니다.

　우리는 또 김일성 형제가 변화되도록 기도해야 합니다. 우리는 그가 변화되든지 아니면 물러나게 해달라고 기도할 수 있습니다. 그러나 만약 그가 물러났을 경우, 그가 그보다 더 양심적인 사람을 자신의 자리에 앉도록 할지는 의문입니다. 우리는 그가 회개하여 하나님께 다시 돌아올 수 있도록 기도해야 될 뿐 아니라(그는 오래 전 그리스도인이었다) 그가 죽은 후 그를 잇는 후계자가 하나님의 뜻에 합당한 인물이 되도록 기도해야만 합니다. 우리는 그의 병을 기적적으로 치료받게 하여서 그 자신의 병이 하나님의 능력으로 고침 받았다는 것을 깨닫게 하도록 해야 합니다.

　성경 역대하 33장 11~13절, 18~19절을 읽어 보십시오. 무려 55년 동안이나 이스라엘을 가장 악랄하게 다스렸던 므낫세 왕도 결국 회개하고 하나님께 돌아오지 않았습니까? 우리 중에 누군가 "저 놈은 구원받기 글렀어."라고 말할 수 있습니까? 최종 주권자는 오직 하나님이십니다. 우리가 해야 할 일은 오직 중보기도뿐입니다. 그러므로 기도하실 때 우리의 원수인 사탄이 우리를 떠나 무저갱으로 쫓겨 가도록 기도하십시오. 성경 밀반자(密搬者)들을 위해서도 기도하십시오.

또 중국의 그리스도인들이 북한으로 들어가 그곳의 그리스도인 형제들에게 위로와 용기를 심어줄 뿐 아니라 아직까지 예수의 이름을 들어 보지 못한 사람들에게 복음을 전하기까지 해달라고 기도하십시오. 그리고 안드레 형제가 보내온 책자에 보면 김일성 주석이 국민들에게 지상천국을 약속했다고 쓰여 있는데 지금 국민들이 갖고 있는 것이 천국과는 너무나 거리가 먼 것임을 깨닫게 되도록 기도하십시오. 우리는 지금 북한 주민들 중에 김일성 주석이 약속한 천국이 김일성 주석이 줄 수 있는 것이 아니고 다만 김일성 주석이 준 것은 굶주림뿐이었다는 사실을 깨닫는 사람이 점점 늘어가고 있다는 것을 알고 있습니다. 그래서 그들은 그리스도의 복음을 찾고 있으며 영접할 준비를 하고 있는 셈입니다. 그러므로 중국의 교회가 비밀 선교사를 북한으로 파송하여 복음을 갈망하는 북한의 심령들을 구원할 수 있게 해달라고 기도하십시오.

마지막으로 우리가 회개하고 용서하고 중보의 기도를 하였으면 그 다음 '감사'를 하나님께 드려야 합니다. 빌립보서 4장 6절은 "너희 구할 것을 감사함으로 하나님께 아뢰라." 말하고 있습니다. 그러면 형제는 "지금의 상황에서 감사할 것이 있어야 하지요."라고 할 것입니다. 그러나 그렇지 않습니다. 공산주의나 인본주의 그리고 반성경적인 정부들이 우선 우리에게 회개할 제목들을 만들어 주지 않았습니까?

이렇게 보면 우리에게는 감사해야 할 일들이 너무나 많이 있습니다. 독선으로 가득 차 있던 그리스도인들이 회개하고 있는 일도 감사하지 않습니까? 또 하나님께서 우리로 하여금 회개할 수 있도록 인도하셨으니 감사해야 하지 않겠습니까? 로마서 2장 4절은 우리를 인도하여 회개케 하시는 그의 용납하심과 길이 참으심의 풍성함을 멸시하지 말라고 기록하고 있습니다. 하나님께서는 솔로몬이 범죄한 후 2백 년 동안이나 이스라엘이 회개하도록 기다리셨고 유다가 회개하도록 또 다른 150년의 세월을 기다리셨습니다. 그뿐만 아닙니다. 바벨론 포로에서 돌아온 후 그리스의 지배를 받기까지 2백 년, 또 로마의 통치하에 들어가기 전까지의 2백 년을 기다리셨습니다.

하나님께서 이스라엘 백성들을 약 1천8백 년 동안 흩으시기까지는 그와 같은 오랜 세월을 기다리셨다는 사실을 알아야 할 것입니다. 하나님께서 모하메드를 보내시고 또 백년 전쟁 그리고 현재는 공산주의를 일으키신 것도 우리로 하여금 회개케 하도록 원하셨기 때문입니다. 우리는 하나님의 오래 참으심에 감사합시다. 그래서 그분께서 악한 세력들로 하여금 우리를 멸절시키지 못하도록 만듭시다.

또 우리는 목자도 없이 그리스도에게로 향한 그들의 믿음을 끝까지 지켜온 북한의 그리스도인 형제들을 위해서도 감사합시다. 그리고 마지막으로 자유진영에 있는 교회들을 회개케 하여 부흥시켜 주실 뿐 아니라 압제받는 교회들을 자유케 해 주실 미래의 하나님의 섭리에 대해서도 감사합시다.

나라를 위한 기도

신부님께서는 항상 나라를 위해 기도하라고 말씀하셨습니다. 거기에 대해 설명해 주셨으면 합니다. 그리고 미국 워싱톤 시에서 전 국민적 회개를 위한 큰 모임이 열렸는데 크리스천들 사이에 그것에 대한 견해가 엇갈렸다고 신문에 보도된 것을 보았습니다. '예수를 위한 워싱톤' 대회에 대해서 좀더 말씀해 주십시오.

— 김명철 올림

명철 형제께.

우리는 성서에 있는 구원이라는 말은 죄로부터의 구원만을 뜻하는 것이 아니라 기아나 질병이나 전쟁이나 그리고 모든 재난으로부터의 구원도 역시 포함하고 있다는 것을 알아야 합니다. 대부분의 사람들은 그리스도를 영접하고 죄로부터 구원받고 어떻게 성령으로 충만하게 할까 하는 생각만 하고 있는 것을 나는 잘 알고 있습니다. 그러나 또 다른 많은 사람들은 북한으로부터의 위협, 실업자나 인플레의 증대, 국내에 뿌리깊이 박힌 분열 불신풍조에 대해 우려하고 있습니다. 하나님께서 우리를 이것들로부터 구하실 수 있을까요? 만일 그렇다면 우리는 어떻게 기도해야 할까요?

첫째로, 우선 어리석고 이기적인 정치를 초래하게 되는 전략에 대한 욕심이 그것이고, 다른 한편으로는 국가 지도자에 대한 존경심의 결여가 그것입니다. 엘리야로부터 예수님에 이르기까지 모든 하나님의 선지자들은 탐욕과 불의를 정죄했습니다. 그러나 그들은 항상 하나님의 근본적인 명령을 기억하고 있었습니다. "너는 재판장을 욕하지 말며 백성의 유사를 저주하지 말지니라"(출 22:28). 사도 바울은 그가 대제사장에게 했던 말에 대해서 비록 그가 한 말이 정당했을지라도 재판에서 사과할 때 이 말을 인용했습니다.

널리 실시되고 있는 인도적 민주주의 사회에서는 대통령이나 다른 국가 지도자들을 비판하고 조롱하는 것이 유행으로 되어 버렸습니다. 그러나 하나님께서는 이런 일을 하지 말라고 경고하셨습니다. 그리고 우리가 공직을 맡은 인물들을 존경할 수 없다 해서 정부의 존엄성을 손상시킨다면 그것은 우리의 국가 자체의 위엄성을 손상시키는 것이 됩니다. 며칠 전에 가족기도회에서 우리는 함이 그의 아버지 노아가 술 취하고 벌거벗었다고 조롱한 내용을 읽었습니다. 다른 두 형제들은 뒤로 들어가서 그들의 아버지를 덮어 주었습니다. 무능한 통치자들에 대해서 우리는 이와 같은 태도를 취해야 합니다. 즉 조롱할 것이 아니라 덮어 주어야 합니다. 성경에서 히브리어로 '용서한다'는 것은 '덮어 준다'와 같은 말입니다. 우리가 다른 사람들을 용서하지 않는다면 하나님께서도 우리를 용서하지 않으실 것입니다. 그러므로 우리 모두 지도자들에 대한 태도를 회개하고 우리나라가 지도자들의 잘못된 점만을 말하는 습성에 젖지 않게 기도하십시다. 날이면 날마다 미국 대통령을 놀려대는 미국의 정치 만화가들은 '함의 죄'를 범하고 있습니다. 그리고 또 전 국민의 정신 상태를 타락케 하는 죄를 범하고 있습니다. 정치적 입후보자들이 "만일 내가 당선되면 나는 이렇게 이렇게 하겠습니다."라고 말하는 것은 괜찮겠지만, "나를 뽑으시오. 지금 대통령은 무능합니다."라고 말하는 것은 잘못된 것입니다.(사무엘상 24장과 26장, 그리고 시편 57편과 58편을 비교하시오).

우리가 깊이 회개해야 할 또 다른 하나의 심각한 문제는 그릇된 신들을 따르는 우리들의 잘못된 행위입니다. 오늘날 세상에서 유행하는 그러한 그릇된 신은 어떤 것들일까요? 부의 신은 "돈이 전부다."라고 말했고, 제우스는 "성공이 전부다."라고 말했으며, 마르스신(군신)은 "군사력이 전부다."라고 말했습니다. 또한 판신(쾌락의 신)은 "쾌락이 전부다. 그러므로 자연을 따르라."라고 말했고, 프로메테우스는 "인간이 모든 것의 척도다. 신이란 믿을 수 있는 것이 아니다."라고 말했습니다. 그리고 아스타르테는 "사랑이 최고다."라고 말했으며, 바알은 "재산(부동산)이 최고다."라고 말했습니다.

아스타르테 숭배의 부산물이 바로 원하지 않은 아이들입니다. 이삼십대의 여자들이 임신하여 그중의 52%를 유산시키고 있다는 기사가 최근 보도되었습니다. 이것은 죄 없는 피를 흘리는 것입니다. 어디에선가 독재자들이 하나 둘 또는 수백 수천의 죄 없는 사람들을 죽였다고 한다면 얼마나 충격이 크겠습니까? 놀라는 것이 당연한 일입니다. 그러나 우리 자신의 딸들이, 그리고 의료계에서 수천의 죄 없는 아기들을 그들의 손으로 죽인다면 우리의 놀라움은 몇 배 더 클 것입니다. 그것은 아이를 죽이는 죄를 범하는 것입니다. 가나안 땅이 더러워진 것은 바로 몰렉 신에게 어린아이를 산 제물로 바친 죄 때문입니다(레 18:21). 하나님께서는 이스라엘에게 그들의 땅을 피로 더럽히지 말라고 명령하셨습니다.

우리는 오늘날 공기 오염이니, 수질 오염이니 하는 말들을 듣습니다. 그러나 이러한 사소한 형태의 오염에 대해서 우려하는 바로 그 사람들이 '자유'니 '평등권'이니 하는 명목 하에 실제로는 죄 없는 피로 이 땅을 더럽히는 것을 옹호하고 있습니다(민 35:33~34). 하나님께서 이스라엘인들, 즉 그의 선택된 백성들을 그의 이름으로 선택한 땅에서

1천8백 년 동안이나 쫓아 내셨던 것은 바로 그들이 땅을 더럽혔기 때문입니다. 우리가 어떻게 이보다 나은 대우를 하나님께 기대할 수 있겠습니까(렘 44:22 참고)?

주님의 이름을 부르면서 한편으로 거리낌 없이 그의 율법을 범하는 것은 그의 이름을 헛되게 하는 것입니다. 예레미야는 '우리는 구원을 얻었다…이 모든 가증스러운 일을 해도 괜찮다.'라고 생각하는 그 시대의 사람들을 힐난했습니다(렘 7:10). 오늘날의 많은 그리스도인들도 자신들이 주님을 믿기 때문에, 원하는 어떤 나쁜 짓을 하더라도 자신들은 안전하다고 생각하고 있습니다. 그러나 예수께서 그들에게 "나는 너를 결코 알지 못한다. 내게서 떠나가라. 이 불법을 행하는 자들아." 라고 말하는 날이 올 것입니다(마 7:23).

그리스도인들이야말로 국가의 유일한 희망입니다. 우리만이 하나님의 율법을 압니다. 물론 우리가 그것들을 이룩하는 방법을 알기 위해 성령의 지혜를 얻고자 기도하기를 게을리하지 않는다면 말입니다(마 5:17~19). 우리만이 하나님의 법에 따라 살 수 있는 성령의 힘을 가지고 있습니다(요 16:13; 약 1:5).

무엇보다도 우리만이 기도의 힘을 가지고 있습니다. 우리가 싸우는 상대는 사람이나 정당이나 혹은 조직이나 국가가 아닙니다. 우리가 싸워야 할 상대는 이 어두움의 세상 주관자들과 하늘에 있는 악의 영들입니다(엡 6:12). 그리고 그 싸움은 회개에서부터 시작됩니다.

그러나 우리 이웃과 국가의 죄를 회개하기 전에 먼저 교회의 죄를 회개하는 것부터 시작해야 합니다. 베드로전서 4장 17절은 우리에게 "하나님의 집에서 먼저 심판이 시작되어야 한다."라고 말합니다. 우리는 구약시대에 모세와 엘리야, 다니엘, 느헤미야 선지자가 하나님의 백성의 죄를 위해 회개한 바를 읽어서 알고 있습니다. 비록 그들 자신은 충실하였을지라도 그들은 "우리가 죄를 지었나이다. 우리가 죄를 지었나이다." 하고 기도했습니다. 그들은 자신을 죄인이라 일컬었습니다. 이것이 바로 예수께서 비록 자신은 죄가 없더라도 세례를 받은 행동과 같은 것입니다.

이것이 바로 그가 "모든 의를 이루게 하라."라고 한 말의 뜻입니다 (마 3:15). 그러나 오늘의 교회들은 회개할 힘이 없는 것처럼 보입니다. 교회들은 마치 지난날에 잘못을 저지른 일이 있다는 것을 모르는 듯이 보입니다. 그러면 우리가 무엇에 대해 회개해야 된단 말입니까? 맨 먼저 무엇보다도 분명한 것은 그리스도인들이 서로를 비방하고 그리스도의 몸을 분열시키고 외부 사람들을 완전히 혼란시키고 복음의 메시지를 손상시키는 불명예스러운 일들을 회개해야 합니다.

매우 최근까지 우리는 "아버지께서 내 안에 내가 아버지 안에 있는 것같이 저희도 다 하나가 되어 우리 안에 있게 하사 세상으로 아버지께서 나를 보내신 것을 믿게 하옵소서"(요 17:21)라는 예수님의 기도를 완전히 잊고 있었습니다. 세상 사람들로 회심을 하게 하기 위한 첫 번째 조건은 사랑이 복귀되고 교회에 일체감이 생기는 것입니다.

그러나 교회는 불의에 가담한 것에 대해서도 회개해야만 합니다. 가난하고 약한 자들에 대한 착취, 지주나 권력자들을 지지하거나 그들로부터의 지지를 받아들인 것을 회개해야 합니다. 이슬람교가 일어나게 된 이유가 바로 교회가 이러한 죄를 저질렀기 때문입니다. 이 같은 교회의 죄가 바로 공산주의를 가져온 것입니다. 미국의 교회들은 그들이 인디언들로부터 땅을 빼앗고 바알의 법을 가져온 데 대해서 전혀 회개하지 않았습니다. 그리고 아프리카의 교회들은 그들이 원주민들로부터 땅을 빼앗고 바알의 법을 가져온 데 대해서 결코 회개한 바 없습니다. 짐바브웨의 대통령은 그가 권력을 잡기 바로 전에 "우리나라에는 인종 문제가 없다. 단지 토지 문제만이 있을 뿐이다."라고 말했습니다. 만일 그리스도인들이 주님의 법을, 성서의 토지법을 실천했더라면 아프리카에 폭력이 없었을 것이고, 역사상 일어났던 기독교로부터의 대량 이탈도 일어나지 않았을 것입니다. 우리 자신의 죄와 우리 조상들의 죄를 회개하기 전에는 결코 남의 죄에 대해서 말할 수 없습니다.

미국 워싱턴에서 있었던 '예수를 위한 워싱턴' 대회의 주제는 성경 역대하 7장 14절의 "내 이름으로 일컫는 내 백성이 그 악한 길에서 떠나 스스로 겸비하고 기도하여 내 얼굴을 구하면 내가 하늘에서 듣고 그 죄를 사하고 그 땅을 고칠지라."는 말씀이었습니다. 이 대회에 대한 보고서는 "대회가 진행됨에 따라 국민과 국가가 회개해야 할 것이 무엇인지 점점 분명해졌습니다. 그것은 이혼, 간음, 동성연애(남색), 근친상간, 낙태, 외설, 악을 이기려는 것보다 그것을 용인하는 태도, 물질주의, 복음을 전파하지 않는 것(미국에 무신론이 성하고), 세속적인 인도주의자들이 정부나 교육계나 연예계, 대중 매체를 장악하는 것을 그대로 방치한 죄들입니다."라고 말하고 있었습니다. 그러나 미국이 국제적으로 저지른 죄를 회개하도록 부르짖지 않있다는 점을 지적했습니다. 시수들에게 무기를 제공하기 위해 소위 '대외원조'를 이용하는 것, 그에 따라 방글라데시, 라틴 아메리카, 기타 여러 많은 나라들의 지주제를 지지하는 데 '대외원조' 제도를 이용한 죄를 회개했어야 했다고 말했습니다.

대부분의 미국인들은 자기 나라가 바알의 경제체제를 실천하고 있다는 것을, 그리고 전 세계에 적극적으로 바알의 경제체제를 추진시켰다는 사실을 모르고 있습니다. 우리는 어떻게 그러한 죄들을 회개하겠습니까? 역대하에서는 사람들이 단지 말로만 회개할 것이 아니라 그들의 악한 길로부터 돌아서야 한다고 말합니다. 야고보서에서는 "네

손을 씻으라."라고 합니다(약 4:8).

　이사야 1장 16, 17, 23절은 "너희는 스스로 씻으며 스스로 깨끗케 하여 내 목전에서 너희 악업을 버리며 악행을 그치고 선행을 배우며 공의를 구하며 학대 받는 자를 도와 주며 고아를 위하여 신원하며 과부를 위하여 변호하라(주님의 법이 고아와 과부에게 부여한 유일한 권리는 토지입니다. 그러나 그들은 대개가 토지 투기업자의 제일 첫 번째 희생물이 되었습니다)…네 방백들은 패역하여 도적과 짝하며 다 뇌물을 사랑하며 사례물을 구하며 고아를 위하여 신원치 아니하며 과부의 송사를 수리치 아니하는도다."라고 말합니다. 세례 요한은 회개하고 세례 받기 위해 그에게 나오는 자들에게 "회개에 합당한 열매를 맺으라"(마 3:8)라고 말했습니다.

　우리가 회개하고 기도함으로써 우리나라가 구원받게 됩니다. 그러나 우리는 그리스도인 개인 개인이 회개하여 열매 맺는 데서부터 시작합시다. 그리고 나서 교회가 회개하고 길을 바꾸도록, 모든 가능한 우리의 영향력을 행사합시다. 그리고 우리가 여러 가지로 착취하고 학대한 사람들에게 사과하도록 합시다(마 5:23~24). 이사야는 올바로 행하기를 배우라고 말했습니다. 성경을 연구하지 않고서는, 또 성서가 옳고 그른 것에 대해서 무엇을 가르치는지 알아보지 않고서는 우리는 스스로의 힘만으로 알 수 없습니다. 만일 우리가 스스로 알 수 있다면 성경이 필요 없을 것입니다. 성서로 돌아갑시다. 그리고 옳게 행하는 것을 배웁시다. 그러면 하나님께서 우리의 회개가 참되다는 것을 아시고 돌아서서 우리의 땅을 고쳐 주실 것입니다.

산골짜기에서 온 편지

한국의 기도원과 미국의 수도원

여기 한국에는 알다시피 수많은 기도원들이 있어서 거기에서는 부흥회가 계속 열리고 있으며 여러 사람들이 와서 개인 사정이나 나라를 위해 개별적으로 기도할 수 있는 시설이 갖추어져 있습니다. 그런데 미국에도 피정의 집(Retreat Center)이나 수도원, 공동 사회들이 있다고 들었습니다. 그것들은 우리나라의 기도원들과 같은 것입니까? 아니면 다릅니까? 제가 생각하기에는 다른 것 같습니다. 만일 다르다면 그 차이점들에 대해서 신부님께서 설명해 주십시오.

— 한지호 올림

사랑하는 지호 형제께.

한국의 기도원들과 미국에 있는 여러 피정의 집, 수도원 들 사이에는 상당한 차이가 있으리라는 당신의 생각은 옳습니다. 급료를 받는 직원이 몇 명 있는 피정의 집들이 더러 있기는 합니다만 미국의 수도원이나 공동 생활체들이 본질적으로 특이한 것은 사람들이 모여서 공동생활을 영위하며 일상적으로 기도, 예배 그리고 일하는 곳이지 손님들을 받아들여 이 같은 생활을 일시적으로 나누는 것은 이차적인 일일 뿐이라는 것입니다.

단지 손님들을 위해서만 있는 피정의 집조차도 아무 때나 와서 기도할 수 있게 사람들에게 개방되어 있지 않습니다. 피정의 집은 연간 일정이 짜여져 있어서 사람들은 미리 단체를 조직하거나 다른 단체에 가입해서 예약을 해야 합니다. 여기서도 피정이라는 것은 사사로운 개인으로서 기도하거나 혹은 설교를 듣는 것에 한정되어 있지 않고 하루나 이틀 동안 공동의 예배와 생활에 참여하는 데 있습니다. 한국 기도원의 가장 큰 특징은 개인주의적인 면입니다.

반면에 미국의 기도원들의 주된 특징은 집단생활과 집단예배에 역점을 두고 있다는 점입니다. 한국의 기도원들의 개인주의는 두 가지 점에서 고찰할 수 있습니다. 뛰어나게 설교를 잘하는 지도자가 있든가 아니면 그런 설교자를 초빙하여 집회를 개최하여 사람들이 와서 그 설교를 듣게 합니다. 모여든 성도들이 개인적으로 와서 기도하고 은혜를 받고는 역시 개인으로 돌아갑니다. 비록 그들이 거기 있는 동안 다 함께 찬송하고 기도하며 축복을 받았을지라도 말입니다. 그리고 시설들은 피고용자들이 관리하는데 이들은 그 안에 있는 자기들 개인 소유의 집에서 독자적인 생활을 영위하고 있습니다.

이 점이 바로 미국의 공동체와 두드러지게 다른 점입니다. 외래 지도자들을 접대하기 위해 있는 기도처소라 할지라도 대개의 경우 급여를 받는 종업원이 있는 것이 아니라 종교적 시설들의 대부분은 전혀 다른 근본목적을 가지고 있습니다. 그것은 공동생활입니다. 여기에 오는 손님들의 목적은 이러한 공동생활을 함께 나누고자 하는 점입니다. 벌써 오래 전부터 미국이나 유럽의 크리스천들은 코이노니아라는 말을 익히 알고 있습니다. 이 말은 교제라는 뜻으로 신약성서에 사용되었으며, 사도행전 2장 42, 44절, 4장 32절과 고린도전서 10장 16절에서는 같은 말이 참여라는 뜻으로 사용되었다는 것도 알고 있습니다. 그러나 그 말이 신약성서에 여러 차례 나오며 대략 20여 개의 유사한 영어 단어로 번역되고 있어서(이것은 한국어판 성경도 마찬가지입니

다) 이 때문에 이 '코이노니아'라는 말에 깔려 있는 개념의 중요한 참 뜻을 사람들이 잘 깨닫지 못합니다. 다만 막연하게 그 말의 참뜻이 중요하다는 것을 느끼고 오늘 이 시대에 교회를 위한 하나님의 뜻을 이룩하는 데는 공동생활이 매우 필요하다고 생각하고 있을 따름입니다. 사실 한때는 이 개념이 교회의 생활에 있어서 매우 기본적인 것이었고 또 바로 사도신경에도 기록되어 있는데 그것은 "서로 교통하는 것과 죄를 사하여 주시는 것과."라는 말, 그리고 바로 앞에 "내가 성령을 믿사오며 거룩한 공회와."라는 말이 나옵니다.

사실 '코이노니아'는 전문적인 용어로서 초대 기독교인들이 '아가페'라는 말과 같이 사용했는데 다른 그리스 고전 문학에서는 거의 찾아볼 수 없는 말입니다. 애당초 이 말은 번역하지 말고 메시아, 여호와, 그리스도, 할렐루야 등의 전문용어와 같이 원어 그대로를 사용했어야 했습니다. 그러나 이 문제는 전적으로 다른 연구 과제에 속합니다. 우리 예수원에서는 '코이노니아'라는 말이 여러 가지 다른 한국말로 번역된 것을 도표로 그려 놓았습니다. 만일 기회가 있어 예수원에 오시면 그 도표를 참고로 하여 스스로 연구해 보시면 좋을 것입니다.

그러나 당신의 질문이 기도원이나 공동체에 대한 것이니 다시 그 문제에 대해서 설명을 하겠습니다. 내가 말했듯이 많은 사람들이 '코이노니아' 사상의 근본정신을 깨닫고 이 사상을 효과적으로 실천에 옮기고자 성도의 교제 혹은 성령의 교통하심(고후 13:3)과 같은 공동생활 조직을 구성하였던 것입니다. 이러한 운동은 수세기 전부터 시작되었습니다. 처음에 모든 기독교인들은 서로가 한 가정이라고 생각했습니다(갈 6:10; 엡 2:19). 그러나 소위 콘스탄틴의 회심 이후 많은 부자들이 그들의 재산을 공유한다는 생각 없이 교회에 들어온 결과 교회는 곧 개인주의로 전락해 버렸는데 이것이 오늘날까지 계속되고 있습니다. 그러나 공동생활체나 다른 성도들과 공동생활을 하기 원했던 사람들도 언제나 있었습니다.

그렇지만 초대교회의 코이노니아는 성도의 교제를 함께 나누기를 원하지 않는 무관심하고 이기적인 많은 기독교인들에게는 하나의 책망이었습니다. 이리하여 이들은 공동체사상을 정면으로 반대하지 않는 대신 재미있는 착상을 해냈습니다. 그것은 바로 독신자들만이 공동생활을 할 수 있다는 것입니다. 이 주장이 바로 공동생활을 해보려는 사람들의 숫자를 실제적으로 제한시켜 버리고 말았습니다.

그럼에도 불구하고 많은 젊은이들이 공동생활에로의 부름을 아주 강하게 느낀 나머지 수도원적 공동체에서 함께 생활함으로써 교회라는 보다 큰 가족에 참여하기 위해 그들 자신의 가정을 떠났습니다. 처음에는 이 공동체들이 단지 남자들만의 것이었습니다. 그러나 그것들이 널리 퍼지고 또 열심히 더해감에 따라서 많은 여자들도 스스로 그러한 생활에 헌신할 수 있게 해달라고 요구했습니다. 그래서 여자들의 공동체가 전 유럽에 걸쳐 생겨났습니다. 그들은 부양할 자녀들이 없었으므로 두세 시간의 작업으로 생활필수품을 자급할 수 있었으며 나머지 많은 시간은 기도와 성경 연구 또는 수도원 건립에 보낼 수 있었습니다.

이같이 하여 지금까지도 수도원들이 유럽의 풍경을 수놓고 있습니다. 우리의 교회사 책이나 특히 세상의 역사책들은 수도생활의 타락에 대해 말하고 있습니다만 사실 그것들이 타락한 것은 1~2백 년 뒤의 이야기입니다. 언제나 수도원은 부흥했으며 그들을 통해서 교회도 부흥했던 것입니다. 두말할 것도 없이 중세의 암흑기에 학문의 횃불을 밝혔고 학문연구의 부흥 초기에 거대한 유럽과 영국의 대학 연구기관들을 탄생시킨 것도 바로 이 수도원들이었다는 사실은 잘 알려져 있습니다.

마틴 루터에 의한 종교개혁이 시작되자 얼마 안 있어 공동체생활을 부모와 자식의 가족생활과 결합하는 가능성을 다시 신중하게 시도하게 되었습니다. 재세례파로 알려져 있는 운동이나 혹은 후터라이트파에서는 모든 기독교인들이 공동체생활을 해야 하며 초기 기독교인들이 그랬듯이 모든 재산을 공유해야 한다고 가르쳤습니다. 이러한 가르침은 다른 교회들을 아주 비난한 결과가 되어 개신교파와 가톨릭교회들은 모두 후터라이트파를 맹렬히 핍박했습니다. 그러나 그렇다고 그들이 온전히 사라진 것은 결코 아니었습니다.

이 나라에서 저 나라로 이주해 다니다가 끝내는 많은 수의 사람들이 미국으로 건너가서 후터라이트, 메노나이트 그리고 또한 정도의 차이는 있을지라도 공동 소유를 주장하는 공동체를 조직하였습니다. 감리교를 탄생시킨 모라비아 교회는 이 운동의 산물입니다. 그리고 이 사상은 계속 새로운 집단들을 탄생시켰는데 그것들의 대부분은 미국으로 이주해서 기존의 개인주의적 교회들을 방해함이 없이 따로 떨어진 곳에서 공동체를 이루고 살았습니다.

2차 대전 직후에 이 운동의 새로운 형태가 일어났는데 프랑스의 클레어 비숍은 이를 그의 저술 속에 '공동주의 운동'이라는 명칭으로 불러 이 운동을 처음으로 소개한 사람입니다. 비숍 여사의 설명에 따르면 이 공동주의 운동은 단순히 초대교회의 형태나 혹은 후터라이트 형태로 돌아가려는 새로운 노력이었을 뿐 일반적인 생각은 가족 공동체처럼 특수한 천직으로 여겨야지 교회 전체에 강요할 성질의 것이 아니라는 것이었습니다. 공동생활을 하지 않는 크리스천들도 그리스도의 가르침과 성령의 교섭을 배반하는 것이 좋은 일은 아니라는 생각이 일단 일어나자, 교회들은 느슨해지기 시작했고 이 같은 생각에 관심을 갖게 되었습니다.

'의도적인 공동체'에 대한 교회들의 태도가 완화된 결과 그러한 공동체가 더욱더 많이 생기게 되었습니다. 조직의 형태, 조직의 강도, 조직의 조건 등 여타 세부적인 것은 많이 달랐습니다. 전 재산과 평생을 바칠 것을 요구한 공동체도 꽤 있었으나 모두가 그런 것은 아니었습니다. 모든 공동체의 공통점은 한 가족 형태 속에서 한 동료 크리스천으로서 생활하며 이 같은 생활 속에서 배우는 경험을 한다는 것이었습니다. 공동생활은 성격을 단련하며 우리의 삶 속에 성령의 열매를 가지고 있는가를 시험하는 것입니다. 많은 사람들이 성령이 충만하다고 자부합니다만 그들은 매일같이 밀접한 관계 속에서 살아가는 데 없어서는 안 될 자질들이 부족합니다.

크리스천들이 일주일에 몇 번 한두 시간 만나고 허물없는 곳에서 모여서 서로 즐겁게 이야기하거나 하나님과 이야기하는 것은 쉬운 일입니다. 그러나 하루 24시간, 일주일 내내, 일년 365일(내가 생각하기에 대부분의 공동체는 연간 48주인데 나머지 시간에는 가족들에게 돌아가서 일종의 휴가를 지내도록 합니다), 남녀노소, 지식인이나 무식한 사람들의 여러 계층의 사람들과 생활하며 즐겁게 서로 얘기하거나 하나님과 대화한다는 것은 전혀 다른 문제입니다. 그러나 공동생활이란 단지 그리스도에 대한 우리들의 헌신의 정도나 형제애를 시험하는 것만은 아닙니다. 모든 공동체는 영의 열매를 개발하는 방법을 가르치는 교육 계획을 갖고 있습니다.

중세 유럽에서는 '신학은 학문의 여왕'이라고 했습니다. 이 말이 사실이라면 신학은 강의 방법에 의해서가 아니라 실습 경험적 방법에 의해서 가르쳐야 합니다. 이 점이 공동체와 학교의 차이점입니다. 신학교에서 대부분의 경우 학생들은 단지 강의를 듣고 소위 교육을 말과 이론에만 치중하고 개인생활은 각자 제멋대로 하게 되어 있었습니다.

그의 유일한 실습은 주말이면 나가서 설교하는 것입니다. 이것도 역시 개인적인 일로써 사람들이 복음의 말씀을 받아들이도록 설교하고 그 대가를 받는 것입니다. 반면에 공동체에서는 성서의 말씀과 교회의 교리를 배우는 동시에 이것을 그의 나날의 삶에서 실천하며 또 헌신의 정도와 또 구원과 성화의 경험의 실재성을 시험합니다. 그리고 젊은 신학생들이 흔히 그렇듯이 만일 가진 것이 말과 생각뿐이라면 공동체 생활에서 자신이나 마귀를 정복할 수 있는 성령의 힘을 얻는 방법을 알게 되며 또 그 모든 말들이 다시 살아나게 하는 방법을 배울 기회를 가질 수 있습니다. 많은 사람들이 모든 크리스천이 가져야 할 믿음의 말씀은 알지만 정말로 그것이 무엇을 의미하는 가는 거의 모르고 있습니다. 또 어떤 사람들은 매우 제한된 경험과 이해를 가지고 있으며 몇 가지 기본적인 진리들을 잘 알고 있지만 성경이 가르치는 그 많은 것들은 전혀 모르고 있습니다. 몇 년씩이나 성경은 매일 읽고 있지만 그것을 실제로 적용하고 시험하고 그것의 의미를 깨달을 수 있는 실험 실습은 하지 않았기 때문입니다.

문제의 핵심은 공동주의 운동이 시인하다시피 특히 현대적 상황 하에서의 실제 생활은 우리의 신앙을 시험하고 배우는 실험실을 제공해 줄 수 있다는 것입니다. 그러나 그것은 너무나 어려운 실험이어서 많은 사람들이 대부분 포기하고 실의와 좌절에 빠지게 됩니다. 이러한 사람들이 몇 달 간이라도, 가능하다면 1년 혹은 2년 정도 기독교 공동체생활을 한다면 성경이 정말 말하는 것이 무엇인가를 깨닫고 어떻게 그것을 적용시키는가를 아는 데 도움이 될 것이며 또 성령의 힘을 그들 자신의 삶에서 발견해서 공동체를 떠나서 세상에 되돌아간 뒤에도 성령의 열매를 맺을 수 있게 될 것입니다. 이리하여 그들은 세상에서 그들의 삶을 영위할 수 있을 뿐만 아니라 그들의 동료 크리스천들에게도 큰 축복이 될 것입니다. 기독교 공동체에서 생활하는 가운데 성령의 능력에 의해, 그리스도의 몸 된 교회에서 그리스도와 함께 생활함으로써 얻어지는 것보다 더 좋은 신학적 교육은 없습니다.

한국에는 극히 소수의 그러한 공동체가 있을 뿐이며 그것도 다른 많은 기도원들처럼 잘 알려져 있지 않고 있습니다. 우리 예수원을 예로 들자면 며칠 동안 와서 기도하고자 하는 분들에게도 계속 개방될 것입니다. 그러나 그 사람들이 받는 축복은 결코 설교자로부터 얻어지는 것이 아닙니다.

사실 우리 예수원에는 여러분들이 계시는 동안 설교 들을 기회는 없습니다. 단지 공동의 기도, 예배, 찬송, 성경 낭독이 있을 뿐입니다. 이에 참가하는 분들은 자신의 여행을 그리스도 안에서 함께 살기 위해 바친 사람들입니다.

그러나 우리 예수원에서는 결코 서약을 받지 않습니다. 그리고 만일 공동체 구성원 중의 한 사람이 수년 후에 하나님께 그를 다른 공동체로 혹은 다른 류의 사역을 위해 부르신다고 생각되면 그를 보내 주고 있습니다. 그러나 여기에 있는 우리들 대부분은 하나님께서 우리가 죽을 때까지 이러한 식의 삶을 살도록 부르셨다고 생각하고 있습니다. 우리는 결코 누구에게도 그것을 강요하지 않습니다. 여태까지 예수원에서 성장한 사람들 중에서는 한 사람만이 결혼한 바 있습니다. 이 사람도 자진해서 비록 예수원은 아니지만 다른 곳에서 공동체생활을 택한 바 있습니다. 아무튼 공동체를 통해서 '코이노니아'의 의미를 맛보는 좋은 방법이라고 생각됩니다.

결혼을 앞둔 청년들에게

존경하는 신부님께, 저는 결혼 적령기에 다다른 기독 청년입니다. 저는 요즈음 배우자 선택에 관한 문제 때문에 무척 고민하고 있습니다. 성경을 보면 신자가 불신자와 같이 멍에를 메는 것을 금하고 있는데 신부님이 잘 아시는 것처럼 요즈음 기독 청년들 중의 어떤 사람들은 불신자 여성들과 결혼하고 있습니다. 그들의 대다수가 결혼함으로써 그들의 영혼을 주께로 인도하면 되지 않겠느냐는 이론을 제기합니다. 이런 이론은 특히 여자들 쪽에 더 심한데 그것은 교회 안에는 여자의 수에 비해 남자의 수가 절대적으로 부족하기 때문이라고 생각됩니다. 신부님 이런 상황에서 어떻게 하면 좋을까요?

― 명진 드림

사랑하는 명진 형제에게.

정말 좋은 질문입니다. 일반적으로 좋은 아내를 얻는 것(잠 18:22)에 못지않게 중요한 것은 하나님을 경외하는 두 가정이 결혼을 통해 맺어지게 된다는 사실입니다. 당신의 모든 인척들은 하나님의 은혜로 말미암아 귀중한 사람들이며, 그들은 당신의 생애와 나아가서는 당신 자녀들의 생애까지도 풍성하게 해 줄 것입니다. 사람이란 자신의 자녀들이 장차 어떤 조부모와 아저씨 그리고 아주머니를 맞이하게 될 것인가에 대해 생각하지 않을 수 없는 것입니다.

이런 것들을 고려해 볼 때 나는 교회의 젊은 청년들이 무엇을 생각하면서 많은 사람들이 그렇게 하는 것처럼 불신자들과 결혼을 하는 것인지 이상하게 생각됩니다. 그 까닭을 교회 내에 적령기의 젊은 여성들이 없기 때문이라고 말할 수는 없습니다. 왜냐하면 거의 모든 교회를 볼 때 거기에는 남자보다는 여자가 더 많기 때문입니다. 나는 이런 일이 생기는 근본적인 요소는 아름다움과 재능과 신분 등의 세 가지가 포함되어 있지 않나 생각합니다.

어떤 젊은이들은 먼저 자신의 결혼에 대한 하나님의 뜻을 구하고자 하는 마음의 준비도 없고, 또 자기가 다니는 교회의 청년모임에 출석하고 있는 크리스챤 여성들 중에서 많은 사람들과 친구로서의 교제도 나누지 않고 있다가 약간의 얕은 매력을 지닌 눈에 띄게 아름다운 여성을 만나게 되면 갑자기 평정을 잃어 버립니다. 그때서야 비로소 그 사람은 이 문제에 대해서 기도를 하기 시작하지만 때는 너무 늦었다는 사실을 알아야 합니다. 그는 이미 감정의 올가미에 씌어서 자신도 스스로 어찌할 수 없게 된 상태에 이른 다음이니까요.

또 어떤 젊은이들은 그 여성이 훌륭한 교육을 받았다든가, 음악적 재능이 풍부하다든가, 그 밖에 다른 능력을 갖추고 있어서 자기와 걸맞는 반려자가 될 것처럼 보이기 때문에 마음이 끌리기도 합니다.

또한 어떤 젊은이들은 안타깝게 종종 야심 많은 어머니들의 묵인 아래 신분이 그럴듯한 사람에게 끌리는 경우도 있습니다. 이 신분이란 단지 교육 정도뿐만 아니라 돈이 있거나, 정치적 혹은 사업적인 영향력을 갖고 있는 것을 다 포함합니다. 마땅히 '훌륭한 가정'이란 하나님을 경외하는 가정을 의미해야 하는데 종종 그것이 부동산 투기나 혹은 하나님께서 금하시는 어떤 사업 등에 종사함으로써 부자가 된 가정을 의미하기도 합니다.

이와 같이 교회 밖에서 결혼하도록 하는 세 가지 유혹의 요소들은 사도 요한이 말한 것처럼 "세상에 속한 육신의 정욕 안목의 정욕 이생의 자랑"인 것입니다(요일 2:16). 이와 같은 것들은 하나님께 속한 것이 아닙니다. 하나님께서는 우리에게 "너희는 믿지 않는 자와 멍에를 같이 하지 말라"(고후 6:14)라고 경고하셨습니다. 이 말씀은 결국에 가서는 해체될 수도 있는 사업상의 동업 관계에 적용되기도 하지만 대개의 경우는 한번 이루어지면 일생 동안 가를 수 없는 결혼에 적용되는 말씀입니다. 그러면 불신자와 결혼한 사람에게 어떤 일이 일어납니까? 그는 자기 아내를 개심시킬 수 없습니까? 성령은 우리에게 "남편된 자여 네가 네 아내를 구원할는지 어찌 알 수 있으리요"(고전 7:16)라고 말하고 있습니다. 비록 그 아내가 남편을 생각해서 크리스천이 된다 할지라도 두 사람 모두가 믿지 않는 인척들, 전 가족들에 의해 온갖 장애를 받을 것입니다. 또한 그들의 자녀들은 불교신자이거나 무신론자, 혹은 사신 숭배자일 수도 있는, 아이들의 할머니, 할아버지, 아주머니, 아저씨 등의 사람들에 의해 깊이 영향을 받게 될 것입니다. 그 가능성은 거의 확실시 될 정도로 큰 것이어서, 자녀들은 느헤미야 시대에 이방인의 방언 밖에 말하지 못했던 혼혈아들같이 될 수밖에 없을 뿐만 아니라(느 13:24), 그 부모들도 또한 솔로몬 왕이 하나님으로부터 믿을 수 없을 만큼 큰 축복을 받고 난 후에도 결국 이방 신들에게 제단을 쌓고 하나님으로부터 마음을 돌이켜 떠나고는(왕상 11:6~11) 나중에 "헛되고 헛되며 헛되고 헛되니 모든 것이 헛되도다"(전 1:2)라고 부르짖었던 것과 같은 그 길을 걷게 될 것입니다.

올해에는 전 세계적으로 볼 때 비록 예년의 수준만큼 믿는 사람의 수가 증가한다 할지라도 교회의 역사상 이전의 어느 때보다도 더 많은 사람들이 교회로부터 떨어져 나갈 것이 추정됩니다. 이것은 무슨 이유에서입니까? 핍박 때문입니까? 아니면 하나님께서 신실하시지 않기 때문입니까? 또 아니면 인간의 지식이 진보했기 때문입니까? 아닙니다. 그 까닭은 신자와 불신자 간의 혼합 결혼 때문입니다. 사탄은 그리스도의 몸 된 교회에 대항하기 위한 많은 무기들을 가지고 있습니다. 그런데 사탄의 무기들 중의 하나로 인정되는 것은, 극히 작은 것이지만 사실상 사탄에게 있어서는 가장 효과적인 무기 중의 하나가 될 수도 있는 것이 바로 아름다운 여성입니다.

이스라엘 민족이 약속의 땅에 막 들어가려고 할 때 발람은 이스라엘 민족을 저주함으로써 사탄을 섬기려 했으나 실상은 그렇게 할 수 없었습니다. 그는 발락에게 이스라엘 백성들이 거짓 우상들에게 합류하도록 청하기 위해 아름다운 여자들을 보냈고 그럼으로써 이스라엘 사람들을 멸망시킬 방법을 가르쳤습니다(민 25:1~9; 계 2:14). 아름다운 사람이나 유쾌한 목소리, 혹은 세속적인 신분 때문에 그리스도의 일을 그르치지 맙시다. 우리 청년들로 하여금 하나님을 충실하게 섬기며, 그 가정도 하나님을 섬기는 그런 여성들 가운데서 아내를 구하도록 합시다. 그러면 하나님의 축복이 그 자녀들 위에 뿐만 아니라 여러 대에 걸쳐 자녀의 자녀들에게까지도 임하게 될 것입니다.

사랑하는 형제여, 나는 형제와 또 결혼을 앞둔 한국의 청년들을 위해 기도할 것입니다. 그리고 이곳 예수원의 모든 사람들도 기도할 것입니다. 우리는 하나님께서 당신에게 구원의 축복 다음가는 축복인 하나님이 택해 주신 아내를 만나게 해 주실 것을 알고 있습니다.

"고운 것도 거짓되고 아름다운 것도 헛되고 오직 여호와를 경외하는 여자는 칭찬을 받을 것이라 그 손의 열매가 그에게로 돌아갈 것이요 그 행한 일을 인하여 성문에서 칭찬을 받으리라"(잠 31:30~31).

성경은 식이요법에 대해 어떻게 말하는가?

신부님, 저는 장래 의사가 될 의학생입니다. 그래서 저는 인간의 질병과 건강에 대해서 많은 관심을 가지고 있는데 그중에서도 특히 건강에 대해서 더 많은 신경을 쓰고 있습니다. 저의 관심이 이런 만큼 현재 저는 식이요법이 인간의 건강과 어떤 관계를 맺는가를 연구하여 저의 전공분야로 삼아 볼까도 생각 중에 있습니다. 제가 보기에 인간이 문명화 될수록 건강은 날로 악화되어 가는 듯하며 과학의 발전에도 불구하고 우리들은 우리들의 선조들보다 더 건강하지가 못한 것 같습니다. 신부님, 신부님은 저희 그리스도인들이 성경에서 말하고 있는 식이요법, 건강법 등에 대해서 보다 깊은 관심을 가지고 연구를 해야 된다고 생각하지 않으신지요? 왜 오늘날 많은 교회가 성경의 실질적인 가르침들을 부분적으로나 혹은 전적으로 무시하고 있는지 모르겠습니다. 신부님의 훌륭한 조언을 바라겠습니다.

— 이상흡 올림

사랑하는 상흡 형제에게.

형제는 참 흥미 있는 질문을 제기시킨 것 같군요. 형제의 말 대로 오늘날 신학계의 일각에서는 성경의 내용들을 모조리 영적으로 해석하려는 풍조가 생겨나고 있는 듯합니다. 그런데 그것들이 어떠한 결과를 초래하고 있는지는 사람들이 성경 가르침에 대해서 어떤 자세를 취하고 있는가를 보면 금방 알 수 있습니다. 즉 많은 사람들이 윤리, 도덕, 경제, 그 밖에 우리의 실생활에 적용해야 할 성경의 실제적인 가르침들을 굳이 지키고 따라야 할 규범으로 보지 않는다는 것입니다.

　예를 들어 누군가가 식이요법에 대한 성경의 가르침을 그대로 좇고자 하면 즉시 그를 융통성 없는 '율법주의자' 혹은 은혜가 아닌 '행위로 구원을 얻으려는 자'로 정죄해 버리고 만다는 것입니다. 물론 우리가 지나간 역사를 뒤돌아보면 그와 같은 율법주의자들에 대한 타당한 근거를 분명히 찾을 수가 있습니다. 그러나 예수님이나 마틴 루터 시대의 문제가 우리 시대에도 문제가 된다는 사실을 알지 못하였기 때문에, 우리들은 많은 중요한 교훈들을 잃어 버렸고, 또 우리가 관리인(청지기)으로 청탁받은 시간과 물질마저도 허비해 버리고 말게 된 것입니다. 그러므로 솔직히 말해서 건강과 위생에 대한 성경의 가르침을 무시하는 것은 악한 청지기의 짓이며 또 악한 청지기의 직분이 죄를 짓는 것인 만큼 그것은 헌금 바구니에서 돈을 도적질하는 행위와 조금도 다를 것이 없는 일이라고 하겠습니다.

　그러면 형제의 질문대로 교회가 왜 이와 같은 실질적인 문제에 대한 성경의 가르침을 계속하여 등한시해 왔는지 함께 생각해 보도록 하겠습니다. 이 문제는 적어도 구약의 요시야 왕 시대로 거슬러 올라가야 설명될 수 있습니다. 요시야 왕은 70년 동안 바알을 섬기던 예루살렘 성전을 수리하여 여호와 신앙을 회복케 하였고 따라서 일종의 대종교개혁을 단행한 인물이었습니다. 예레미야와 요시야는 아마 나이가 같거나 비슷한 동년배이었던 것 같은데 그들은 똑같은 열정으로 여호와 신앙을 회복토록 하는 데 힘을 기울였습니다. 그러나 예레미야는 자신의 그와 같은 노력이 얼마나 무의미한 짓인 줄 얼마 가지 않아 깨닫고 말았습니다. 즉 70년 동안의 바알숭배가 백성들을 너무나 부패케 한 나머지 단순한 개혁 운동으로는 피상적 결과만을 초래할 뿐 마음으로부터의 진정한 변화는 결코 기대할 수 없다는 사실을 깨닫게 된 것입니다.

적어도 그것은 겉으로는 아름답게 보였고 하나님의 율법이 다 지켜지는 듯 했습니다. 그러나 속으로는 전혀 그렇지 못했습니다. 그래서 예레미야는 그와 같은 이스라엘 백성들의 형식주의와 위선을 날카롭게 고발하며 회개토록 하는 데 그의 남은 여생을 보냈던 것입니다. 바로 여기에서 우리는 소위 율법주의(legalism)신앙의 모양을 바라볼 수 있게 됩니다.

즉 중심으로부터의 진정한 회개 없이 단지 법이 하라고 명령하는 것을 지킴으로써 할 일을 다 했다고 생각하는 것을 말하는 것입니다. 예레미야 당시의 이스라엘 백성들은 형식적인 율법을 지켰으니 마땅히 하나님께서 축복해 주시거나 그들을 구원해 주실 것을 기대했습니다. 그러나 하나님께서는 그들의 기대와는 정반대로 예레미야의 예언을 그대로 성취되도록 하셨습니다.

그들의 성전과 예배의식은 흔적도 없이 사라져 버렸고 백성들도 바벨론의 포로로 붙잡혀 가고 말았습니다. 그들이 바벨론으로부터 환국한 후에는 조금 정신을 차리는 듯 했습니다. 그래서 하나님의 법을 지키고자 하는 새로운 결의를 보였고 또 실제로 하나님께서는 그것을 기쁘게 바라 보셨습니다. 그러나 세월이 지나고 예수님 시대가 이르자 또 똑같은 상황이 벌어지게 되었습니다. 이때에도 사람들은 적어도 겉으로는 엄격하리 만큼 율법을 잘 지켰습니다. 그런데 이때 철저히 율법을 지킬 수 있었던 바리새인들도 사실은 율법을 지킬 만한 돈이나 시간적인 여유가 있었기 때문이었지 그들의 마음이 깨끗해서가 아니었습니다.

그러므로 이들을 제외한 나머지 돈이 없는 사람들은 모두 죄인 취급을 받았던 것입니다. 예수님께서도 죄인들과 어울린다고 계속해서 비난을 받으셨는데 바리새인들이 죄인이라고 정죄해 버린 그 사람들도 사실은 그들의 보잘 것 없는 직업이나 빠듯한 생활조건 때문에 바리새인들이 원하는 만큼의 율법을 지킬 수 없었던 것입니다. 이럼에도 불구하고 행위에 기초한 형식적인 율법 지키기만을 계속해서 강조하는 이스라엘을 향해 예수님은 예레미야가 그랬던 것처럼 무시무시한 경고와 회개의 메시지를 전파하셨던 것입니다.

위대한 사도 바울도 바리새인이었으며 일생 동안 철저히 율법을 지키며 살았던 인물이었습니다. 그러나 그도 예수님을 만나고 나자 의롭다 함을 얻는다는 것이 무엇인지 새롭게 깨닫게 되었습니다. 즉 십자가에 의해서만 용서가 있으며 그것에 감사하며 성령을 선물로 받아 그에게 의지할 때 서기관과 바리새인들보다 더 의로운 삶을 살게 된다는 사실입니다. 그래서 그는 계속해서 율법이 아니고 은혜의 구원을 강조하고 있으며 감사와 사랑의 마음 역시 성령에 의한 은혜의 산물임을 역설하고 있는 것입니다. 이런 까닭에 그는 율법을 지키는 문제가 전도할 이웃에게 시험거리가 될 때 엄격한 율법 그대로의 적용보다는 거기에 관계된 모든 이들에게 더을 세우는 사랑의 법을 적용하라고 권면하고 있습니다(고전 5, 10:23~33).

한때 이방인 교회가 유대인 교회와의 접촉을 끊고 있을 때 구약의 율법 문제는 사라지는 듯 하였습니다. 그런데 얼마 후 또 다른 형태의 율법주의가 발생하였습니다. 교회가 공식 예배에서의 차례와 질서 또는 신자들의 행동에 관한 규범 설정의 필요성을 느끼게 된 것입니다. 그러나 중심으로부터의 진정한 회개를 하지 못한 사람들이 대개 그러하듯이 당시의 사람들도 참다운 마음가짐이나 태도를 가지려는 대신에 어떤 형식이나 제도를 만들어 그것을 신앙으로 대치시키려고 하였습니다.

　교회법이나 예배의 형식에 관계된 새로운 율법들이 나타나게 된 것은 그로부터 얼마 후의 일이었고 이와 같은 형식과 제도 중심의 빗나간 신앙은 중세기라는 오랜 세월 동안 계속되었습니다. 종교개혁은 바로 이와 같이 오랫동안 형성되어 온 율법주의에 대항하여 일어난 대개혁운동이었고 진정한 마음의 변화를 촉구하는 각성운동이기도 했습니다.

　그러나 사실 그와 같은 문제는 사탄과의 끝없는 싸움이기 때문에 그렇게 쉽게 해결되어질 문제가 아니며 그런 까닭에 교회는 지금까지 그 문제와 싸우고 있는 것입니다. 그러므로 우리가 알아야 할 것은 바로 사탄의 전략입니다. 그는 우리의 이마도 치는가 하면 어떤 때는 뒤로 돌아와 뒤통수까지 가격하기도 합니다. 그는 하나님의 율법은 선한 것이기 때문에 우리가 그것들을 지키기만 하면 우리의 영혼과 육체가 모두 복을 받게 된다는 사실을 너무나 잘 알고 있습니다. 그래서 그놈은 사람들이 하나님의 법에 순종하고 그것을 지키는 것을 제일 싫어하며 따라서 어떻게 해서든지 율법을 지키지 못하도록 방해하고자 하는 것입니다.

　어떤 때 그놈은 다음과 같이 말합니다. "오, 그래, 사람들에게 철저히 율법을 지키도록 해 주자. 그 대신 율법 그 자체를 지켜 율법주의에 빠뜨리게 하자. 그러면 사람들이 율법의 진면목을 보지 못할 테니까." 그리고 그놈은 우리가 율법을 더욱 엄격히 지키지 않으면 천국에 가지 못할 것이라는 강박관념에 붙들려 있도록 합니다. 그러나 만약 우리가 그놈의 전략을 알아 버리면 그놈은 정반대의 방법으로 우리를 공격해 옵니다.

즉 율법을 지키려는 노력을 율법주의이기 때문에 무조건 나쁘다고 정죄해 버리도록 유도한다는 것입니다. 또 그놈은 율법 대신에 '현대과학'이라는 것을 이용하기도 합니다. 그놈은 하나님이 과학에 대해서는 무식하기 때문에 신학자들보다는 과학자들의 말에 보다 귀를 기울여야 한다고 거짓말을 합니다. 그러고서는 과학자들을 잔뜩 교만케 하여 그들이 자연법이라는 이름하에 연구하는 과학이 다름 아닌 '하나님의 법' 바로 그 자체라는 사실을 망각해 버리도록 만드는 것입니다. 그러면 과학자들은 자신들이 속은 줄도 모르고 "하나님은 없다."라고 바보같이 지껄이게 되는 것입니다. 그런데 사탄이 본래 노리는 것은 그 다음의 일입니다. 과학자들의 입을 빌어 하나님이 없다고 선포해 버리고 나면 하나님의 형상으로 지음 받은 인간은 다만 지구 속에 우연히 존재하게 된 정체불명의 생명체로서 다른 동물들과 별로 차이가 없는 존재로 전락해 버린다는 것입니다. 그렇게 되면 자연법 이외에 또 다른 종류의 하나님의 법인 윤리와 도덕은 우리 인간에게 별로 지켜져야 할 필요성이 없는 무의미한 잔소리 정도가 될 것이고 결국 우리 인간은 윤리, 도덕도 없는 본능적인 삶만을 추구하는 하급 인간이 되고 만다는 것입니다.

또 다른 경우 사탄은 우리를 성경으로 돌아가게 하되 율법에 대한 분별력을 잃게 만드는 새로운 율법주의를 갖게 하거나 또는 도움이 되는 것만 골라서 지키게 하는 선택주의자가 되게 합니다. 율법에 대한 선택주의란 예를 들어 개인의 건강에 도움이 되는 식이요법에 대한 가르침은 지키되 사회나 국가 전체에 많은 영향을 미치는 경제법 같은 것은 기피하는 태도를 말하는 것입니다.

상흡 형제, 내가 율법 문제를 이야기하다 보니 정작 이야기해야 할 본론은 시작도 못한 것 같습니다. 용서하시기 바랍니다. 그런데 사실 사탄이란 놈이 신자들의 생각을 너무나도 어지럽혀 놓았기 때문에 형제도 알고 있는 대로 아주 극소수의 그리스도인들만이 경제나 건강, 그 밖의 실질적인 성경의 가르침에 대해서 귀를 기울이고 있다는 사실입니다.

그러면 최근 과학계에서 주목을 받고 있는 몇 가지 점들에 대해서 언급하고 또 한국의 기독교 과학자들이 연구하고 펴내는 책들에 대해서도 알아보기로 하겠습니다. 내가 알고 있는 한 이 분야(건강과 식이요법)에 대해서 외국서적이 한국어로 번역된 것은 없는 것 같고 학자들도 잘 모르고 있는 것 같습니다. 성경적인 식이요법에 대해서 이야기할 때 가장 흥미 있는 일은 그것이 산아제한과 어떤 관계를 맺고 있다는 데 있습니다. 얼마 전 브라질의 과학자 한 사람은 철저한 성경 연구를 한 결과 현재 지구상의 인구 폭발 현상은 사람들이 단백질이 든 음식물을 적게 섭취했기 때문이라고 밝힌 바 있습니다. 즉 사람들이 고단위(高單位) 단백질 음식을 먹게 되면 적은 수의 자녀들을 갖게 되는 반면 가난하기 때문에 고단위 탄수화물 음식인 감자, 밀, 보리, 쌀, 귀리 등의 곡류를 많이 먹는 사람들은 많은 자녀들을 낳는다는 사실입니다. 그 이유는 단백질 속에는 자연 산아제한제(産兒制限劑) 역할을 해 주는 성분이 들어 있기 때문이라는 것입니다. 미국 속담에 "부자는 재산을 늘리나 가난한 사람은 자식을 늘린다."라는 말이 있는데 이것은 자연법칙에 대한 있는 그대로의 객관적 묘사라고 보겠습니다. 물론 여기에 대한 해결책은 가난한 사람들의 자식들을 없애 버리는 것이 아니고 가난을 몰아 내어 모든 사람들에게 골고루 영양을 섭취할 수 있도록 보장해 주는 일이라고 하겠습니다.

지금까지 이야기한 내용이 약 30년 전 세상에 알려지자 브라질 정부가 단백질 속에 있는 산아제한 성분을 뽑아 가난한 사람이 빵이나 국수로 만들어 먹는 밀가루 속에 넣으려 했다는 신문보도가 있기도 했습니다. 그러나 자연적인 방법이 아니고 그와 같은 인공적인 방법으로 단백질을 섭취할 경우 같은 성분이 사람들의 눈을 멀게 하여 다시는 회복할 수 없도록 만든다는 사실을 뒤늦게야 발견하였습니다. 이것은 하나님께서 인간들의 얄팍한 꾀에 조롱을 받으시는 분이 아니라는 사실을 보여 준 좋은 사례라고 하겠습니다. 그 후로 사람들은 식이요법을 권장하는 일보다 피임에 대해서 이야기하는 것이 더 쉬웠으므로 식이요법에 대한 연구는 점점 줄어들고 잊혀져 버리고 말았습니다.

식이요법과 관련하여 또 하나 관심의 대상은 사회의 문명화와 비례하여 점점 높아지는 암 발생률입니다. 이에 사람들은 암과 식이요법을 관련시켜 많은 조사와 연구를 진행시켜 왔습니다. 그러나 세계 굴지의 제약, 화학, 전자 회사 들이 막대한 연구, 실험비를 투입하여 얻은 결과도 결국 인기가 없어 천시받던 식이요법적 방법만큼이나 값싸고 단순한 것들밖에는 제시해 주지 못했습니다.

현재 암의 발생률이 계속적으로 늘어나고 있는 것은 인간의 식생활에 많은 영향을 주는 도시화(urbanization)와 깊은 관계를 가지고 있는 듯합니다. 우리가 이곳 강원도에서 공짜로 얻을 수 있는 야채나 푸성귀들이 서울로 운반되면 그것의 값이 비싸져서 단지 돈이 있는 사람들만 먹을 수 있습니다. 또 도시의 시장에 있는 식품들은 얼마 동안 가게의 선반 위에서 보관되어야 할 것들입니다. 그러나 일단 자연 환경을 떠나 가공된 상태로 보관되는 식품은 배양균(培養菌), 균류(菌類) 따위가 그 속에 살지 못하므로 충분한 영양분을 공급해 주지 못하는 것들이 되고 맙니다. 그래서 요사이 미국에는 자연 식품을 먹던 옛 시절로 돌아가려는 움직임이 있고 벌써 자연 식품만 파는 가게도 생겼습니다. 그러나 그것은 가공 식품보다 대개가 값이 비싼 형편이어서 아무나 사먹을 수 없는 실정입니다. 그러므로 식이요법의 문제를 다루려면 도시와의 문제를 생각하지 않을 수 없는 것입니다. 하여튼 분명한 사실은 어떠한 식이요법에 대한 연구도 성경에서 말하고 있는 식품법(food laws)이 의미가 있다는 것을 입증해 준다는 것이며 따라서 거기에 대한 성경의 가르침을 따르기만 하면 충분한 건강을 유지하며 살 수 있다는 것입니다.

이것과 관련하여 또 하나 흥미 있는 일 중의 하나가 에스겔서에 나타나고 있습니다. 지금 미국의 보수주의 크리스천들 사이에는 '에스겔 빵'에 대한 관심이 크게 일어나고 있습니다. 즉 에스겔 4장 9절에 하나님께서 선지자에게 여섯 가지의 곡물로 빵을 만들어 먹으라고 말씀하시는 것이 나타납니다. 그런데 과학적 연구 분석에 의하면 이 여섯 가지 곡식 가루를 조합하여 빵을 만들어 먹으면 언제까지라도 충분한 건강을 유지하여 살 수 있다는 주장입니다. 나도 이것은 풍부한 단백질을 가지고 있을 뿐 아니라 지금까지 흰 빵만을 주식으로 삼아오던 미국인들의 건강에 문제를 일으키던 성분이 매우 적을 것이라고 지적하고 싶습니다. 이것은 물론 쌀밥만을 주식으로 삼는 한국 사람들에게도 마찬가지입니다. 식이요법과 암에 대한 내용을 다룬 어떤 책의 저자는 이 빵이 비타민 B17의 함량이 대단히 높다고 하며 그것은 암의 발생을 억제시키는 하나님의 자연항암제라고 주장하기도 했습니다. 형제가 성경에서 볼 수 있는 대로 에스겔 빵이란 밀, 보리, 콩, 팥, 귀리, 조로 만드는 빵을 말합니다.

이것은 성경의 여러 법칙들 중 육신의 건강과 관련을 맺는 단 한 가지 예에 지나지 않습니다. 약 40년 전 미국의 어느 의사는 〈질병들 중 아무것도〉(None of These Diseases)라는 책을 펴냈는데 그는 여기서 출애굽기 15장 26절의 하나님의 약속이 건강법에 대한 성경의 가르침과 어떤 관계를 맺는가에 대해서 조목조목 설명하려고 했습니다. 그는 출애굽기 15장 26절의 말씀 중 '여호와의 말을 청종하는 길'은 과학적 연구를 한다는 것이고, '하나님이 보기에 의를 행한다 함'은 성경과 과학이 제시해 주는 대로 좇아 행한다는 것이며, 온 계명에 귀를 기울이고 모든 규례를 지킨다는 것은 성경 말씀을 그대로 실천하는 것을 의미한다는 것입니다.

그리고 그 모든 것을 그대로 행할 때 하나님께서는 제일 마지막의 약속대로 그가 애굽 사람에게 내린 '모든 질병의 아무것도' 내리지 않으신다는 것입니다.

상흡 형제, 나는 형제를 포함한 모든 그리스도인들이 성경의 실제적인 가르침들을 과학의 실험 결과와 계속 비교해서 교회가 거기에 대해서 관심을 가지도록 해 주었으면 좋겠습니다. 그것이 우리 개인이 건강을 누리고 교회도 건전해지는 방법이라고 생각합니다. 하나님께서 형제를 귀하게 쓰시도록 바랍니다.

기독교는 회교에게 용서의 빚을 지고 있다

산골짜기에서 온 편지

성경이 말하는 부동산 투기

신부님, 요즈음 부동산 투기가 늘고 있는데 이에 대해 성경은 어떻게 말하고 있습니까?

― 주 안에서 경수가

사랑하는 경수 형제에게.

당신은 내게 토지(부동산)에 관해 성경은 어떻게 가르치고 있는가를 물었습니다. 그것은 방대한 연구를 요합니다.

이 문제에 대한 중심적 성경 구절은 레위기 25장 23절~24절입니다. "토지를 영원히 팔지 말 것은 토지는 다 내 것임이라 너희는 나그네요 우거하는 자로서 나와 함께 있느니라 너희 기업의 온 땅에서 그 토지 무르기를 허락할지니." 그리고 10절에는 "제 50년을 거룩하게 하여 전국 거민에게 자유를 공포하라."라고 했습니다. 교회는 50년이 되는 해를 큰 명절로 삼아 '희년'이라고 부르고 있습니다. 그러나 진정 희년이 가지는 의미인 '토지개혁'은 행하고 있지 않습니다. 그렇지만 한국에선 소수의 기독교 지도자들이 이 하나님의 법칙이 실행되는 것을 반대했음에도 불구하고 1950년 희년 때 토지개혁이 단행되었습니다. 이것은 역사적인 단행으로 그 후 2개월 만에 있었던 한국전쟁 때 북한의 침략을 성공적으로 막을 수 있었던 기초가 되었고 또한 현재 전 세계를 놀라게 하고 있는 경제성장에도 밑거름이 되었습니다.

이사야 5장 8~10절을 읽어 보면 "가옥에 가옥을 연하며 전토에 전토를 더하여 빈틈이 없도록 하고 이 땅 가운데서 홀로 거하려 하는 그들은 화 있을진저 만군의 여호와께서 내 귀에 말씀하시되 정녕히 허다한 가옥이 황폐하리니 크고 아름다울지라도 거할 자가 없을 것이며 열흘갈이 포도원에 겨우 포도주 한 바트가 나겠고 한 호멜지기에는 간신히 한 에바가 나리라 하시도다."라는 말씀이 있습니다.

이사야의 이러한 구절에서 하나님은 토지개혁을 좌절시키고 토지를 매점하는 자들을 저주하고 계시는 것을 볼 수 있습니다. 그리고 이러한 토지 매점 후에는 필연적으로 혁명이 일어난다는 사실은 역사를 통해 증명되고 있습니다. 그런데 오늘날 한국에도 아주 부유한 사람들 중에 토지개혁을 폐지시키려 하고 하나님께서 그의 선지자들을 통해 그렇게도 맹렬하게 저주하셨던 토지 투기에 가담하기를 좋아하는 사람들이 있습니다.

선지자 미가는 부동산 투기를 하는 사람들을 저주하고 또 그들에게 닥칠 재난에 대해 경고하고 있습니다(미 2:2~5). 만약에 베트남의 기독교인들이 이사야와 미가의 경고에 귀를 기울였다면 선지자들이 예언했던 그러한 재앙들은 그들에게 임하지 않았을 것입니다. 그러나 그들은 철저하게 토지개혁을 반대했고 그들이 받은 재앙의 메아리는 아직까지 전 세계에 깊은 여운을 남기고 있습니다. 사실 지금에 와서야 소수의 정치, 경제, 신학계의 전문가들은 한국과 베트남의 근본적 차이점은 토지개혁과 토지투기에 있다는 것과 이는 순전히 종교적 문제라는 점을 인식하고 있습니다.

선지자 미가는 지주제도의 근원과 그 제도가 이스라엘에 들어오고부터 나라를 멸망시키는 역할을 했다고 분명히 언급했습니다. 그는 미가 6장 16절에서 말하고 있습니다. "너희가 오므리의 율례와 아합 집의 모든 행위를 지키고 그들의 꾀를 좇으니 이는 나로 너희를 황무케 하며 그 거민으로 사람의 치솟거리를 만들게 하려 함이나 너희가 내 백성의 수욕을 담당하리라."

그러면 오므리의 율례와 아합 집의 모든 행위는 무엇입니까? 아합의 부인은 오므리와 동맹자인 엣바알의 딸 이세벨이었습니다(왕상 16:30~31). 그런데 이 엣바알은 오므리가 이스라엘에서 권력을 얻었던 바로 그 당시에 페니키아에서 권력을 잡고 있었던 바알 신의 제사장이었습니다. 이 두 사람은 같이 미가와 이사야 그리고 모세가 저주했던 그 지주 제도를 도입하고 말았습니다.

아합의 통치가 끝난 후 6년이 채 못 돼 아합과 오므리와 엣바알의 율례들은 북아프리카에서 실시되었는데 이는 당시 북아프리카 서쪽 지경에 많은 땅을 소유하고 있던 페니키아 사람들에 의해서였습니다. 그 후 로마인들이 페니키아 사람들로부터 이 땅을 빼앗을 때도 그들 역시 똑같은 형태의 지주 제도를 실시했으며 그 영향은 결국 로마의 그 막강한 힘을 약화시켜 쇠망케 하고 말았습니다. 그 중간에 로마제국은 기독교를 국교로 받아들였지만 그들은 아시아와 아프리카에 있는 그들의 식민지 어느 곳에서도 토지개혁을 허락하지 않았습니다. 바알 신을 섬겼던 수리아 사람들을 계승한 그리스 제국도 마찬가지였습니다.

기독교인 지주들이라는 사람들에 의해 계속되었던 횡포가 있은 지약 3백 년 후에 토지를 소유치 못한 사람들은 마호메트가 레위기로부터 인용한 땅은 하나님께 속한 것이다(시편 24:1 참조)라는 말을 듣고 이슬람의 깃발 아래 뭉치게 되었습니다. 그래서 터키제국은 영원히 이교도 국가가 되고 말았습니다. 그 후 9백 년이라는 세월이 지나고 새로운 기독교 지주제도가 유럽 전역을 지배하게 되었습니다. 그 결과로 16, 17세기에 처참하도록 파괴적인 전쟁이 도발되었고 서유럽에서는 봉건제도가 몰락됐고 자본주의가 탄생케 되었습니다. 그렇게 해서 가톨릭 그리고 동방정교에 이르기까지 그 어느 교회도 역사의 벽에 하나님께서 손수 쓰신 그 법을 읽을 수 없었습니다. 그들은 여전히 그들의 영역에서 지주제도가 번창하도록 허용했습니다.

지주들과 토지 투기자들에 의한 횡포가 3세기 가량 계속되어 오다가 다시 한번 토지를 소유치 못한 사람들이 힘을 합쳤습니다. 그러나 이번에는 이슬람이 아니라 공산주의 깃발 아래서였습니다. 그래서 기독교는 이 세계의 절반을 잃고 말았습니다.

칼 막스가 노동자 계급의 혁명을 예언한 이래 모든 혁명은 고도의 산업사회 노동자들이 살고 있는 산업화된 나라에서 일어났던 것이 아니라 문제가 되고 있는 지주 제도를 채택하고 있는 아직 산업화되지 못한 동구 유럽이나 발칸반도, 러시아, 동남아시아, 중국 등지에서 있었다는 점은 주목할 만한 일입니다. 그런데 오직 모택동만이 칼 막스의 이런 생각은 잘못되었으며 정말로 혁명의 불씨는 땅이라는 사실을 인정했습니다.

내가 알기에는 세계적으로 유명한 경제학자이며 그 분야엔 독보적 존재인 헨리 조지(Henry George, 〈진보와 빈곤〉이 저지)는 이 근본적인 사실을 충분히 이해하고 있었습니다. 교황 요한 바오로 1세는 "세상에 빈곤이 존재하는 한 재산을 사유할 절대적인 권리는 없다."라고 강력하게 주장함으로써 많은 사람들을 혼란에 빠뜨렸습니다. 내가 이 글을 쓰는 것도 교황의 말에 자극을 받았기 때문입니다.

성경은 지표(地表)처럼 감소되거나 증가되거나 이동할 수 없는 소유와 집이나 돈처럼 유동이 가능한 물건의 소유를 아주 분명하게 구분하고 있습니다. 일반적으로 무시되고 있지만 하나님이 창조하신 것(토지)과 인간이 그 토지로부터 만들어 낸 것과의 구별은 유동이 가능한 것과 불가능한 것과의 구별보다 더 근본적인 것입니다.

성경은 한 사람이 가질 수 있는 다른 형태의 재산에 대한 양을 제한하고 있지 않습니다. 다만 이 재산이 다른 사람을 착취하는 수단으로 사용되는 것은 금하고 있습니다. 그러나 이것은 다른 문제입니다. 불행하게도 신학자들이나 경제학자들은 이 점만 언급하고 있습니다. 더 근본적인 문제, 즉 토지에 관한 문제는 앞에서 본 것처럼, 아주 비참한 결과를 가져왔음에도 불구하고 신학자들이나 기독교인 경제학자들에 의해 무시되어 왔습니다.

우리는 1950년에 실시한 토지개혁 정신을 계승시켜 나가려는 한국 정부의 노력을 교회가 적극적으로 지원할 수 있도록 기도해야 합니다. 또한 전 세계에 있는 모든 기독교인들의 양심이 이 문제에 대해 눈뜰 수 있도록 기도해야 합니다. 우리는 하나님께서 지주제도와 부동산 투기에 관련된 모든 그리스도인들의 눈을 열어 주셔서 그들이 회개하고, 또 오므리의 율례와 아합 집의 모든 행위로부터 하나님께로 돌아가서 그의 법을 지키며 정의를 실천할 수 있도록 다 같이 기도해야 합니다.

물론 토지는 인플레 때에도 그 가치가 떨어지지 않는 유일한 투자 대상임을 나는 잘 알고 있습니다. 그렇지만 부동산 투기에서 인플레가 시작된다는 것을 알아야 합니다. 부동산 투기가 전혀 없는 곳에는 인플레가 있을 수 없습니다. 그 돈으로 다른 곳에 투자한다면 우리 모두에게 유익을 가져다 줄 것입니다.

오늘날의 교회가 모든 악한 습관과 행위에서 손 씻고 거룩하게 되기 전에 교회는 세상을 향해 외칠 자격이 없습니다. 베드로 사도는 "하나님의 집에서 심판을 시작할 때가 되었다"(벧전 4:17)라고 말했습니다.

오늘날이나 과거에 있었던 많은 분쟁들은 외적으론 인종분쟁이나 종교분쟁처럼 보이지만 실상은 토지 소유권에 대한 투쟁이었습니다. 아일랜드인으로 하여금 아일랜드 교회에 가입하게 하지 않고 로마 가톨릭 교회에 계속 남아 있게 한 것은 아일랜드에 살고 있는 영국인 지주들 때문이었습니다. 프러시아와 러시아의 지주들도 폴란드에 똑같은 영향을 주었습니다.

지금도 땅을 소유치 못한 민다나오 섬의 모슬렘은 기독교인 지주들에게 반항하고 있습니다. 백인 지주들에게 반항하고 있는 사람들은 로디지아의 흑인들입니다. 이스라엘 땅을 소유치 못한 팔레스타인 사람들입니다. 근간에 일어났던 에티오피아의 반란도 조사해 보면 틀림없이 비슷한 상황에서 유발된 것임을 발견할 수 있을 것입니다.

방글라데시의 빈곤과 빈번한 기근의 원인이 대토지 소유제도라는 것은 너무도 명백한 사실입니다. 또한 아일랜드는 밀과 보리를 많이 생산했는데도 그것을 다 지주들이 수출해 소위 감자기근이라는 곤경을 겪게 된 것도 다 대토지 소유제도 때문입니다.

사용할 수 있는 토지의 양으로 본다면 한국은 세계에서 가장 인구밀도가 높은 나라들 중의 하나이지만 그런데도 불구하고 자급자족할 수 있습니다. 그러나 한국보다 경작할 수 있는 땅이 4배나 많고, 또 일 년에 세 번씩 농사를 지을 수 있는 방글라데시는 한국에 비해 반 밖에 안 되는 인구를 가졌음에도 불구하고 만연되어 있는 굶주림과 빈곤을 퇴치할 능력을 잃었습니다. 그렇다면 이 두 나라의 차이점은 무엇입니까? 그것은 토지소유 제도의 차이입니다. 한국은 성서적인 토지 소유 제도를 가지고 있는 반면에 방글라데시는 바알의 토지 소유 제도를 가지고 있기 때문입니다.

하나님의 법을 기초로 삼아야 할 세계문명

최근 우리는 문명이 중동에서 시작되어 유럽 쪽으로 서진하였다가, 신대륙으로 옮겨진 후 이제 계속 서진하여 태평양 지역으로 이동하고 있다는 말을 듣습니다. 그리하여 금후 세계 문명의 중심은 태평양 문명이 될 것이라고 합니다. 신부님께서는 이 같은 추측에 대해서 어떻게 생각하시는지요? 만약 이것이 사실이라면 이 태평양 문명 속에 한국은 어떤 역할을 할 수 있을까요? 또 하게 된다면 무슨 일을 하게 될까요?

― 민기 올림

사랑하는 민기 형제에게.

우리가 문명에 대해서 이야기할 때 가장 먼저 기억해야 할 중요한 사실 하나가 있습니다. 비록 매우 짧은 기간이긴 했지만 인류 역사상 가장 영화스러웠던 다윗과 솔로몬 시대를 제외하고는 다른 모든 시대의 문명들은 거의 모두가 지주(地主)주의(landlordism, 되도록이면 많은 땅을 소유하여 부(富)를 누리려는 정신)에 입각해 세워졌다는 것입니다. 영어에서 문명(civilization)이란 단어는 도시생활에 속한 것이라는 의미를 가지고 있는데 이것은 우리가 문명이라고 부르는 것들이 모두 도시생활의 산물인 것임을 보아도 이해가 된다고 보겠습니다.

그러나 대부분의 사람들은 그 모든 문명을 가능케 한 것이 거대한 부의 축적 때문이었고 그 부의 축적은 또한 지주주의 때문에 가능케 되었다는 사실을 모르고 있다는 것입니다. 사실 옛날 사람들이 그들의 땅을 가지고 그 위에서 땀 흘려 일하고 먹고 마실 때는 일상적인 생활을 영위하는 데에는 조금도 부족함이 없이 살 수 있었을지 모릅니다. 그 반면 예술, 문학, 과학 등을 발전시켜 여가를 즐길 만큼 한량한 계급들은 나타나지 못했을 것입니다(다윗이 시편의 시를 쓴 것은 양을 칠 때였다).

그러면 이제 좀더 구체적으로 어떻게 하여 지주라는 계급의 출현이 가능했는가를 알아보겠습니다. 옛날 이스라엘 왕국의 경우, 아합 왕 때까지는 매 50년마다 맞게 되는 '희년'이라는 것이 있어서 땅을 잃었던 사람들도 이 희년이 돌아오면 땅을 도로 찾을 수 있었습니다. 그러므로 이런 경제체제 아래서는 뚜렷한 지주층이 형성되어질 수가 없었습니다. 그러나 바알과 다른 잡신들을 섬긴 이방 나라들에게서는 상황이 좀 달랐습니다. 예를 들어 어떤 사람들이 자신의 토지를 더 이상 소유할 수 없게 되어 그것을 다른 사람에게 넘기면 그 땅을 차지한 사람들은 일꾼을 고용하여 그 땅에서 일을 하게 함으로써 자신들은 직접 일을 하지 않고도 큰 이익을 거두게 되었습니다. 그리고 땅을 소유하고 일꾼을 고용한 소위 지주들은 그 땅이 바알과 그들의 신이 허락해 준 땅이라고 주장하여 땅 들려 주기를 거부했고 따라서 이들은 점점 많은 땅을 소유하는 지주 계급으로 자리를 굳혀갈 수 있게 되었던 것입니다. 그리하여 이들은 전 인구의 5퍼센트도 못 되는 숫자로서 95퍼센트나 되는 땅을 차지하는 막강한 실력 행사자로 군림하기도 하는 것입니다. 또 이 지주들이 그들의 토지를 고용인들에게 맡기고 안락한 삶을 즐기러 도시로 이주할 때 도시의 지주들은 역시 그들이 소유한 가게, 여관, 호화주택 등으로 엄청난 부를 증식할 수 있게 되었습니다. 또 이들은 그들의 물질적 부를 미끼로 하여 정부의 권력을 쥐거나 또 뇌물을 주어 세금을 포탈하여 부를 더욱 쌓기도 하는 것입니다.

이 같이 여유가 남아도는 지주 계급들이 그들의 여유를 즐기기 위해 만든 것이 문명일진대 문명생활이란 것도 사실 알고 보면 그렇게 가치 있게 즐길 만한 것이 못됨을 알게 될 것입니다. 그리고 그와 같은 인간의 문명은 미구에는 마치 산불과 같이 될 것임에 틀림없습니다. 잠시 동안 장렬하게 타오르다가 얼마 후 타 버린 나무 밑둥처럼 새까맣게 그을린 그루터기와 땅만 남게 될 것입니다.

그러나 유감스럽게도 이 문명이 과거 애굽과 중동 및 유럽을 거쳐 이제는 신대륙을 서서히 불사르고 있으니 이것이 보여 주는 파괴적인 측면은 현재 우리가 목도하고 있는 그대로입니다. 다행스러운 것은 비록 인도가 헬라 문명의 영향을 조금 받았고(그 영향은 아직까지 불교 미술에 반영되고 있다), 또 고고학자들에 의하면 중국에도 아브라함 시대의 갈대아 문화와 비슷한 때가 있다고는 하지만 중앙아시아의 거대한 사막과 늘어서 있는 산맥들은 이러한 종류의 문명이 동진하는 것을 막아 주는 방화대(防火臺) 역할을 했다는 사실입니다.

중국은 7백 년을 한 주기로 하는 그 자체의 고유한 문화 역사를 지니고 있는데 야만족의 침입, 자체 내의 분열이 멸망과 새로운 발흥의 원인이 되었습니다. 공산주의가 중국에 서게 된 것도 과거 야만족들이 한(漢)과 원(元)을 멸망시킨 주기와 같은 시기를 취하고 있습니다. 그리고 그 주기에 맞추어 앞으로는 상(商)이나 당(唐) 또는 명(明)나라가 누렸던 화려한 문명도 바로 중국 땅에서 나타나리라 예상할 수 있습니다. 한국은 비록 그 독자적인 고유 역사를 가지고 있지만 한국의 주기는 대부분 중국의 그것과 연결되고 있습니다. 고려는 당(唐)과, 조선은 명(明)과 관련되어 있고 조선의 몰락은 그 몇 년 후 청의 몰락과 연관되어 있습니다.

일본은 섬나라였기 때문에 그 자체의 고유한 역사를 가지고 있는 듯합니다. 솔직히 말씀드려 저는 한국이 일본에 얼마만큼 광범위한 영향을 끼쳤는가에 대해서는 연구해 보지 못했습니다. 제가 대강 알고 있는 바로는 일본 문명의 흥망성쇠는 자체적인 원인 때문이었다고 보는 것이 제 생각입니다. 그러나 제가 한 가지 확신하는 것은 일본 역사의 변혁기에는 거대한 지주들의 발흥이 뚜렷했다고 하는 사실입니다.

그러면 어떤 사람들은 그러한 지주주의가 오늘날처럼 산업화된 국가에서 무슨 역할을 할 수 있느냐고 질문할지도 모릅니다. 그러나 산업화된 나라에서도 지주주의는 농경사회처럼 똑같은 형태로 존재한다는 것입니다. 어떤 공업, 상업, 어업, 무역, 광업, 석유산업도 토지 없이는 불가능하며, 공장이 서 있는 땅, 조선소가 자리 잡고 있는 대지, 석유를 퍼 올리는 유전들도 누군가가 소유하여 다른 이들로부터 이익을 얻어내고 있는 것입니다.

이러한 지주들은 지금 어떤 법인의 이름 아래 자신들을 숨기고 경제를 조정하며 또한 우리가 문명이라 불러 주는 소위 레저 예술이라는 것들을 만들어 내고 있는 것입니다. 또 이들은 지속적인 기근 따위의 경제 불황이 와도 끄떡도 않을 뿐 아니라 오히려 경제 불황 때마다 허우적거리는 사람들을 그들이 지배 아래 넣어 버리고 마는 것입니다. 이렇듯이 이러한 인간의 제도는 자연법 즉 하나님의 법 위에 기초를 둔 것이 아니므로 고대의 모든 인본주의 문명들처럼 오래지 않아 모두 불태워지고 말 것입니다.

그러면 이러한 사실을 태평양 문명에도 적용해 봅시다. 한국, 일본, 대만은 문화적, 기술적으로 태평양 지역에서는 선진국들입니다. 이들이 태평양 문화권에서나마 앞서갈 수 있었던 데는 여러 가지 이유가 있겠으나 그중 하나는 이들 나라들이 모두 1946년에서 1950년 사이에 근본적 토지 개혁을 단행하고 2차 대전 후까지 어떤 명목으로든 남아 있던 지주층을 일소함으로써 국민 문화를 이룩할 수 있는 경제적 바탕을 마련한 데 있다고 보겠습니다. 그러므로 현재 우리가 무엇을 택하여야 할 것인가에 대한 해답은 너무나 자명하다고 하겠습니다.

  토지는 만인이 공동으로 소유한다는 다윗과 솔로몬 시대의 토지제도에 바탕을 둔 문명을 건설하든지 아니면 근시안적 탐욕에 눈이 어두운 사람들에게 땅의 독점을 허락케 하여 결국 파괴를 자초하는 문명을 만들 것인가 하는 문제인 것입니다. 특히 우리 그리스도인들에게 있어서 이 문제에 대한 해답은 너무나 분명합니다. 성령의 지배를 받는 거듭난 그리스도인들의 순종을 통한 열매 맺는 삶만이 "사람들이 만국의 영광과 존귀를 가지고 그리로 들어오겠고."라는 요한계시록 21장 26절의 말씀처럼 최후의 날 하나님의 성에 가져가도 부끄럽지 않을 문명의 건설을 이룩할 수 있을 것입니다.

  그러나 이것은 주후 4세기에 콘스탄틴 대제가 그리스도인이 됨으로 전 로마제국이 개종했던 것과 같은 표면적인 회심을 의미하는 것은 아닙니다. 오히려 그러한 개종은 아무런 변화를 가져올 수 없었습니다. 다시 말해서 로마인들이 가지고 있었고 고대 카르타고인들의 바알숭배로부터 나왔던 그 고대 토지법은 로마공화정을 무너뜨리고 아우구스투스 시대의 영광과 치욕을 산출했던 것인데 우리가 세속 역사에서 보는 바 대로 그들의 개종은 어떤 변화도 일으키지를 못했던 것입니다. 그들은 입술로는 주님을, 법으로는 바알을 섬겼던 것입니다.

  아시안게임과 올림픽경기의 한국 개최가 더욱더 우리로 하여금 그렇게 느끼게 하는데 만약 한국이 다가올 태평양 문명시대에서 하나님께서 명하신 사명을 올바르게 감당하려면 콘스탄틴 시대로부터 오늘날에 이르는 소위 기독교 문명에 대한 연구보다는 현재 우리에게 향하신 하나님의 뜻이 무엇인지 더 깊이 연구하는 것이 보다 필요한 과제일 것이라고 저는 생각합니다. 샤를마뉴 시대의 유럽 역사의 일부, 앵글로 색슨 그리고 초기 뉴 잉글랜드 시대에 존재했던 기독교 문명은 그들이 하나님의 말씀인 성경을 연구하여 그들의 경제생활에 대한 하나님의 뜻을 발견치 못함으로 이방 문명에게 삼키어졌던 것입니다.

제가 생각하기에 바로 이 문제는 기독교 국가로 내달음치는 한국이 당면하고 있는 문제가 아닌가 합니다. 여기에 대해 혹자는 "무슨 되지 못한 노파심이냐, 한국에는 성경을 그대로 믿는 교회가 많이 있지 않느냐?" 하는 항변을 하기도 합니다. 저도 거기에 대해서 동감이며 또 그런 면에서 한국교회가 아직까지 보수적인데 대해 자부심마저 느낍니다. 그러나 이런 가운데서도 이미 하나의 병적인 요소가 우리를 위협하고 있습니다. 그 병이란 것은 성경에 있는 모든 것을 지나치게 '영적 해석'함으로 실질적인 차원에서 말하는 것조차도 '영적인 예'로 들리게 한다는 것입니다.

만일 한국이 새로운 문명 건설에 일익을 담당하고자 한다면 보편적이고도 개인적인 토지 소유에 대한 하나님의 법칙들을 성경에서 찾아 내어 그것을 사람이 지어 낸 법 이전에 실시해야만 할 것입니다. 내가 이렇게 이야기한다고 해서 당신은 우매하고 고십스러운 영감이라고 말할지 모릅니다. 그러나 당신은 그것이 나의 말이라고 생각하기 때문일 것입니다. 형제는 가지가지의 색연필을 가지고 실제 생활에 관련된 성경의 모든 구절 즉 정치, 경제, 사회, 그 밖의 인간관계에 대한 가르침을 주고 있는 곳에다가 줄을 그으며 읽어 보십시오. 그러고 난 다음 당신은 그 읽은 말씀들을 진정 하나님의 말씀으로 믿고 있는가 스스로에게 질문해 보십시오. 만일 그렇다면 당신은 우리가 하나님 앞에서 부끄러워할 필요가 없는 문명 건설을 위한 유일한 기반이 되어야 할 것이 무엇인지 스스로 대답할 수 있게 될 것입니다.

만일 당신이 서구 전례를 그대로 따르기를 원하고 '구원 받은 사람 가운데 속한 것으로 만족하며, 또 다른 이들이 그들이 원하는 대로 탐욕적이고 옳지 못한 방식으로 살 수 있다.'는 생각을 그대로 내버려 둔다면, 새로운 태평양 문명은 이제까지의 그 어느 것보다도 더욱 타락될 것을 예상해야만 하고 또 세계 역사상 다른 어느 문명보다 빨리 야만적인 실상에 의해 사라질 것이며, 인류의 모든 사악과 탐욕의 끝장을 기록하게 될 핵 대량학살의 불길을 각오해야만 할 것입니다. 어느 것을 취해야 할까요? 한국의 그리스도인들의 책임은 실로 막중하다고 하겠습니다.

산골짜기에서 온 편지

기독교는 회교에게 용서의 빚을 지고 있다

신부님, 저는 아랍어를 공부하고 있는 학생입니다. 저는 회교 국가들의 복음화를 위해 뭔가 일했으면 하는 생각을 갖고 있습니다. 제가 듣기에는 여러 선교 단체에서 회교 국가들을 상대로 선교를 하고 있고, 또 이를 위해 기도도 하고 있는 것으로 알고 있는데 왜 다른 곳에서처럼 눈에 보이는 열매가 없습니까? 그 이유를 알고 싶습니다.

— 명환 올림

사랑하는 명환 형제에게.

최근 들어 회교 세계를 위해 기도하는 것이 얼마나 중요한 것인가 하는 관심이 부쩍 늘고 있습니다. 나도 이 문제를 생각하고 있었는데, 나는 뉴질랜드 및 캘리포니아를 들렀다 온 조이 도우슨(Joy Dawson) 여사의 '중보기도'라는 주제의 한 세미나에 참석하는 특권을 가지게 되었습니다. 조이 여사는 그때 우리의 기도 목적이 하나님의 뜻에 합하는 것임에도 불구하고 응답받지 못하는 몇 가지 이유를 지적했습니다. 회교도가 기독교로 개종하는 것은 분명히 주님의 마음에 합당한 것임에 틀림없고, 또 이를 위해 많은 사람들이 오랫동안 기도해 온 것도 사실입니다. 그런데 왜 아무런 일도 일어나지 않습니까?

시편은 "내게 구하라 내가 열방을 유업으로 주리니 네 소유가 땅 끝까지 이르리로다"(시 2:8)라고 말하고 있습니다. 그런데 왜 하나님께서는 회교 세계에서 많은 열매를 주시지 않았습니까? 거기에는 아주 중요한 이유가 있다고 믿습니다. 즉 이사야 59장 1절과 2절에 보면 "여호와의 손이 짧아 구원치 못하심도 아니요 귀가 둔하여 듣지 못하심도 아니라 오직 너희 죄악이 너희와 너희 하나님 사이를 내었고 너희 죄가 그 얼굴을 가리어서 너희를 듣지 않으시게 함이라."라고 말하고 있습니다. 이사야 58장은 우리에게 "여호와께서 기뻐하시는 금식은 흉악의 결박을 풀며 압제당하는 자를 자유케 하며 주린 자에게 식물을 나눠 주고 유리하는 빈민을 자기 집에 들이게 한다."라고 말합니다. 또 이 장은 불의와 강포를 미워하시는 하나님에 대해 다소 언급하고 있습니다.

하나님께서는 모든 선지자들에 의해 비난받았던 그의 백성들의 경제적 불의를 심판하기 위하여 느부갓네살 왕을 세우셨습니다. 또한 기독교회사를 보면 하나님은 두 차례에 걸쳐 교회가 부유층과 영합하여 가난한 사람들을 압제하는 일을 그만두기까지 3백 년을 기다리시다가 결국 우리를 벌하시기 위해 또 다른 느부갓네살 왕(7세기의 마호메트와 20세기의 레닌)을 세우셨습니다. 그럼에도 불구하고 우리는 회개하지 않았습니다.

응답받는 기도에 있어서 또 다른 장애물은 "서서 기도할 때에 아무에게나 혐의가 있거든 용서하라"(막 11:25)는 용서 정신의 결여입니다. 우리는 이슬람교도들이 북아프리카를 침략해 기독교를 진멸해 버리고 중동에 밀어닥쳐 교회를 거의 근절시켜 버린 것을 용서했습니까? 비록 그것이 교회가 가난한 자들을 억압하고 또 아합 왕의 법이나 오므리의 율례(지주권)에 대한 교회의 영합으로 야기된 가난하고 소외된 자들의 폭력적 반응이었다 할지라도, 우리는 아직도 그들을 마음으로나 입술로 용서하지 않았습니다.

그들을 용서하는 대신 십자군을 조직해 싸웠고, 아직도 학교에서는 어린이들에게 그것이 하나님의 영광을 위한 전쟁이었다고 가르치고 있습니다.

한 사람의 마음이 용서의 정신을 받아들여 열려질 수 있는 한 방법은 용서의 대상자를 통해 우리에게 주어진 축복들을 세어 보는 것입니다. 회교의 경우, 서방(西方)사람들이 그들로부터 받은 축복들은 이루 다 말할 수 없이 많습니다. 그러나 내가 어린 시절에 공부했던 역사책을 보면 그런 것들이 거의 언급되어 있지 않았습니다. 사실 회교는 우리에게 무어양식(Moorish)을 비롯한 수많은 아름다운 건축양식을 주었을 뿐만 아니라 우리가 매일같이 사용하고 있는 아라비아 숫자와 함께 그것을 기초로 하는 수학(數學)이라는 학문을 전해 주었습니다. 기독교 문화나 유대교 문화보다 회교 문화가 훨씬 더 서구 과학(western science)의 근간이 되었던 것입니다. 그럼에도 불구하고 현재 우리는 그것을 응용함으로써 그들을 훨씬 상회할 수 있었던 것입니다. 이 주제에 대한 좋은 책들이 있지만 평균적으로 그리스도인들의 이에 대한 관심 미달(비기독교인에게도 못 미치는 관심도) 때문에 아주 제한된 부수(部數)만 발간되어 쉽사리 볼 수 없게 되었습니다.

우리가 어떤 사람을 용서하고 싶을 때, 우리는 하나님께 그 사람에게 말이나 행위로써 사랑을 표현할 수 있는 기회를 달라고 기도합니다. 우리도 이슬람교 이웃들을 위해서 우리가 할 수 있는 일은 우리에게 하나님의 사랑이 있다는 사실을 그들에게 나타내 보여 주는 길이며, 우리는 이것을 알 수 있는 창조적 생각을 가질 수 있게 기도하기 시작합시다.

또한 우리가 기도했다 할지라도 하나님께서는 때때로 침묵하신다는 사실 역시 우리는 알고 있습니다. 첫째로 그것은 우리가 하나님께 정직히 행하지 않았을 때입니다(눅 20:1~8). 둘째로는 되풀이되는 불순종 때문이고(신 1:40~45; 사 65:1~14, 66:4), 셋째로는 우리가 가난한 자의 부르짖음을 듣지 아니할 때입니다(잠 21:13). 특히 이 세 번째 문제는 현재 당면한 과제입니다. 우리들이 팔레스타인 피난민들에 대해 어떻게 느끼든지 간에, 그들의 전 세대가 비참한 빈곤 속에 처해 있고, 기독교회는 그들의 울부짖음에 전혀 귀를 기울이지 않고 있다고 하는 문제점은 여전히 남아 있습니다. 우리는 그것이 다른 아랍 사람들의 책임이거나 아니면, 유엔의 책임이라고 말해 왔으며, 따라서 그들이 필요로 하는 것을 채워 주기 위해서는 한 일이 거의 없거나, 전혀 없는 상태입니다. 거기에는 약간의, 그러나 극히 제한된 구제대책만이 있었을 뿐입니다. 그들의 테러행위는 기독교 세계를 포함한 전 세계가 그들에게 무심하기 때문에 자기들에게 주의를 끌어 모으기 위해 부르짖는 사나운 절규인 것입니다. 문제의 발단이 무엇이라고 생각하든 간에, 그 피난민 촌에서 태어나 그곳에서 성장한 어린이들이 문제를 일으킨 것도 아니며, 그들에게 잘못을 돌릴 수도 없는 일입니다. 그들의 울부짖는 소리를 들어 보셨습니까?

하나님께서 침묵하시는 네 번째 이유로는 선지자를 통해서 주시는 주님의 말씀을 우리들이 거부하는 까닭일 것입니다(렘 11:11; 슥 7:8~13). 이 경우는 교회 안에서 일어났던 것으로서, 적을 용서하라는 하나님의 말씀을 전하고 좋은 모범을 세우고자 했던 아시시의 프란시스(Francis of Assisi)는 오직 주님에 대한 대화를 살라딘(Saladin)과 나누려고 그의 진영으로 무장도 않은 채 홀로 들어갔습니다. 살라딘은 성 프란시스를 존경하는 마음으로 대했으나, 기독교인들은 그를 조소했습니다. 성 프란시스를 경외하는 것이 일반화된 오늘날까지도, 우리는 그의 메시지가 이슬람교에 관한 것이든, 아니면 성서적인 메시지를 갖는 다른 문제들에 관한 것이든 그것에 귀를 기울여 듣지 않았습니다.

이슬람교를 위한 중보기도에 관련된 것 중 하나님께서 침묵하시는 또 하나의 다른 이유는 하나님의 뜻에 거슬려 나가고, 하나님의 뜻에 반하여 기도하고, 하나님의 뜻에 반한 것을 요구함으로써 우리들 스스로가 만들어 낸 문제를 하나님께 해결해 달라고 도움을 청하는 데에 있습니다(삼상 8:18; 시 106:15). 이슬람교 문제는 우리가 중동과 북아프리카의 토착인들을 압제함으로써 만들어 낸 문제이며, 가난한 자는 말할 것도 없고 '지주'나, '타국인'이나, '기류자'에 관한 성경상의 명백한 가르침을 무시함으로써 야기된 문제입니다. 우리는 오히려 그들과 대항하여 소위 성전(聖戰)이라는 전쟁을 함으로써 문제를 더욱 악화시켰습니다. 그리고는 지금 그들이 우리가 소비하는 석유를 절감(중단)함으로써 우리의 사치를 방해하는 위치에 있다고 하여, 우리는 하나님께 부르짖고 있는 것입니다. 하나님께서 들으시겠습니까?

이제 우리는 이슬람교를 신봉하는 사람들에게 우리가 자행한 모든 악한 행위에 대해 진심으로 회개하게 해 달라고 하나님께 기도합시다. 그리고 우리의 회개와 용서하고자 하는 마음을 보여 주기 위해 우리가 할 수 있는 일이 무엇인가를 보여 달라고 기도합시다. 그러고 나서 적어도 우리가 바로잡기 위해 조그만 일이라도 시작했을 때, 우리는 그들을 위해 하나님께서 마련하신 복음을 전해 주기 위한 길을 열어 달라고 기도합시다.

〈참고〉 오므리의 율례와 아합 왕의 법에 대한 주(註)

(미가 6장 16절을 참조하십시오) 이세벨 여왕의 영향 아래서, 페니키아의 왕이 된 바알의 대제사장인 엣바알과 동맹을 맺고 있던 오므리

와 아합은 하나님께서 모세를 통해 제정한 제도를 타파하고, 페니키아의 토지법을 이스라엘에 도입했습니다. 나봇의 포도원의 일화는 열쇠가 되는 예증으로서, 이때부터 엘리야와 모든 선지자들이 이스라엘 왕들과 충돌을 일으켰고, 후에는 유다의 왕들과도 역시 충돌을 일으켰습니다. 바알숭배는 단순한 종교적인 문제가 아니었습니다. 바알의 법은 지주권을 인정했으나, 여호와의 법은 인정하지 않았습니다.

여호와의 율법 아래서는, 토지는 제비뽑기에 의해 나누어졌고(민 26:55~56, 33:54, 36:2~3 등), 50년마다 재분배되었습니다. 땅은 절대 팔 수가 없었으며, 오직 빌려줄 수는 있었고, 그것은 희년인 50년이 될 때까지였습니다. 이런 제도는 지주권을 효과적으로 방지해 주었습니다. 바알의 제도, 즉 오므리의 율례의 도입으로 인해 엄청난 땅의 소유를 가능케 하는 결과를 낳았고, 또 한편으로 땅을 잃은 사람들 편에 있어서는 엄청난 빈곤을 초래했던 것입니다(미 2:2~4 참고. 이사야 5장 8절에는 "가옥에 가옥을 연하며 전토에 전토를 더하여 빈틈이 없도록 하고 이 땅 가운데서 홀로 거하려 하는 그들은 화 있을진저."라고 기록되어 있습니다).

하나님께서는 그들이 이와 같은 방식으로 계속 하나님의 법을 조롱하자 이스라엘과 유다를 모두 멸망시켰고, 이와 같은 수제가 모든 선지서에 일관되어 흐르고 있습니다. 초대교회 교인들은 땅을 거의 소유하지 못했었고, 또한 이런 일에 거의 관심이 없었습니다. 그러나 이교도 로마인들이 카르타고의 페니키아 식민지를 정복하자 그들은 페니키아 토지법을 받아들여, 그곳 원주민들의 땅을 빼앗아서, 북아프리카에 거대한 땅을 이룩했습니다. 그러다가 콘스탄틴 대제가 기독교인이 되었을 때 모든 대지주들은 그의 예를 따라서, 교회가 결코 그들의 땅이 다시 재분배돼야 한다고 비치기조차 않았다는 사실을 확인하게 되었습니다. 그리하여 이때부터 로마제국은 −기독교인들은 율법에 얽매이지 않는다는 구실하에− 한번도 희년을 선포하지 않은 채, 이름뿐인 기독교 국가가 되었습니다. 그리고 오늘날까지도 기독교인들은 기독교가 지배하는 모든 국가에 오므리의 율례를 전래시켜 오고 있으며, 그 결과 원주민들은 계속하여 우리에게 폭동을 일으키고 있는 것입니다.

비록 우리가 율법서를 그대로 지켜야 할 필요는 없지만, 그 정신은 지켜 나가는 것이 바람직합니다. 그래서 성경이 가르치는 정신을 이행하기 위해 율법을 이와 같은 방법으로 수정한 나라들이 몇 나라가 있습니다. 예를 들면 뉴질랜드, 홍콩, 한국, 일본, 대만, 덴마크 및 몇몇 자치령들이 그런 국가들입니다(일반적으로 토지 투기와 그로 인한 인플레를 막아 주는 토지세의 부과를 통해서 합니다). 온 마음을 다하여 이런 일들을 행한 곳에는 하나님께서 놀라운 진보와 번영을 주셨습니다. 그러나 바알의 제도를 좇는 곳에는 끊임없는 불안과, 풍요 속에서의 굶주림, 또 소위 말하는 인구문제 및 비참한 인플레 등의 문제가 도사리고 있습니다. 하나님은 만홀히 여김을 받지 아니하십니다(갈 6:7).

산골짜기에서 온 편지

언론이 어둡고 부정적인 면을 더 좋아하는 이유

미국에서 공부하고 있는 한국 유학생입니다. 저는 미국의 신문들이 왜 한국에 대해서 좋지 못한 기사만을 보도하는지 그 이유를 알 수 없어 이 편지를 드립니다. 그들은 한국에서 좋은 일이 있으면 한마디의 언급도 없다가 그 대신 조금만 어려움이나 긴장이라도 있으면 그런 것을 기다렸다는 듯이 사실보다 확대하여 보도해 버립니다. 미국은 한국의 가장 가까운 우방이라고 들어온 저로서는 도저히 이해가 가지 않아 이 편지를 드립니다. 신부님의 답변을 기다리겠습니다.

— 김태원 올림

사랑하는 태원 형제에게.

이와 같은 일은 태원 형제만이 이상하다고 느끼는 것이 아니고 심지어는 미국인들까지도 의혹을 품고 저한테 질문을 해오곤 합니다. 얼마 전에는 워싱턴 소재 어느 유명한 방송국의 해설가 한 분이 똑같은 질문을 해왔습니다. 이유는 간단합니다. 사람들은 좋은 뉴스보다는 부정적이고 긴박감을 갖게 해 주는 뉴스에 더 관심을 가지고 들으려 한다는 사실입니다. 그래서 언론 기관이기에 앞서 영리추구를 목적으로 하는 기업으로써의 신문사들도 독자들이 읽기 좋아하는 부정적이며 호기심을 유발케 해 주는 기사를 되도록 많이 실어서 보다 높은 구매효과와 이익을 얻으려 한다는 것입니다. 이런 이유 때문에 미국의 어느 실업가는 밝고 좋은 면만을 주로 보도하는 신문을 만들었는데 신문이 팔리지 않아 일 년이 채 못 되어 문을 닫아 버리고 말았습니다.

미국의 신문들이 한국에 대해 밝은 면보다는 어둡고 부정적인 면을 더 들추어 내어 편향 보도하는 이유도 바로 이 때문입니다. 한국인들의 국민 소득이 향상되고 수준 이상의 교육을 받고 있으며 생활조건이 개선되고 있다는 뉴스는 옛날 보릿고개를 넘기지 못해 죽어갔던 한국의 조상들에게나 신이 날 일이지 미국의 일반 대중들이 관심을 가지고 듣고 싶어 할 기삿거리는 되지 못하는 것입니다. 반면 학생들이 수업을 거부하고 반정부 플래카드를 들고 거리를 누비고 다닌다고 해봅시다. 이것이야말로 누구나 읽고 싶어 하는 뉴스거리가 되지 않겠습니까?

그러면 당신은 무언가 색다르고 자극적인 것을 좋아하는 일반 대중들의 잘못된 기호성(嗜好性) 때문에 미국의 신문들이 공정한 보도를 하지 않는다고 생각할 것입니다. 물론 그것은 표면적인 이유가 될 수 있습니다. 그러나 보다 심층적인 이유가 있습니다. 그것은 미국의 신문들이 자신들은 어떤 누구의 간섭도 받지 않는 '자유자'라고 잘못 인식하고, 그릇된 자만심에 빠져 있다는 사실에 있습니다. 그러면 미국의 신문들은 과연 누구의 간섭도 받지 않는 자유자들일까요? 그렇지 않습니다. 제가 알기에 미국의 신문사들은 회사 운영을 위한 경비 중 약 90퍼센트를 광고 수입에 의존해야만 합니다. 이것은 신문사가 광고주들로부터 광고를 얻기 위해서는 광고주들의 기업에 대한 부패한 점을 지적하거나 드러낼 수 없다는 약점을 지닌다는 말이며, 따라서 그들은 자신들이 주장하는 것처럼 진정한 자유자가 아니라는 사실입니다. 나는 몇 십 년 전 내가 학생이었을 때 신문의 기사들이 광고주들의 기호에 맞게 재편집된다는 사실을 알고는 크게 실망한 적이 있습니다.

　미국의 신문들이 자유롭지 못한 또 하나의 이유가 있습니다. 미국에는 일반대중들이 알게 모르게 미국이라는 거대한 나라를 자기네들의 지배하에 두고자 하는 막대한 재력을 가진 다수의 기업들이 있습니다. 이들은 지금 미국의 중요 신문사들의 운영권을 가지고 그들 기업의 이익과 관계되는 불리한 보도는 하지 못하도록 간섭하는 것입니다. 물론 이 같은 대기업의 횡포를 고발하는 책들이 출판되어 나오지만 역시 광고가 되지 못하기 때문에 일반 독자들에게는 널리 보급되지 못하고 있습니다. 또한 전국에 산재해 있는 군소 신문사들은 국제 뉴스나 그 밖의 국내 뉴스를 보도함에 있어 자체 취재망에 의한 보도보다는 역시 대기업들에 의해 운영되는 통신사의 정보망에 의존하고 있습니다. 그러므로 실상 지방에 있어 일반 대중들이 듣게 되는 뉴스는 대기업의 기업주들이 일차적으로 걸러낸 여과(濾過)뉴스만을 듣게 된다는 것입니다.

　그러면 당신은 이렇게 질문할 것입니다. "그와 같은 대기업들이 언론을 지배한다 하더라도 그들은 공산주의를 반대하는 자본주의 기업들이요, 따라서 공산주의를 절대 반대하는 대한민국에 대해 불리한 보도를 할 필요가 없지 않습니까?"라고 말입니다. 할 필요가 있습니다. 저의 견해로 그 이유를 설명해 보겠습니다. 이 대기업들은 미국 토지의 대부분을 소유하고 있는 대표적인 자본주의 지주계급들입니다. 그래서인지 그들은 자유국가에서 자본주의 사회의 선택은 필연적인 것처럼 말하고 있습니다. 그러나 문제는 그들이 말하고 꿈꾸는 자본주위의 순수성에 있습니다. 그들이 말하는 자본주의란 개인 지주들이 점점 치부하여 재벌이 되고 재벌은 다시 막강한 재력을 바탕으로 더욱 많은 땅을 소유하게 되며 결국은 전 국토마저 자기네들의 손 안에 넣고 말아 버릴 수 있다는 것입니다. 현재 엘살바도르의 예가 바로 이것이라 하겠습니다. 그런데 미국의 지주기업(landlord establishment)들은 땅을 소유하되 소위 공동 소유제도라는 형태를 위하여 소유 흔적을 숨기고 있기 때문에 실제로 누가 미국 땅을 소유하고 있는지는 찾아내기가 여간 어렵지 않습니다. 어느 유수한 잡지 회사에서는 최근 이 문제에 대한 상세한 연구 보고서를 실었는데 결론은 그들을 찾아낼 길마저 없다는 것입니다. 그도 그럴 것이 가장 방대한 땅을 소유한 사람들은 거의 모두가 부재지주(不在地主, absentee landlord)들인데다가 아랍인까지 미국 땅을 사들이고 있기 때문입니다.

그러면 당신은 "이와 같은 사실이 한국과 무슨 관계가 있습니까?"라고 물으실 것입니다. 한마디로 관계가 많습니다. 이미 국제적인 재벌로 성장한 구미의 대기업들은 이제 손을 해외로 뻗쳐 각국의 석유, 사탕수수의 소유권을 사놓고 있으며(즉 OPEC, 세계 석유생산기구에 대해서 이야기할 때 함께 언급되는 석유회사들은 모두 구미의 대기업들의 소유이다) 또 대형 자동 농기구 회사들을 이용해서 그 밖의 다른 곡물지역의 관할권마저 손에 넣으려 하고 있습니다. 그들이 한국에 대해 갖고 있는 계획이란 것은 가령, 그들은 한 나라의 소규모 자영농민(自營農民)을 없애고 대신 기업들이 그 토지를 사도록 하는 것입니다. 그리고 그 기업들은 다시 미국의 기술과 제휴하여 일을 하도록 하는 것입니다. 그렇게 되면 그 나라의 농민들은 미국의 기계, 연료, 자본으로 일을 하는 피고용 임금 노동자로 전락해 버리고 대신 그 나라의 토지는 미국의 기업들이 소유하는 결과가 되고 마는 것입니다.

그러나 한국은 일본, 타이완과 더불어 완벽한 토지개혁을 단행한 국가입니다. 그래서 한국은 부재지주 제도를 인정치 아니하고 있으며 기업이 토지를 소유할 수 없도록 규제를 가하는 몇 안 되는 국가들 중 하나입니다. 또 미국인들이 들어와 땅이나 정부기관 또는 국민에 대한 어떤 모양의 치리권(治理權)도 살 수 없도록 되어 있습니다. 이 같은 토지개혁의 덕분으로 한국과 타이완은 공산국가들은 물론 토지개혁을 하지 않았거나 하였어도 발효되지 않은 나라들보다 약 20년간이나 앞서 있습니다. 예를 들어 한국은 경지면적 당 인구 밀도가 가장 높으면서도 그보다 밀도가 낮은 방글라데시, 북한, 인도, 중국에 비하여 기근으로 굶주리지 않습니다.

방글라데시와 비교해 보면 방글라데시는 전 국토의 5분의 4를 경작할 수 있는데다가 일 년에 삼모작까지 할 수 있습니다. 반면 한국은 일년 일모작에다가 국토의 5분의 4는 경작이 불가능한 땅입니다. 그럼에도 불구하고 한국은 방글라데시와 비교할 수 없을 만큼 경제적으로 윤택해져 있습니다. 그러나 이와 같은 사실은 대부분의 미국 경제학자들도 모르고 있습니다. 그러니 일반 대중들은 말할 여지도 없지 않겠습니까? 왜 그렇습니까? 구미의 국제적인 기업가들은 그들의 이익을 위해 지주 제도를 인정하는 자본주의가 최선의 제도이며 제3의 방법은 없는 것처럼 선전해 놓았기 때문입니다. 그러나 한국 같은 나라에서는 공산주의나 자본주의의 경제 제도가 아닌 제3의 제도가 만들어져 시행되고 있다는 사실입니다. 그래서 구미의 기업가들은 이 같은 사실이 퍼져 알려지기를 꺼려했고 그러기 위해서는 언론을 효과적으로 통제할 필요성이 있는 것입니다.

한국과 같은 제3세계들이야말로 성경적인 이념 –모든 자유는 토지에서부터 비롯되며 알맞은 만큼의 적은 땅을 소유하여 살아가는 것이 가장 기본적인 자유를 누리는 것이다– 을 잘 실천하고 있는 것 같습니다. 한국과 일본, 대만 같은 제3국들은 이 같은 성서적인 원칙들을 실시함에 있어 다소 유사한 방법들을 갖고 있는 듯합니다. 즉 중국의 혁명가 손일선(孫逸仙)이나 맥아더 장군(Douglas MacArthur)의 사상에 기반을 두었다는 것입니다. 홍콩은 땅을 빌려 쓰는 조차(租借)제도를 채택하였는데 이것은 그리스도인이었던 미국의 경제학자 헨리 조지의 가르침과 우연히도 일치하는 방식입니다. 오스트레일리아와 뉴질랜드에서는 의도적으로 헨리 조지의 방식을 도입해 썼는데 이로 말미암아 많은 토지를 사들일 수 없게 된 자본주의 지주 기업들은 이 제도를 없애고자 법을 개정하려고 노력하고 있습니다. 그러나 뉴질랜드에서는 국민들이 이용할 수 있고 농사를 지으며 살 수 있는 땅이 얼마든지 있음에도 불구하고 젊은이들은 도시에서 실업(失業)수당을 받고 살고 있습니다. 영국에서 흘러들어온 사회주의 사상의 악영향 때문이라 생각됩니다. 한국에도 직업을 잃었거나 갖지 못한 젊은이들이 많이 있습니다. 저는 그들이 아직도 한국에는 농사지을 땅이 많이 있다는 것을 알았으면 좋겠습니다. 그리고 저는 한국의 교회가 경작이 가능한 땅이 얼마나 되는지 조사하여 실업 상태에 있는 사람들이 정착할 수 있도록 신경을 써 주었으면 좋겠습니다. 농촌생활이 어려운 것은 사실입니다. 그러나 그것이야말로 가장 자유로운 삶입니다. 스스로가 가꾸어 먹을 수 있고 입을 수 있고 또 우리가 만든 집에서 살 수 있습니다. 그것은 누구의 지배도 받지 않는 자유로운 삶입니다. 이것을 모르고 많은 사람들이 문화인이 되어야 한다거나 문화생활을 해야 한다는 이유로 그들의 값진 자유를 팔아 버리고 있습니다.

하나님께서 주신 법들 가운데 가장 기본적인 법은, 모든 가정은 그들이 살 수 있는 적당한 토지가 있어야 하며 거기서 그들은 의식주생활을 해결할 수 있어야 한다는 것입니다. 그러므로 이를 위해 가장 중요한 토지는 결코 팔려질 성질의 것이 아니라는 것입니다. 사망, 질병, 또는 기타의 원인으로 인하여 토지를 돌볼 수 없을 때는 타인에게 빌려 줄 수는 있습니다. 그러나 그것도 50년이 지나면 토지 임자의 후손들에게 돌려 줘야 합니다. 왜냐하면 이것은 인간이 지니는 가장 기본적인 권리요 자유이기 때문입니다. 그러므로 이를 옳게 인식하지 못하는 국가들은 종국적으로 다른 모든 권리들마저도 잃고 말 것입니다. 이와 같은 사실은 성경만이 아니고 모든 세속의 인간 역사가 잘 증명해 주고 있는 진리입니다. 그러나 탐욕이 가득한 사람들은 이런 법을 지키려 하지 않습니다. 구약의 이스라엘 백성들이 바알신에게로 돌아갔었던 것이 바로 이 탐욕 때문이었고 돈 많은 지주 기업들이 더 많은 땅을 사고자 하는 것도 바로 이 탐욕 때문입니다. 그러나 하나님께서는 십계명 마지막에서 분명하게 명령하고 계십니다. "네 이웃에 있는 것을 탐내지 말라." 그런데 문제는 오늘날 모든 경제 제도는 정당한 이(利)를 추구하는 의도가 아니고 탐심에 바탕을 둔 이를 추구하기 위해 만들어진다는 것입니다. 이것은 다시 말하면 십계명의 마지막 계명을 무효화시키는 인간의 원칙인 것입니다.

콘스탄티누스 황제가 그리스도인이 될 것을 주장하고 그리스도인에 대한 박해를 중단하자 당시 땅을 가지고 있던 모든 지주계급들도 그리스도인이 되었습니다. 하지만 그들은 자신들이 가지고 있던 소유물은 나누어 줄줄 몰랐습니다. 이에 대해 교회는 교회대로 성경을 가르칠 때 그들의 비위에 맞는 것만을 가르쳤습니다. 그래서 사도행전 2장 38절은 "너희가 성령을 선물로 받으리라."한 후반절 말씀은 빼어 버리고 가르쳤습니다. 왜냐하면 성령을 받고 참 그리스도인이 된 사람은 성경이 밝히고 있는 진정한 코이노니아(친교)를 실천하여 그들이 가진 모든 재산을 팔아 가난한 자를 위해 나누어 줄 수 있어야 했기 때문입니다. 또 "나누어 주라."라고 하는 내용인 요한일서 3장 16~18절, 야고보서 2장 14~20절, 사도행전 4장 32절의 코이노니아를 독신생활, 혹은 천국에서나 되어질 일로 언급했으며 심지어는 당시 검소를 존중하고 진정한 의미의 코이노니아를 실천하려 했던 '메노나이트' 교도들을 심하게 핍박까지 했습니다. 만약 교회가 이 같은 탐욕스런 지도자들을 바로 잡아 주지 못한다면 비 기독교인들이 똑같은 일을 할 때 무엇이라 말할 수 있겠습니까?

저는 이제 끝으로 미국의 언론이 자유자라고 자부하는 데 대해 몇 마디 언급을 하고 이 글을 줄일까 합니다. 시편과 잠언에는 언론의 자유와 관계되는 많은 말씀들이 있습니다. 그중 잠언에 "말이 많으면 허물을 면키 어려우나 그 입술을 제어하는 자는 지혜가 있느니라"(잠 10:19)라고 했고 시편 기자는 "여호와여 거짓된 입술과 궤사한 혀에서 내 생명을 건지소서 너 궤사한 혀여 무엇으로 네게 주며 무엇으로 네게 더할꼬"(시 120:2~3)라고 읊었습니다. 여기서 보면 말이란 하고 싶다고 해서 다 할 수 있는 것이 아님이 분명합니다. 야고보 사도도 "혀는 곧 불이요 불의의 세계라 혀는 우리의 지체 중에서 온 몸을 더럽히고 생의 바퀴를 불사르나니 그 사르는 것이 지옥 불에서 나느니라"(약 3:6)라고 경고했습니다. 그러므로 미국의 신문들이 독자들의 기호가 궤사한 입술을 듣기 좋아하고 악한 혀에 귀를 기울이기 좋아한다고 해서(잠 17:4) 못된 풍자 칼럼을 만들고 더이 되지 못하는 사실을 보도한다면 하나님의 복이 더 이상 그들과 함께 하지 아니할 것입니다. 이것은 바로 이사야가 경고한 내용이기도 합니다(사 58:9).

태원 형제, 그리스도인인 우리는 더 이상 인간의 척도로 세상을 살지 말고 하나님의 말씀인 성서가 말하는 가치기준으로 살아갑시다. 그래야 그리스도인으로서 존재 의미가 있게 될 것입니다.

우리의 경제법은 성경적인가?

신부님, 지난번 갑작스런 방문에도 불구하고 저희들을 따뜻하게 대접해 주셔서 대단히 감사했습니다. 좀 어설프기는 하지만 저는 경제와 정치 문제에 대해서 교회가 두세 가지 다른 입장을 취한다고 알고 있습니다. 하나님께서 성경을 통해 가르쳐 주신 본래의 정치, 경제 계획이 어떠한지 알고 싶습니다. 우리가 그것에 대해서 토론도 해보지만 처음부터 뒤죽박죽이 된 상태에서 출발하기 때문에 나중에는 그것들을 어떻게 서로 맞출 것인가에 대해서만 이야기하고 맙니다. 우리들은 마치 건강한 환자를 한번도 보지 못한 결과 어떤 치료방법을 써야 할지를 모르는 의사가 된 듯한 기분입니다. 그러니 저희들을 도와 주시지 않겠습니까? 회답을 기다리겠습니다.

— 최진기 올림

사랑하는 진기 형제에게.

당신들이 예수원을 방문하는 동안 우리가 베풀었던 변변찮은 대접을 고맙다고 편지까지 해 주시니 송구스럽기만 합니다. 또한 우리가 당신들처럼 갑작스레 방문한 사람들을 위해 정규 프로그램을 중단하고 특강시간을 마련해 드리지 못했는데 그것도 용서하신다니 얼마나 감사한지 모르겠습니다. 다음 기회에 다시 한번 당신의 친구들을 모시고 오시되 그때는 6개월 전부터 계획을 세우셔서 미리 알려 주십시오.

그러면 우리는 보다 흥미 있는 프로그램을 재미있게 실시할 수 있을 것이라 확신합니다.

형제가 주신 질문에 대해서 나는 여러 차례 발표한 나의 글 속에서 대강 언급하기는 했습니다. 그러나 나는 '토지와 자유'라는 제목하에 어느 영국 잡지에 연재했던 것만큼 명확하게 밝히지는 않았습니다. 그러나 거기에서도 나는 몇 가지 중요한 역사적 사실을 간과해 버린 채 연재를 끝맺고 말았습니다. 내가 다닌 신학교의 교수들은 성경 속에 있는 경제적 가르침에 대해서는 조금도 신경을 쓰지 않았습니다.

그 이유는 그들이 자본주의에서부터 사회주의에 이르기까지 성경과는 별개의 독자적 견해를 따로 가지고 있었기 때문입니다. 그들은 성경에서 신학(교리)화 시킬 수 있는 것이 아니면 하나님의 말씀으로 보려고 하지 않았습니다. 그러니 이것보다 더 어리석은 태도가 어디 있겠습니까? 하나님이 창조주이시고 한 분이시라면 그분에 대해서 연구하는 신학도 그분께서 창조하신 모든 것들을 다 포함시켜야 하지 않겠습니까? 약학(藥學)은 물론 경제학도 말입니다. 그러나 그들의 주장은 "내가 곧 하나님이다."라는 말이 되어 버린다는 사실을 몰랐습니다. 왜냐하면 그들은 성경 말씀이 자기들의 생각과 일치할 때만 하나님의 말씀으로 보았기 때문입니다('나는 하나님이다'라는 삼단논법의 결론이 나오기 위해 무엇이 소전제가 되는지 생각해 보십시오).

이같이 많은 사람들이 경제 문제에 대한 성서의 가르침을 피하려고만 하고 있습니다. 왜 그럴까요? 소위 기독교 국가라는 나라들이 성서적인 경제체제 건설을 위해 어떤 구체적인 시도나 노력을 기울이지 아니했기 때문입니다. 심지어 처음부터 기독교 국가로 출발했던 미국까지도 그 이전의 로마법에서 끌어들인 영국법의 전적인 영향을 받았던 고로 그들이 가지고 있는 법 이외의 다른 경제법이 없는 것으로 알았습니다. 그런데 영국이 끌어들인 로마법은 카르타고에서 따온 것이었으며 또 카르타고의 그것은 성경이 그렇게도 끈질기게 경고하고 있는 바알의 법에서 나왔다는 사실을 알고 있는지요?

기독교인들로 구성된 집단들 중에서 성서적인 제도를 이루어 보고자 노력했던 사람들은 메노나이트 교도들뿐이었습니다. 그들은 어느 시기를 막론하고 한번도 다른 나라의 법을 본따려고 하지 않았습니다. 반면 그리스도 교회가 성서적 제도를 건설하려고 하지 않았기 때문에 그 반작용으로 이슬람교가 일어났고 그 이후로 가공할 만한 양의 피가 뿌려졌다는 사실은 얼마나 비극적인 일입니까?

그러면 성서적인 제도란 어떤 것일까요? 우선 그것은 가장 현실적이면서도 기본적인 땅 덩어리 문제로부터 이야기를 시작해야 합니다. 하나님께서는 땅을 우리가 거주하는 장소로 만드셨고 그것을 여러 나라들에게 할당해 주심으로 영토를 삼게 하셨습니다(행 17:26). 그런데 하나님께서는 그 땅이나 영토를 들고 다닐 수 있는 무슨 가공품처럼 넘겨 준다거나 재분배할 수 있는 자유는 주시지 않았습니다. 그것은 국가 구성원인 각 가정에게 제비를 뽑게 한 후 재양도(再讓渡)되어져야만 했습니다(민 26:55~56, 33:54, 34:13, 36:2~3). 또한 분배된 토지는 팔아치우는 자유가 절대로 금지되어 있었습니다. 토지는 한 개인에게 맡겨진 것이 아니고 일가족 전체와 그 후손들에게까지도 주어졌던 것이기 때문입니다. 토지는 한 개인이 자기가 만들어서 마음대로 팔아먹을 수 있는 그런 개인 재산이 결코 될 수 없었습니다. 그것은 어떤 특정적인 기간(희년 즉 50년) 동안만 임시적으로 팔려지거나 넘겨지고 또는 양도되어 질 수 있는 것들입니다. 다시 말하지만 그것은 그들 후에 태어나는 후손들이 모두 그 땅의 주인이기 때문입니다.

레위기 25장 23절을 읽어 보십시오. "토지를 영원히 팔지 말 것은 토지는 다 내 것임이니라. 너희는 나그네요 우거하는 자로서 나와 함께 있느니라." 여기서 보듯이 토지는 하나님의 것이요, 사람은 소작농에 불과하다는 사실을 알 수 있습니다. 사람이 토지를 가지고 할 수 있는 최대한도의 일은 희년(禧年, Jubilee)이 될 때까지 토지를 임대해 줄 수 있는 것이 고작입니다. 설령 임대해 주었을지라도 그나 그의 후손이 어느 해든 간에 임대료의 남은 액수를 상환하기만 하면 언제든지 토지를 도로 찾을 수 있었습니다(레 25:24~28). 토지가 매매의 대상이 되지 못한다는 논리는 너무나 명백합니다. 토지란 한 가족에게 먹을 것, 입을 것과 주거할 집을 수천 년 동안 제공해 줍니다. 그러니 그것의 가치를 어떻게 수치로 나타낼 수 있겠습니까? 만약 누군가가 수천 년 동안의 그의 가족을 먹고살게 해 준 생활터전을 판다고 가정해 봅시다. 그가 그것을 얼마의 값을 매겨 팔 수가 있겠습니까? 뿐만 아니고 그것은 앞으로도 계속 그의 가족의 생계를 책임져 줄 재산 목록입니다. 그것의 가치는 도저히 계산할 수가 없습니다. 토지를 가지고 사람이 할 수 있는 일은 기껏해야 마흔아홉 번의 추수할 권리를 당분간 팔아버리는 일입니다. 그리고 난 다음 그의 자녀들은 다시 그 땅으로 돌아와 집을 짓고 먹고 마시며 살 권리가 있습니다. 그러나 그들도 살다가 형편이 어려우면 다시 49년 동안 토지를 팔았다가 50년째 즉 희년이 되면 다시 그들의 땅으로 돌아올 수가 있습니다. 만약 그들이 도시에서 별 어려움 없이 살 수가 있어 그곳에서 살기를 원한다면 그것은 그들의 자유입니다. 그러나 도시의 경제사정이 악화되어 갑자기 직장을 잃어 버려 집세를 내지 못하거나 혹은 먹고 입는 일조차도 어렵게 될 때(이런 경우는 사람들이 지주나 공장 또는 아파트를 소유한 돈 많은 사람들에게 삶을 의존하고 있는 한 얼마든지 일어날 수 있습니다), 그들은 도시 생활에서 모은 얼마간의 돈으로 희년이 될 때까지

남은 달수를 계산하여 돈으로 갚아 주고 그들의 팔았던 땅을 도로 찾을 수 있습니다. 그렇게 되면 그들은 실업자, 구호 대상자가 되는 불명예를 면하는 대신에 그들의 삶을 스스로 꾸려나가는 자영농민 또는 독립시민이 될 수가 있는 것입니다.

바로 이와 같은 흥미로운 법이 지금 홍콩에서 실시되고 있는 것을 볼 수 있습니다. 오래 전 중국 정부는 아편전쟁에서 패하는 바람에 영국 정부로부터 땅을 바치라는 요구를 받았습니다. 중국정부는 땅을 주되 그들이 가진 것 중에서 일단(一團)의 섬이 달린 가장 쓸모없는 한 부분을 주었습니다. 그 땅은 당시 얼마나 형편이 없었던지 사람들에게 식수제공도 제대로 못해 주고 기름, 석탄, 삼림 모두가 빈약한 무천연자원지대였습니다. 가진 것이라곤 풍부한 노동력, 집을 지을 만한 땅, 곡식을 경작할 수 있는 토지가 전부였습니다.

그런데도 중국 정부는 이 땅을 아주 팔아 버리는 것이 아니라 99년 동안만 빌려 주기로 했습니다. 그런데 바로 이것 때문에 영국의 토지법이 홍콩에 적용되지 못하게 되었습니다. 왜냐하면 토지가 다른 한편의 재산으로 남아 있는 한 토지는 사고팔 수가 없기 때문입니다. 그것은 다만 빌려줄 수만 있을 따름이었습니다.

우리가 중국의 주목 왕이 솔로몬을 방문하여 성경적인 토지법을 배워왔다거나 아니면 중국인들은 옛날부터 이런 종류의 사고를 해왔다고 가정하지 않을 수도 있습니다. 그냥 사람들이 흔히 말하듯이 그저 우연히 발생된 상황이라고 볼 수 있습니다. 하여튼 지극히 우연적인 결과에 의해서 생겨난 토지법의 덕택으로 홍콩은 지금 세계에서 가장 번성하는 경제 강국이 되었습니다. 그래서 엄청나게 많은 피난민들까지 수용해서 직장과 집까지 마련해 주고 있습니다. 그리고 홍콩 정부는 땅을 빌려 주고 얻는 수입금이 정부의 공공업무를 수행하는 데 쓰고도 남기 때문에 수입세나 관세 그리고 다른 종류의 세금을 거둘 필요성이 없다는 사실을 알았습니다.

또 땅을 가지고 있는 사람들은 거기에 대한 임대료를 내어야 하기 때문에 감히 땅을 투기에 붙이는 일은 못하고 대신 필요한 건물을 짓는다거나 공장을 경영하고 또는 다른 사업을 해야 했습니다. 이것은 땅이 없는 사람들에게 직장을 제공해 주는 역할을 하기 때문에 실업자를 없애게 해 주기도 합니다. 그런데 놀라운 것은 아직도 홍콩에는 사용하지 않는 많은 땅이 있어 고용생활에 싫증을 느낀 사람이면 누구나 싼값에 땅을 빌려 자영(自營)시민생활을 할 수 있다는 것입니다. 그는 부자가 될 수는 없지만 거지가 된다거나 정부의 신세를 지게 되는 비참한 꼴은 면할 수 있게 되는 것입니다.

성경이 가난하게 될 수밖에 없다고 인정하는 사람들은 일할 힘이 없는 과부나 고아 그리고 토지를 빌려 주려는 사람을 찾지 못한 사람, 또는 땅을 분배받을 때 몫을 얻지 못한 이방인들 밖에는 없습니다. 이런 사람들은 이스라엘 사람들이 내는 십일조로 돌보아야 한다고 성경은 말하고 있습니다(신 26:12). 이런 구제 제도는 요시아 왕 때로부터 시작하여 이스라엘의 아합과 유다의 히스기야 왕 때까지 계속되었는데 지금까지 세상에 있었던 어떤 제도도 그렇게 오랫동안 제 몫을 잘 해내지는 못했습니다.

그러면 당신은 물을 것입니다. 왜 그렇게 좋은 제도가 깨뜨려져 버렸는가 하고 말입니다. 그것은 탐욕 때문입니다. 사람들이 네 이웃의 것을 탐내지 말라는 10번째 계명을 어기자 도적질하지 말라는 8번째 계명도 따라 깨뜨리기 시작했습니다. 그 후로 욕심 많고 무자비하고 몰인정한 사람들은 제철을 만났다는 듯 고아와 과부 그 밖에 생활고에 허덕이는 사람들에게 따지고 보면 얼마 되지도 않는 몇 푼의 돈으로 그들이 가진 땅을 포기하도록 했습니다.

그들이 땅을 사들일 때 예를 들어 한 평당 요사이 돈 50만 원을 주었다고 칩시다. 그렇다고 해도 그 돈이 그 후로 무려 수천 년 동안 한 가족의 생계를 보장해 줄 보고(寶庫)와도 같은 그 토지의 가치와 견줄 수 있다고 생각합니까? 거기에다가 그 땅을 산 지주들은 땅을 소작하는 사람들을 착취함으로써 불과 몇 년 만에 지불한 땅 값을 도로 찾고 맙니다. 그러면 그들은 점점 부자가 되는 것입니다. 이런 사악한 제도를 하나님께서 허락하셨겠습니까? 결코 아닙니다. 그래서 하나님께서는 중희년(重禧年, 1백 년) 안에 이방의 적들을 일으키셔서 이스라엘을 침공케 한 다음 악한 지주들을 모조리 쓸어 버리셨던 것입니다.

미국의 유명한 경제학자 헨리 조지 박사는 오늘날 우리의 경제 문제를 해결할 수 있는 방법은 단 한 가지 즉 성경의 법을 채택하는 길밖에 없다고 말했습니다. 그리고 〈성경은 무엇을 가르치는가〉를 쓴 나의 할아버지 R.A. 토리 박사도 '지조(地租)와 자유무역'-이것은 본질상 홍콩의 제도와 동일한 방법이다-을 주장하며 조지 박사의 의견에 전적으로 동의한다고 밝힌 적이 있습니다. 성경은 인간이 갖는 권리 중에서 가장 기본적인 것이 공간 또는 땅을 소유할 수 있는 권리라고 가르치고 있습니다. 만약 우리가 땅으로 농사를 짓는다면 그것은 토지라고 불러야 할 것입니다. 그러나 우리가 그 땅으로 원한다면 아파트를 지을 수도, 공장을 세울 수도 있습니다.

이런 의미에서 토지라는 말보다는 그저 '땅' 또는 '공간'이라고 부르는 것이 옳다고 하겠습니다. 하여튼 누구나가 공간을 차지하기만 한다면 살 수 있는 방법은 자동적으로 획득되는 것입니다. 그 외의 다른 인간의 권리들은 비교적 사소하거나 아니면 이론적인 것들에 불과한 것이므로 생존에는 지장이 없는 것입니다.

성경은 또한 동료 시민에게 이자(利子)를 요구하는 것은 잘못이라고 말합니다. 만약 토지를 소유하는 권리가 공산주의의 기초를 파괴시킨다고 본다면(왜냐하면 토지의 사유 재산화는 개인 기업을 장려하는 것이고 그것은 개인의 자유를 최대한으로 인정하는 일이므로 공산주의 이론에 정면 배치된다) 이자를 금하는 것은 자본주의의 기초를 무너뜨리는 일입니다. 그러나 이런 의문이 생길 것입니다. "그렇다면 어떻게 자본을 모아서 좀 큰 사업을 할 수 있습니까."라고 말입니다. 그러면 저는 "신용조합이라는 게 있지 않습니까."라고 대답할 수 있습니다. 그러므로 신용조합을 잘 활용하면 은행이 필요 없을 만큼 훌륭한 역할을 할 수 있을 것입니다.

우리가 또 하나 기억해야 할 것은 성경은 처음부터 끝까지 대도시(great city)에 대해서는 별로 좋은 평가를 내리지 않고 있다는 사실입니다. 성경은 우리의 죄가 완전히 없어지고 우리가 영의 몸을 가질 때에만 하나님께서 우리에게 새 도시인 예루살렘을 허락하신다고 말하고 있습니다(고전 15:42~52). 성경이 말하고 있는 그 천상의 메트로폴리스는 너비가 2천4백 킬로미터 길이가 또한 2천4백 킬로미터, 높이 역시 2천4백 킬로미터의 네모반듯한 장광형인데 새로운 땅에 내려오게 된다고 말합니다(계 21). 인간이 지은 첫 번째의 도시(城)는 최초의 살인자 가인이 만든 것이었습니다(창 4:17). 하나님께서는 그의 백성들을 그와 같은 성 즉 바벨과 우르와 라암셋 그리고 바벨론으로부터 불러 내셨습니다. 그리고 사람들이 예루살렘을 더럽혔을 때는 두 번씩이나 그곳을 멸하신 후 길이와 너비가 각 2.5킬로미터의 천년 예루살렘을 약속해 주셨습니다(겔 48:30~35). 하나님께서는 그의 백성들이 자연 그대로의 흙에서 살도록 하셨습니다. 거기에서 그들은 하나님을 창조주로서 느끼며 살아갈 수 있기 때문입니다.

반면 대도시에 사는 사람들은 어떻습니까? 그들을 둘러싸고 있는 환경에서 도시인들은 인간이 손으로 만든 인조품들밖에는 볼 수가 없습니다. 이들이 인본주의, 물질주의 그리고 재미있는 것은 미신에까지 빠져드는 것은 아마 당연한 처지인지도 모릅니다. 불행하게도 요한계시록 18장에는 바벨론의 멸망 장면을 보여 주고 있는데 이것은 국제적 상업주의를 생명으로 삼는 현대의 대도시들이 맞을 최우인지도 모릅니다.

우리는 또한 소위 위대한 문명이라 불리는 현대 문명은 수없이 많은 노동자, 농민들의 배후에서 그들을 착취했던 일부 계급에 의해서 세워졌다는 사실을 기억해야 합니다. 성경은 이 같은 문명의 출현을 결코 환영하지 않는다고 분명히 밝히고 있습니다. 반면 성경이 의도적으로 바라고 권장하는 제도는 단순한 삶을 살면서, 부자와 빈자의 차이도 적은 형태라고 말합니다. 성경은 자신이 노력해서 하나님으로부터 받은 축복과 다른 사람에게 일을 시켜서 그들의 임금을 착복함으로 얻는 부(富)를 분명하게 구별하여 말하고 있습니다(약 5:1~6).

형제는 요한계시록 18장 24절을 읽어 보십시오. 바벨론의 부와 힘과 영광은 그 성 안에 있는 백성들뿐만 아니라 땅 위에서 죽음을 당한 모든 자의 피의 대가로 얻어진 것이라 밝히고 있습니다. 그런데 대도시의 사람들은 그들이 현재 누리고 있는 문화생활이 이 땅의 어느 모퉁이에서 돈도 없고 힘도 없어 어쩔 수 없이 착취당하게 된 사람들의 희생의 대가에 의해서 이루어졌다는 사실을 너무나 모르고 있다는 것입니다. 이런 까닭에 저소득 국가의 국민들은 소위 선진 국가들로부터 상당한 도움을 받아야 함에도 불구하고 도움받기를 기대조차 못하고 있는 실정입니다. 잘사는 나라가 잘사는 이유가 어디에 있습니까? 못사는 나라에게 잘살 수 있는 길을 막아 버렸기 때문입니다. 그것은 그들이 후진국 백성들보다 더 영리해서가 아니고 더 무자비하고 더 힘이 세었기 때문입니다. 선진국의 그리스도인들은 그들의 동료들을 고용하여 저개발국가로 보냈고, 그들이 그곳의 시골 사람들을 악랄한 방법으로 착취하여 돈을 벌어들였으며, 또 본국의 그리스도인들은 그 돈으로 다시 선교사를 그들이 착취하여 더욱 가난하게 된 바로 그 나라로 파송했다는 사실을 대다수가 모르고 있다는 것입니다. 그러면 우리 그리스도인들이 할 수 있는 일은 무엇이겠습니까? 주의 은혜의 해를 선포하시려고 이 땅에 오셨다는 예수님의 말씀을 자발적으로 실천하는 일이 우리가 해야 할 일입니다. 이것은 이사야가 가르친 방법이며(사 58:6~7, 10), 초대교회의 그리스도인들이 성령충만을 받자마자 실행에 옮긴 방법이기도 합니다. 그들은 정부가 희년을 선포하도록 기다리지 않았고 그들 스스로가 먼저 코이노니아를 실천으로 옮겼습니다(행 2:44~46, 4:31~37; 고후 8:2, 6~15, 9:1~15). 우리 그리스도인들이 해야 될 일은 정부에게 희년을 실시하도록 강요하는 것도 아니고, 정부가 해 주도록 나약하게 기다리는 것도 아니며 우리 스스로가 먼저 시작하도록 해야 하는 것입니다.

형제는 한국어의 '데모'라는 말이 영어의 데몬스트레이션(demonstration)이라는 단어에서 나왔다는 사실을 알고 있을 줄 압니다. 이것은 '시위하여 보여 준다.'는 뜻을 가지고 있는데 저는 바로 이 단어가 고린도전서 2장4절에서 사용하고 있는 것을 볼 수 있습니다. "내 말과 내 전도함이…성령의 나타남(demonstration of the Holy Spirit)과 능력으로 하여." 이것은 그리스도인들끼리 자발적으로 나누어 가지는 삶을 사는 것이 바로 우리 그리스도인들이 이 세상 사람들에게 과시하여 보여 줄 수 있는 진짜 데모이며 그것은 또한 하나님께 영광을 돌리는 참 데모이며 따라서 가장 좋은 전도의 방법 중의 하나라고 생각합니다.

산골짜기에서 온 편지1

초판발행 | 1982년 12월 3일
1판 21쇄 | 2005년 11월 12일
개정 1판 1쇄 | 2016년 9월 7일

지 은 이 | 대천덕
발 행 인 | 이영훈
발 행 처 | (주)신앙계
　　　　　서울시 영등포구 여의도동 11-17
　　　　　영업부 02)785-3814

　　　　　등록번호 제 13-46호

인 쇄 처 | 동양인쇄 02)838-3311
인 쇄 인 | 유일준
총 판 처 | 서울말씀사 02)846-9222~4

　　　　글 ©2016. 대천덕
　　　　이 책의 저작권은 저자에게 있습니다. 서면에 의한 저자와 출판사의
　　　　허락없이 내용의 일부를 인용하거나 발췌하는 것을 금합니다.

값 12,000원

ISBN 978-89-86622-37-9
ISBN 978-89-86622-36-2 (세트)

「이 도서의 국립중앙도서관 출판예정도서목록(CIP)은 서지정보유통지원시스템
홈페이지(http://seoji.nl.go.kr)와 국가자료공동목록시스템(http://www.nl.go.kr/
kolisnet)에서 이용하실 수 있습니다.(CIP제어번호: CIP2016016867)」